Socrates, an ancient bust in the Museo Nazionale, Rome. (Alinari-Anderson)

苏格拉底

（Socrates，前 469—前 399）

柏拉图

(Plato，前 427—前 347)

亚里士多德

(Aristotle，前 384—前 322)

苏格拉底、柏拉图和亚里士多德是古希腊三位伟大的哲学家和教育家，在世界教育史上被誉为古希腊“三杰”。他们的教育思想是古希腊教育繁荣发展的主导思想，为后来欧洲各国教育思想的发展奠定了基础，也为现代世界各国教育改革提供了丰富的思想源泉。本书由“苏格拉底论教育”“柏拉图论教育”“亚里士多德论教育”三部分组成。书前刊有编者撰写的论文《古希腊“三杰”的教育思想》。该文全面阐述了苏格拉底、柏拉图和亚里士多德教育思想的主要内容及其在世界教育史上的地位和影响，对人们了解和学习古希腊教育起到了很好的导引作用。

外 国 教 育 名 著 丛 书

古希腊教育论著选

GUXILA JIAOYU LUNZHU XUAN

张法琨 选编

人民教育出版社

· 北京 ·

图书在版编目（CIP）数据

古希腊教育论著选 /张法琨选编. —北京：人民教育出版社，2007（2022.10重印）
（外国教育名著丛书）
ISBN 978-7-107-17473-5

Ⅰ. ①古… Ⅱ. 张… Ⅲ. 教育理论—古希腊—文集 Ⅳ. G40-095.45

中国版本图书馆 CIP 数据核字（2007）第 008796 号

外国教育名著丛书 古希腊教育论著选

出版发行 人民教育出版社
（北京市海淀区中关村南大街 17 号院 1 号楼 邮编：100081）
网 址 http://www.pep.com.cn
经 销 全国新华书店
印 刷 保定市中画美凯印刷有限公司
版 次 2007 年 3 月第 2 版
印 次 2022 年10月第 6 次印刷
开 本 890 毫米×1240 毫米 1/32
印 张 10.375
插 页 2
字 数 260 千字
印 数 14 201～15 200 册
定 价 39.00 元

《外国教育名著丛书》再版说明

在人类数千年的教育史上产生过无数鸿篇巨制，尤其是近现代以来，许多教育家、思想家、理论家和实践家，通过对人类教育所进行的长期艰辛的探索、严密的思考和审慎的研究，撰写了不少对人类教育发展产生了巨大而深远影响的伟大著作。即使人类历史进入了 21 世纪，这些著作仍然保持着强盛的生命力。

本着“服务教育、繁荣学术、积累文化”的宗旨，在原社长兼总编辑叶立群倡导下，人民教育出版社组织专家学者从这些著作中精选了对世界和中国教育产生过并将继续产生重大影响的作品，汇编成《外国教育名著丛书》。这套丛书共 40 种 46 册，自 1984 年陆续出版以来，受到教育界、学术界的热烈欢迎和普遍好评，一经问世即售罄。为满足读者尤其是高等院校教育专业师生教学与研究的迫切需要，我社 2001 年曾从这套丛书中选择了部分图书进行重印，以解燃眉之急。现在，我社决定全面再版这套丛书，在文字和技术上进一步做了编辑工作。热忱希望广大读者对这套丛书的编辑出版工作提出宝贵意见，以使之更臻完善。

人民教育出版社

2004 年 2 月

《外国教育名著丛书》出版说明

为了发展我国社会主义教育事业，建立具有中国特色的社会主义教育体系，不仅需要研究我国教育的历史和现状，总结我国教育的经验，而且需要研究外国教育的历史和现状，借鉴外国教育的经验。为了给我国教育工作者提供研究外国教育思想的理论著作，并给师范院校提供教学参考书，我社决定出版这套丛书。

这套丛书选收古代、近代、现代对世界、对中国有较大影响的外国教育家、心理学家的有代表性的教育理论著作，包括整本专著、文章汇编或者著作节选。

毋庸置疑，本丛书所收选的书既闪耀着人类教育智慧的光辉，又由于作者所处时代、阶级的限制不可避免地存在着糟粕；有的虽非糟粕，但由于地区条件的不同，也可能并不适合于我国。因此，我们在阅读时一定要以马克思列宁主义、毛泽东思想作武器，对书中的内容进行分析，批判地吸收其中有益的东西，而不要照搬照抄。

为了帮助读者阅读和理解书的内容，我们请译者或有关专家为每一本书撰写了前言，有的书还附有年表、图片或其他参考资料。当然，前言只是一家之言，而不是对某书的定评；读者完全可以对这本书进行更加广泛更加深入的研究。

由于我们水平有限，经验不足，本丛书定有不少缺点和错误，欢迎读者批评指正，以便我们改进工作。

人民教育出版社
1984年

目　录

▶ 亚里士多德论教育（著作选录）

古希腊"三杰"的教育思想

张法琨

苏格拉底、柏拉图和亚里士多德是古希腊三位伟大的哲学家、教育家，在世界教育史上被誉为古希腊"三杰"，他们的教育思想是古希腊教育繁荣发展的主导思想，为后来欧洲各国教育思想的发展奠定了基础，也为现代世界各国教育改革提供了丰富的思想源泉。分析研究古希腊"三杰"的教育思想，既是外国教育史研究的历史任务，也可为我国今天的教育改革提供借鉴。

苏格拉底（Socrates，前469—前399）出身于雅典的一个手工业者家庭，父亲是雕刻师，母亲是助产士。他在探究哲学和追求真知的论战中度过一生。他常在街头与青年讨论有关人生处世的各种问题，常与论敌争辩有关社会政治的各种问题。由于他对雅典当时存在的社会弊端不满，七十岁时被人控告不信神并腐蚀青年而被判极刑，饮鸩而死。他的著作皆已散佚，其活动和思想，只能从古希腊有关文献记载中得知。柏拉图的《申辩》《斐多》《美诺》《会饮》《泰阿泰德》，色诺芬的《回忆录》，亚里士多德的《形而上学》等著作，对于苏格拉底的学术见解，都有许多叙述和评论。

柏拉图（Plato，前427—前347）出身于雅典贵族奴隶主家庭。二十岁开始跟随苏格拉底学习哲学。苏格拉底死后，柏拉图周游了意大利、埃及等地，并曾三次去意大利南部的西西里岛从事政治活动，企图影响叙拉古城邦的僭主，实现自己的政治主张。公元前387年回到雅典，在阿卡德米（Academy）创办"学园"，讲学、著书立说达四十一年。他用对话体裁写了不少著作，传世的就有四十余篇，如《申辩》《斐多》《克里多》《美诺》《会饮》《斐德罗》《普罗泰戈拉》《泰阿泰德》《巴门尼德》《智者》《理想国》《法律》等。

亚里士多德（Aristotle，前384—前322），出生于希腊北方斯塔吉罗斯，父亲是马其顿王的宫廷侍医。他十七岁到雅典，跟随柏拉图学习哲学达二十年。柏拉图逝世后，他到小亚细亚爱索斯一带讲学。公元前343年任马其顿王太子亚历山大的教师。公元前335年回到雅典，创办吕克昂（Lyceum）学园，在此讲学和著书达十三年。他一生写下了大量著作。其前期著作大都散佚，后期著作则大都传世。他的著作涉及内容极广，包括逻辑学、物理学、生物学、伦理学、政治学等许多方面。主要著作有《工具学》《物理学》《论天》《论生灭》《论灵魂》《伦理学》《形而上学》《政治学》等。

下面按问题对"三杰"的教育思想及其批判继承关系加以介绍。

一、教育与国家政治

公元前四五世纪，希腊半岛上形成大大小小许多个城邦(State)，各城邦的政治制度和经济发展水平不一。其中最大、最著名的城邦之一就是雅典。公元前五世纪末，伯罗奔尼撒战争以雅典惨败而告终，希腊各城邦奴隶制开始走向衰落，奴隶主民主派和奴隶主贵族派争夺政权的斗争加剧。这时，雅典的民主政治日渐走向极端化。奴隶主民主派统治阶层滥用"民主"作为拉帮结派、争权夺利的工具。这种政治混乱的局面导致了希腊半岛于公元前338年被新兴的马其顿王所统治。这时，柏拉图已死了十年左右。苏格拉底、柏拉图和亚里士多德正是生活于这种奴隶制趋于崩溃的时代。为了寻求良好的政治制度和社会秩序，为了建立"理想之国"，他们都把教育与政治密切联系起来。

苏格拉底在政治上倾向于贵族政体，对民主制持怀疑甚至否定的态度。他认为治理国家只能依靠少数优秀人物，而这种优秀人物必须具备高贵的品德。当时雅典在民主制度下，从上到下，道德堕落，政治极端腐败。为了掠夺奴隶和财产，战争频繁，统治者贪得无厌地追逐财富，挥霍浪费，败坏社会风气。在这种情况下，苏格拉底一生“不发政论，不做官，不参与国内阴谋和党派之争”。他认为，他要做对雅典人民有益的事，那就是从事教育工作。他自称自己的使命就是“教人为善”。为此，他巡游各地，走遍街头，为的就是劝告雅典人不要沉溺于财产和享乐，而忘记了智慧、真理和灵性的最高修养。他还认为，公民是国家生养的，受国家的教育，应当具有高贵的品德修养，事事听从于国家，效忠于国家。他身体力行，爱国爱民，最后为了国家不惜牺牲自己的生命。

柏拉图继承苏格拉底关于教育的社会政治作用的思想观念，在他一系列的著作中，都集中论述了如何通过教育培养具有良好德行的国家统治者的问题。特别是他在公元前 377 年前后写下的一篇最长、最成熟的对话——《理想国》，可以说是一部专门而系统地讨论教育与政治问题的巨著。

柏拉图在《理想国》中，一开始就讨论“正义”（或“公道”，justice）的问题，阐明什么是正义，及其与理想国家的关系，进而论述教育与个人和国家的关系，并提出教育工作的总目标是建立适应于人们主持正义需要的国家。

《理想国》第一章，主人公苏格拉底与对话者们谈论关于正义的一般看法。他们提出：友而善当报以善，敌而恶当报以恶；非为己之利，当供人以利；明哲而多智慧地对待一切人和事。这就是正义。同时，他们揭露了诡辩派（智者派）的强权即正义的谬论。柏拉图认为，国家是否健全，是否合乎理想，主要就是要看这个国家是否建立在正义的原则上。而一个国家是否能主持正义，关键在于政府的“舵手”，即国家统治者。舵手不同于普通水手，他是水手们的支配者，他要照顾的不应是自己的利益，而应是他部下水手们的利益。“在任何政府里，一个统治者，当他是统治者的时候，他不能只顾自己的利益而不顾属下老百姓的利益，他的一言一行都应为了老百姓的利益。”①

《理想国》第二章，继续讨论正义与国家和个人的关系。柏拉图认为，无论一国、一城、一家、一人，都应主持正义，否则就会引起各种争端，甚至彼此残害。因此，人人都应当把“正义”看作国家和个人的最大利益和固有特性，并自幼年开始加以训练。这如同一种技艺一样，“需要有最多的知识和最多的训练”。

在柏拉图看来，对国家来讲，正义就是每一个公民按其天性做他适合的工作，每个人在国家中执行一种最适合于他天性的职务，国家给予每一个人的也是一种最适合于他天性的地位或岗位。每个人只能做与其天性相合的事，而不能干预他人的事，也不能任意交换。柏拉图的理想国由三个阶级的人组成，即执政者、军人和生产者（平民）。这三个阶级的人都能各司其职，并协调共济，即执政者善于利用军人和统治平民，军人又善于竭诚辅助执政者，而平民也能很好地服从统治者的意志，这样的国家和人民就是正义的和幸福的。

但是，国家要能成为正义的国家，人民要成为正义的人民，关键就在于“智慧”“勇敢”“节制”三者能否成为国家和人民的“固有特性”。这也就是苏格拉底所说的“高贵品德”或“高尚美德”。柏拉图与苏格拉底一样，认为这些高贵品德是国家和人民必须具备的，但三部分人各有侧重。智慧只有国家的极少数人即统治者才会具备和必须具备，执政者应是智慧的化身。勇敢的品德主要体现在军人身上。节制就是对于欲望的控制，是一般的公民都应该具备的品质。柏拉图在其著作中又常常把这三者统称为“理性”。

那么，一个国家如何才能实现正义、智慧、勇敢和节制呢？柏拉图认为根本的问题是需要有良好的国家教育制度作保证。这也就

① 柏拉图著，郭斌和、张竹明译：《理想国》，商务印书馆 1986 年版，第 25 页。

是说要通过教育培养“爱学习和爱智慧”的人，使“一个真正善的城邦护卫者的天性里，把爱好智慧和刚烈、敏捷、有力这些品质结合起来”①。

柏拉图继承和发展了苏格拉底关于教育与政治问题的思想观点，把教育看作国家正义与否的决定因素；把实现国家的正义，建立理想之国，认作教育工作的总目标。

亚里士多德在他的《政治学》第七、八卷，《伦理学》第一、二卷，《形而上学》第一篇第九章和《物理学》第二篇第三章等著作中论述教育问题时，也高度评价教育对于社会政治所起的重大作用，即也把教育看作使人民生活美好和国家治理良好的必要手段。

亚里士多德在《政治学》中论述“理想国及其教育”时，也是从国泰民安的基本因素讲起。他说：首先“让我们试图确定一个幸福而治理良好的国家需要什么和由何种分子来组成。一切幸福都包含着两件事：一件是选择行动的正当目的，另一件是发现足以达到目的的行动方法。方法与目的，可以相符，亦可以不相符。……在一切艺术和科学中，我们对目的与方法，应同样能够掌握。”② 亚里士多德在这里所讲的“目的”就是指国泰民安的基本因素，“方法”就是能够实现这些基本因素的良好教育。

亚里士多德也曾分析总结了希腊奴隶制社会所存在的各种政治体制，论证了各种政体的优劣。他认为由一两个或少数贤明的德才兼备的优秀人物治理的国家是最理想的，但在当时这样的国家并不存在。亚里士多德主张奴隶主中产阶级最适合于做国家的统治者，因为中产阶级是国家最安分守己的阶级，他们不觊觎别人的东西，别人也不觊觎他们的东西，他们不害别人，也不被人所害，最根本的就是他们最能体现“正义和智慧”。

---

① 柏拉图著，郭斌和、张竹明译：《理想国》，第69页。

② 亚里士多德：《政治学》第七篇第十三章，转引自《西方资产阶级教育论著选》附录，人民教育出版社1964年版，第554页。

在亚里士多德看来，正义和智慧是良好国家和人民的美德。国家政治的优劣就取决于这个国家是否具备正义和智慧的美德。而国家是由人民组成的，国家能否取得正义和智慧的美德，则取决于组成国家的人民是否具备这些美德。

那么，如何使组成国家的人民具备优良的美德呢？亚里士多德指出："有三件事情能使人善良而有德行，这些就是天性、习惯和理性。……人类除天性与习惯外，尚有理性。由于天性、习惯和理性不能常常一致，这就必须使它们互相调和。"① 而要使它们互相调和一致，除了立法之外，就要靠教育。

亚里士多德说："没有人将怀疑立法者应首先注意少年人的教育，因为忽视教育就会危害政制。应陶冶公民使他们的生活适合于政府的形式，因为各种政府都有原来形成它的并继续保持它的一种特性。有民主主义性质，就会创造民主政治；而有寡头政治性质，就会创造寡头政治；总之，性质愈好的，其所创造的政府亦愈好。"② 政治性质决定教育，教育必须适合政治性质。良好的国家政治形式及其特性，必须依靠良好的教育来维护它、巩固它。其中，关键之所在就是通过教育来陶冶人民的品格和特性。

为此，亚里士多德提出："教育应由法律规定，并且应是国家的事业。""教育事业应该是公共的而不是私人的。……凡与共同利益有关的事物，大家都应受到相同之训练。我们也不应当以为任何一个公民是属于他自己的，因为他们都是属于国家的，人人都是国家的一分子。所以，对于各个分子之照顾，与对于全体之照顾是不可分开的。"③

---

① 亚里士多德：《政治学》，第七篇第十三章，转引自《西方资产阶级教育论著选》附录，人民教育出版社 1964 年版，第 554—555 页。

② 同上书，第 561 页。

③ 亚里士多德：《政治学》，转引自《西方资产阶级教育论著选》附录，人民教育出版社 1964 年版，第 561—562 页。

从以上“三杰”对教育与政治之关系的论述，我们可以看到：

1.“三杰”都从维护奴隶主的统治，建立理想的国家，训练人民的“理性”的需要出发，来考虑教育问题，并高度评价教育的政治作用。

2.“三杰”都提出教育应当以陶冶人民的美德，训练人民的理性，以适应国家政治统治的需要，作为它的总目标。教育工作的任务，应在于训练人民具有“正义”“智慧”“勇敢”“节制”的品德。正义、智慧、勇敢、节制是善良人民理性的表现，理想国家的美德之所在。

3.“三杰”都主张教育应是国家的事业，教育事业应是公共的而不是私人的，国家应当使其每一个分子从幼年时开始就受到适当的教育，最后培养出极少数优秀分子，即“理性”特别高超、“德行”特别高尚的人，来承担治理国家的责任。

在教育与政治关系方面的思想，“三杰”的不同之处，集中表现在其中的一个核心问题，即“理性”的含义和标准的问题上。

苏格拉底是一个有神论者。在苏格拉底看来，支配和安排世界万事万物的就是神。神在创造人的时候，为了使人有用，便在人的身体中安排了能思考的“灵魂”。人借助灵魂，便可领悟神的意志——“善”。而“善”是世界万事万物都要追求的目的。因此，苏格拉底所说的理性或智慧就是“善”。人的灵魂中的“善”，包括节制、正义、勇敢、敏悟、强记和豪爽等美德，而这些美德都系于智慧和理性。它们都是通过正确的教育，给人的灵魂以正确的指导和训练才能获得的。可见，苏格拉底是从神的意志——“善”的角度和高度来看待教育与国家政治之密切关系的，显然带有浓厚的神秘色彩。

柏拉图当然也是一个有神论者，但是他没有停留在苏格拉底的“善”的哲学原则上。他不仅把“善”当作人的意识（灵魂）所要追求和完善的东西，而且把“善”本身看作永恒不变的、至高无上的存在。柏拉图认为，“善”是一切真理的源泉，它先于一切事物的存在。柏拉图以“理念”的概念来代替苏格拉底的“善”的概念。在柏拉图看来，理念高于一切，而且人们只有掌握辩证法和利用辩证法才能认识理念。这也就是说，人通过发展人的心灵的高级部分，才能认识理念和接近理念，从而达到善的境界。人接受教育，在灵魂中具备正义、智慧、勇敢和节制这些理念，便成为有理性的人。他说，在进行高级教育活动的过程中，“人（在这过程中）决不靠使用任何感性事物，而只使用理念，从一个理念到另一个理念，并且最后归结到理念”①。柏拉图把真正掌握理念、接近理念的人称为“哲学王”。由这样的哲学王统治的国家，便可理性至上，正义、智慧成风，那就能国泰民安了。可见，柏拉图是从他的理念论的角度和高度来阐述教育对于国家政治起着决定性的作用。这显然保留了苏格拉底的神秘性，并赋予了更多的思辨性，使之富有更强的哲理性和可实践性，更易于指导教育的实施，并使之更好地应用于教育实践。

到了亚里士多德，他在“第一哲学”中提出了关于实体的学说，对柏拉图的理念论进行了激烈的批判。亚里士多德认为，事物总是个别存在的，而个别事物绝不是由于有什么在它之外且与它相分离的理念存在而后存在的；而处在事物之外、与事物相分离的理念，也绝不能产生个别的事物。把理念看作离开个别事物而独立存在的实体，这是极端荒谬的。因此，亚里士多德在讨论人如何组织成为国家，和人按什么规范行动时，已经抛弃了苏格拉底和柏拉图的神秘观念和思辨性质。他强调人是理性的动物，应富有“理性智慧”，善于“理性沉思”，会过“理性生活”，这个“理性”不是抽象的，而是具体的，那就是人的“美德”。亚里士多德著作中也常常使用“善”“至善”“善德”等名词，都是指人的具体的美德

---

① 柏拉图著，郭斌和、张竹明译：《理想国》第六卷，511c，第 270 页。

或德行。亚里士多德还赋予人的美德或德行以“中道”的性质。他说：“美德是一种适中”，“过度和不足是恶行的特性，而适中则是美德的特性”。[①] 而这种“适中”并没有一个绝对的标准。人在国家政治生活中要掌握“中道”，则要靠每个人的智慧和见识。亚里士多德称之为“实践智慧”。它是通过每个人不断的实践活动、训练摸索出来的。亚里士多德说：“我们是由于行为公正而成为公正的，由于行为有节制而成为有节制的，由于行为勇敢而成为勇敢的。”[②]

可见，亚里士多德所论述的关于教育与政治的关系问题，其中的核心概念——“理性”或“理性生活”，有着非常明显的实践性和现实性，大大发展了苏格拉底和柏拉图关于“善”“德行”“理性”的理论。

二、教育与心理发展

古希腊“三杰”教育思想的批判继承，最为集中地表现在教育与人的心理发展之关系，即关于对人的心灵本质及其发展的一系列论述上。

对于人的心灵本质及其发展问题的看法，这是一切教育理论家论述教育种种理论问题的基础。教育的问题，归根结底是如何理解和发展人的心灵的问题。古今中外，概莫能外。

苏格拉底在欧洲哲学史上，第一个完成了“把哲学从天上拉回到人间”的任务，使哲学第一次在真正的意义上发现了“自我”，转向了“人的心灵”。苏格拉底把“爱智”与“认识你自己”相结

---

① 亚里士多德：《尼各马可伦理学》第二卷第六章，《西方哲学原著选读》上卷，商务印书馆 1984 年版，第 156 页。

② 同上书，第二卷第一章。

合，从而揭示了人的心灵的本质，即人通过心灵的存在和发展，能认识自己所能认识的一切。在柏拉图的《斐多》篇里，苏格拉底首先提出：人死了，肉体固然要分解而消亡，而灵魂是否也会分解像烟云一样消散于太空之中呢？苏格拉底对这个问题的回答是否定的。他把人的心灵看作是与自然物质在本质上不同的精神实体，而且具有单一的和不可分割的特性。苏格拉底认为人之所以为人，不仅仅是由于他有感觉、欲望、情欲等，更重要的在于人有灵魂、有思想、能思维。人不仅能直接地感受自然，而且能用思维去理解自然。人不仅能感觉到自然的个别现象，而且能认识自然的规律。因此，苏格拉底首先发现了人的精神力量、人的主动性，把人看作能动的主体。从而，他揭示了人的心灵之存在和发展的重要地位——人的心灵是人之所以为人的根据，是人的本质所在。凡是人都要凭着其心灵的发展才能真正成为人。这一思想贯穿于整个苏格拉底、柏拉图和亚里士多德的教育学说之中。

以知识论或真理论为例。在柏拉图的《斐德罗》等对话篇中，苏格拉底详细地描述了人的心灵在何种条件下才能达到“真实的存在”。人只有通过心灵才能掌握知识本身。这种“知识”，在苏格拉底看来，就是对“事物的本质”“真实的存在”，即对“真理”的掌握。光靠感觉是得不到这种知识的，必须通过“心灵”的活动才能掌握它。苏格拉底在这里所说的“心灵”的活动或心灵活动的条件，就是指教育。苏格拉底正是这样地从论证“美德即知识”，进而肯定“美德是可教的”。这就是说，只有通过教育，使人的心灵得到发展，才能把人培养成一个高尚的人。那么，如何通过教育来发展人的心灵？苏格拉底说：“我以为正如一个人的身体生来就比另一个人的身体强壮，能够经得住劳苦一样，一个人的灵魂也可能天生得比另一个人的灵魂在对付危险方面更为坚强。因为我注意到：在同一种法律和习俗之下成长起来的人们，在胆量方面是大不相同的。不过我以为，人的一切天生的气质，在胆量方面，都是可以通过学习和锻炼而得到提高的。……我看，在所有其他方面，人和人之间也都同样天生就有所不同，而且也都可以通过勤奋努力而得到很多改进。因此，很显然，无论是天资比较聪明的人，或是天资比较鲁钝的人，如果他们决心要得到值得称道的成就，都必须勤学苦练才行。”① 苏格拉底肯定人的心灵在天赋上所存在的差异，但不论天赋如何，都必须受到适合的教育，才能成为具有高尚品德的人。“禀赋最优良的、精力最旺盛的、最可能有所成就的人，如果经过教育而学会了他们应当怎样做人的话，就能成为最优良、最有用的人，因为他们能够作出极多、极大的业绩来；但如果没有受过教育而不学无术的话，那他们就会成为最不好、最有害的人，因为由于不知应该选择做什么，就往往会插手于一些罪恶的事情，而且由于狂傲激烈、禀性倔强、难受约束，就会作出很大很大的坏事来。”②苏格拉底从论证教育对于人的心灵发展所起的重大作用，进而对于教育充满信心，认为“任何人间所称之为美德的东西”，都是可以“通过学习和实践”来增进心灵的发展而实现的。

柏拉图在《理想国》等对话篇中，充分地表述了对“知识”和“真理”的看法。柏拉图认为“心灵原有思维能力以及所用以见到真理的机能”。“学习就是回忆。”教育就是使人通过运用思维，回忆心灵中原有的知识，获得真知，富有理性，以善行事。《理想国》第七章，柏拉图以“洞穴”之喻，说明没有知识的人就好像洞穴内的囚犯一样。教育就好比使洞穴里戴着镣铐的囚犯，从无知识，面向洞穴黑暗的尽头，只能看见模糊的影子，到有知识，摆脱脚镣，转过身来，摸索着走向洞口，看见太阳光辉所照耀的现实世界一样，是转变人的心灵的艺术。这一转变的过程，就是人的回忆过程。这一回忆过程，就是“从杂多的感觉出发，借思维反省，把它

---

①② 色诺芬著，吴永泉译：《回忆苏格拉底》，商务印书馆 1984 年版，第 116、139 页。

们统摄成为整一的道理”[1]。这种“反省作用”就是“回忆”。“只有借助妥善运用这种回忆，一个人才可以经常探讨奥秘，来使自己完善，才可以真正改成完善。”[2]

柏拉图肯定人能通过心灵活动获得知识，认识真理。但是，他认为人的心灵包括高级部分（理性部分）和低级部分（无理性部分）。人是通过心灵的高级部分，而不是通过心灵的低级部分认识真理的。人的心灵的低级部分，即意气和欲望，不仅不能认识真理，还会干扰人对理念世界的认识。人必须不断地通过心灵高级部分的活动——理性活动，即教育，排除意气和欲望的困惑，从而使心灵得到“纯化”，才能接近理念世界，洞察真理，获得真知。

在《泰阿泰德》篇中，柏拉图假托苏格拉底之言，把人的心灵比作一块蜡版，来说明人是如何通过心灵的活动而获得知识和掌握真理的。他说：“假设我们心灵中有块蜡版，或较大较小，或较刚较柔，或较纯较驳”，“我们所见所闻，或念之在心者，若要记住，便将此版置于知觉意念前，把知觉意念刻于其上，如打印一般。痕迹尚存，所刻能忆能知；刻后磨灭，或者刻不成者，便弗忆弗知”。[3] 又说：“以蜡版比方心地，心地宽厚平坦、刚柔适度，则入自感官者铭于其上为印象，淳淳而耐久。”[4] 此等人谓之智者。

在柏拉图看来，人之优劣，归根结底是人的心灵“纯化”到何等地步。通过一种适当的教育，使人的心灵得到“纯化”，各种人就可以尽其职、安其位了。柏拉图说：一国之人，“老天在铸造他们的时候，在有些人身上加入了黄金，这些人因而是最可宝贵的，是统治者。在辅助者（军人）的身上加入了白银。在农民以及其他

---

① 见《柏拉图文艺对话集》，人民文学出版社 1963 年版，第 124 页。

② 同上书，第 125 页。

③ 柏拉图著，严群译：《泰阿泰德 · 智术之师》，商务印书馆 1963 年版，第 88—89 页。

④ 同上书，第 94 页。

技工身上加入了铁和铜。但是，又由于同属一类，虽则子女天赋相承，有时不免金父生银子，银父生金子，错综变化，不一而足。所以，上天给统治者的命令，最重要的就是要他们做后代的好护卫者，要他们极端注意在后代灵魂深处所混合的究竟是哪一种金属。如果他们的孩子心灵里混入了一些废铜烂铁，他们决不能稍存姑息，应当把他们放到恰如其分的位置上去，安置于农民、工人之间；如果农民、工人的后辈中间发现其天赋中有金有银者，他们就重视他，把他们提升到护卫者或辅助者中间去。”① 天赋金质、银质和铜铁质三种人，可能互相混杂，错综变化，其决定因素就是教育。教育在改善心灵、改造人性上，有着巨大的威力。教育与遗传和环境，包括人的生活状况、经济条件和政治地位等等，共同对人的心灵之“纯化”发生作用。

在柏拉图看来，世界分可见世界和可知世界。前者由无数事物构成，是现象，可通过目力感知；后者由无数理念构成，是真实的存在，善、美本质，必须通过努力加以领悟。通过教育，从前者只能获得“意见”，从后者才能获得“知识”。知识与意见不同。人之心灵纯化、心理发展，不能靠“爱意见”，而只能靠“爱知识”。这就是说，教育要能有效地纯化人的心灵，促进人的心理发展，不能使人停留于感性认识，而应使人进入理念世界，获得理性的认识，最后掌握真理。

亚里士多德的知识论和真理论，也是和他关于心灵的学说密切相关的。亚里士多德把人的全部认识都看作是人的心灵功能作用的结果。

在《论灵魂》中，亚里士多德断言，一切有机体都是由“质料”和“形式”构成。有机体的躯体是质料，有机体的灵魂是形式。灵魂是有机体的运动的原因和实质，是其现实和真正的存在。

---

① 柏拉图著，郭斌和、张竹明译：《理想国》，第128—129页。

凡有生命的地方就有灵魂。人的灵魂是统一的实体，包含两个部分和三方面的功能。两个部分一是非理性灵魂，其功能是本能、感觉和欲望等；另一是理性灵魂，其功能是思维、推理等。三个方面是“营养的灵魂、感觉的灵魂和理性（思维）的灵魂”，“它们相应于植物的、动物的和人的生命。营养的灵魂，当单独存在时，是属于植物的——植物性的灵魂；如果它同时还能感觉，就是动物的灵魂；如果既是营养的，又是感觉的，并且也是理性的，那就是人的灵魂”。① 在人的认识过程中，灵魂的主要功能是感觉和思维。感觉在人的认识中不可缺少，但是通过感觉只能认识个别事物的现象，不能认识普遍事物的本质。人在认识中，最重要的在于通过思维活动，了解事物的普遍性，掌握事物的本质。

心灵中的思维活动是如何进行的？亚里士多德在《论灵魂》中也曾形象地把心灵比喻为“蜡块”，认为心灵进行思维活动时，思维对象在心灵上留下了痕迹，好比文字刻于蜡版上那样。他说：“心灵所思维的东西，必须在心灵中，正如文字可以说是在一块还没有写什么东西的蜡版上一样：灵魂的情形，也完完全全就是这样。”② 虽然，亚里士多德不仅承认外界事物为认识对象，外界事物经过感官的作用，会在心灵上留下痕迹；而且肯定心灵的内在功能，即心灵还有自身的纯粹的思维活动，也正是由于心灵还有这种思维功能，感觉的事物成了思维的对象，因而才可能在心灵上留下痕迹。

亚里士多德肯定感觉是人认识的起因。没有感觉，就没有认识活动，就不可能有知识。但是亚里士多德的认识论，从整体上来说，也是强调普遍性知识的价值，归根结底还是要使人通过教育，

---

① 参见黑格尔：《哲学史讲演录》第二卷，生活·读书·新知三联书店 1957 年版，第 339 页。

② 柏拉图：《论灵魂》第三卷第四章，见《西方哲学原著选读》上卷，第 152—153 页。

能运用概念进行思维，获得理性知识，真正成为“理性的动物”。

亚里士多德还提出，良好的教育，要能对人的心灵发展起到促进作用，必须依照人的生长进程，遵循人的自然行程，加以合理安排。他说：“教育的目的及其作用，有如一般的艺术，原来就在效法自然，并对自然的任何缺漏加以殷勤的补缀而已。”①

从以上“三杰”关于人的心灵的学说，我们可以看到，“三杰”在教育与人的心理发展问题上有着许多共同的基本看法。

1. “三杰”都从“自然哲学”观出发，认为人的心灵天赋有别，但其变化和发展都与教育密切相关。他们都非常重视人的自我之自然存在，承认人的心灵的存在及其活动在认识过程中的重大作用。他们都对人的心灵结构提出了种种假想，企图说明只有灵魂或理智才能使人明辨是非，只有灵魂高尚或理智高超的人才是至高无上的人。一国之人，其天赋的心灵千差万别，无论要保持心灵天赋不变，或使天赋心灵得以改变，都必须依靠转变心灵的艺术——教育。他们不仅强调只有通过良好的教育才能使人的心灵转向善、转向真理，而且强调完善的教育必须“效法”自然，依照人的心灵及其发展的自然结构和行程进行。

2. “三杰”都认定人的心灵好比蜡块，感官是认识的门户，一切知识的获得和真理的掌握都必须以感性认识为基础。同时，他们也肯定心灵的思维功能作用，心灵进行思维活动时，心灵所思维的东西如同文字刻在蜡版上一样，在心灵上留下痕迹。心灵正是由于具有思维的功能，才可能成为感觉的接收器。“三杰”的教育学说都非常强调纯思维活动在发展心灵、培养心智方面的重要地位和作用。“三杰”关于心灵的学说所阐发的哲学和心理学观点，都是他们的教育思想的理论基础。

3. “三杰”都崇尚理性教育，认为人的心灵的高度发展，根本

① 亚里士多德：《政治学》，第七卷第七章，1339b，商务印书馆1983年版。

上要依靠理性教育。他们对于知识和真理都给予了非常广泛而又重点突出的理解。所谓知识，不应是对于可见世界的认识而获得的一般感性知识，而应是对于可知世界的领悟而获得的理性知识，包括美德的知识和自我的知识等，是关于事物本质的知识，是关于事物存在和发展之必然的普遍的真理。他们都把人看作理性的动物、能动的主体，其根据就是人具有其之所以为人的本质特点，即理性。教育要把人培养成高尚的人，即富有理性的人，根本上就在于改善心灵、陶冶心性、纯化灵魂，使心灵排除可见世界纷纭莫测的干扰，从感性事物中解脱出来。

“三杰”在教育与人的心理发展方面的思想观点有所不同和后者比前者有所发展之处，主要在于对人的心灵本质知识含义的理解上。这主要的也是由于后者的哲学观有所发展而导致的。

苏格拉底把世界万事万物的原因归之于神，认为人是神创造出来的。神特别给人的身上安排了能思考的灵魂。人有了灵魂就能知道一切，就能获得知识，其中最重要的就是能够追求到神在安排一切的时候所根据的原则——“善”。显然，苏格拉底是纯粹从神道主义来论证人的心灵之存在的，对心灵本质和知识的理解充满了神秘主义的色彩。在苏格拉底看来，人的心灵是神特别赐予的，就像神给人造的两手可做事、舌头可说话一样，是获得关于“善”的知识的工具。同时，苏格拉底又说，一切“善”的东西都是有益的，而美德是善的，并且“美德即知识”，因而美德也是灵魂的一种性质。这样便把人的心灵与“美德即知识”完全联系在一起了。一切美德（知识）都系于灵魂，而灵魂自身的一切也都系于美德（知识）。苏格拉底正是从这个完全是以神秘主义假设的心灵论和知识论来肯定教育对于心理发展的重大意义和作用的。

柏拉图在苏格拉底完全神性化的心灵论和知识论的基础上，提出理念主义的心灵论和知识论，给人的心灵和知识以天赋的和哲理的性质。柏拉图继承和发展了苏格拉底关于“善”的见解，不仅把善当作人的心灵所追求的东西，而且把善看作先于一切存在的知识源泉，并代之以“理念”的概念。柏拉图断言：现实世界中一切可感觉的事物都不具有真理性，只有“理念”才具有真理性。理念是事物的本质，事物是理念的摹本。世界所有事物均有其自己的理念，而最高的理念就是善的理念。只有善的理念才给予认识的对象以真理性，并给予认识的主体以认识能力。这也就是说，善的理念给人的心灵以智慧，使它能够认识真理；而人的心灵则必须倾注于理念世界，认识善的理念，从而洞察真理。柏拉图以他的理念论为根据，提出“学习即回忆”和主张“灵魂轮回”说。他认为，人的心灵本来就拥有神给予的所有事物的知识，通过教育，借助本身的思维反省作用，便使人回忆起这些已有的知识。人通过教育而激起的心灵活动——心灵高级部分的活动，回忆知识，认识真理，认识理念，从而走向“善”的世界。柏拉图的心灵论和知识论并未能摒弃苏格拉底的神秘主义性质，甚至还使其天赋的色彩更加浓厚了；但是它更具有理论的意义和思辨的性质了，与全部理念论相联系，就为其理性教育提供了一定的理论基础。

亚里士多德批判继承了柏拉图的理念论，使他的心灵论和知识论更富于现实性，更便于指导理性教育的实施。亚里士多德明确提出“实体”的概念，并把个别事物称为第一实体，把事物种属称为第二实体，还认为第一实体是第二实体的基础。亚里士多德尖锐地批判了柏拉图把理念当作事物之外唯一最高独立实体的理论。但是，亚里士多德又认为“个体”由“形式”和“质料”组成。“形式”即每一事物的本质，“质料”只是组成每一事物的材料。任何事物的本质是它存在的基础，因而“形式”是事物存在的基础和起点，“形式”是事物统一的根源。最后，亚里士多德提出“形式”先于物质，是“第一推动者”和“永恒实体”的结论。这样，亚里士多德又与柏拉图殊途同归了。但是，不管怎样，亚里士多德认为，一切有机体都是由质料和形式构成。有机体的灵魂是形式，有机体的躯体是质料。凡有生命的地方就有灵魂。灵魂是统一的实体，并具有多种不同的功能，以适应生命的各种需要。人的灵魂包括两部分：一是非理性灵魂，行使其本能、感觉和欲望的功能；二是理性灵魂，行使其思维、推理的功能。在人的认识过程中，灵魂的主要功能是感觉和思维。通过教育，激励人的灵魂之主要功能——感觉和思维的运用，获得知识、洞察真理，以至于最后使人的理性达到至善至美的境地。亚里士多德的这些理论，尽管重复了苏格拉底和柏拉图灵魂不死的思想观点，但是给人的心灵及其发展提供了较能运用于教育实际的假设和说明，把理性教育理论向前推进了一步。

三、理性教育与和谐发展

古希腊“三杰”教育思想的批判继承还突出地表现在他们对理性教育与身心和谐发展问题上的一系列论述。

理性教育，就是注重训练心灵和启发智慧的教育。这是“三杰”教育思想体系的核心。为了实现理性教育的最终目标——培养理性高尚的人，围绕理性教育，“三杰”还提出了一系列关于促进青少年身心和谐发展的思想观点。

苏格拉底毕生寻求人间的美德，探求如何培养以追求“善”为人生目标的人。他认为，最根本的就是要使人通过教育走上“自我实现”的道路，成为一个有理性的人。这种有理性的人，就是知识广博、品德高尚的人，也就是富有善德的人。较具体地来说，这种人的心灵中具有节制、正义、勇敢、敏悟、强记、豪爽等优良品质。苏格拉底指出：“节制是一切美德的基础。”“只有能节制的人才会重视实际生活中最美好的事情，对事物进行甄别，并且通过言语和行为，选择好的，避免坏的。”任何人如果希望成为高尚的人，就都要把节制看得比什么都重要，只有如此，“才能成为最高尚的、最幸福的和最有推理能力的人”①。此外，正义、勇敢和友谊等，也是作为一个对社会有用、能为家庭和国家作出贡献的人所应具备的美德。所有这些“美德”，都必须通过合适的理性教育加以训练才能获得。不论天赋好的还是天赋坏的人，都必须受到合适的教育，才能真正成为有理性的人。

“美德即知识。”苏格拉底认为只有知识才能使人变得有智慧，而智慧就是最大的善。苏格拉底强调，“自知无知”，酷爱求知，热爱智慧，追求善德，这就是“自我实现”理性高尚之人的道路。因此，苏格拉底把“学习”看作人生的首要之事。

但是，作为一个有益于社会和别人的人，不仅要智慧聪颖、心灵高尚，而且要有健康的身体。苏格拉底认为健康的身体是人生成就的最大保障。“由于身体不好，健忘、忧郁、易怒和疯狂，就会猛烈袭击许多人的神智，以致把他们已获得的知识丧失净尽。但那些身体健康的人却有充分的保证，他们不会遭受由于身体不好而遭受的危险。与此相反，由于身体健康则很可能获致和身体衰弱完全相反的有益效果。”②

柏拉图《理想国》前半部分主要是阐述关于青少年身心和谐发展教育的思想，其后半部分主要是阐述关于理性教育的思想。以理性教育论为核心，以和谐教育论为基础，两论结合便构成柏拉图教育理论的主体。《理想国》第四章说明理性包括智慧、勇敢和节制三要素，以及在此三要素基础上形成的公道和善德。接着的三章说明理性本质，理性既是先天授予的，更是后天培养的。最后三章论述理性生活，通过各种政体和政治生活的比较，说明理性至上，理性生活最为快乐。

---

①② 色诺芬著，吴永泉译：《回忆苏格拉底》，第 33、173、132 页。

柏拉图认为，教育的根本任务在于训练人的心灵和培养人的理性。较具体地说，就是通过教育，使一国之人能以“公道”处世、以“理性”行事，从而各本其位、为国尽力。柏拉图把公道（或正义）、智慧、勇敢和节制等理性品质当作人的心灵最重要、最基本的要素加以培养和训练，并把理性教育看作发展心灵能力和掌握理性知识相结合的过程。

求得知识和明察真理是启发智慧、培养理性的基础。柏拉图非常重视数学、天文学、几何学等学科教学对于培养人的理性的重要作用，尤其强调辩证法的学习是理性教育及其完善的顶峰。柏拉图说：“辩证法是唯一科学的研究方法，能够不用假设而一直上升到第一原理①本身，以便在那里找到可靠的根据。当灵魂的眼睛真的陷入了无知的泥沼时，辩证法能轻轻地把它拉出来，引导它向上，同时用我们所列举的那些学习科目帮助完成这个转变过程。”② 并说：“辩证法像墙头石一样，被放在我们教育体制的最上头，再不能有任何别的学习科目放在它的上面……我们的学习课程到辩证法也就完成了。”③ 通过辩证法的学习，使人至善至美，洞察理念，掌握真理，富于理性，柏拉图的理性教育过程才算终结。

理性教育是柏拉图理想教育的后一阶段或最高阶段。其前一阶段或初级阶段就是以品格训练为主的和谐发展教育，其中包括音乐教育和体育。音乐教育包括读、写、算的教育，相当于现在的智育，主要通过眼睛和耳朵为媒介，通过文学——主要是诗的感化，着重训练儿童心灵的“智慧”。柏拉图认为，史诗和悲剧之类的神话和英雄传说等文学作品，对儿童最富于感染力，能在儿童心灵中留下深刻的印象，对儿童的性格发生重大影响。但是，柏拉图对当

---

① 即理念。

②③ 柏拉图著，郭斌和、张竹明译：《理想国》，第 300、301、302 页。

时的文学教育极为不满，对荷马史诗进行了严厉的批评，提出必须对大部分不健康的希腊文学作品加以审查，并禁止其流行，同时对文学教育的内容和形式，以及对音乐本身的要求和标准，都提出了详细的规定。体育也是不可缺少的，其主要内容除了体操外，还包括饮食卫生等。体操教育，主要是通过身体操练，不仅锻炼强健的身体，而且训练“勇敢”等心理品质。柏拉图认为，修养心性、培养善德和操练身体、增进健康两方面的教育是互相影响的。教育的问题无非在于调整人的身体和精神两者互相影响的种种因素，使两者相互调和、协调发展。综合音乐教育和体育，就可以使人的心灵得到和谐一致的发展，为青少年品格形成和进一步接受理性教育打下良好的基础。

亚里士多德高度崇尚理性、注重现实，极其重视理性教育，同时也把品格教育和体育置于重要的地位。亚里士多德虽然批判了柏拉图的理念论和回忆说，但他也把“理性”看作人的心灵的高级部分（嗜饮等本能为低级部分）。亚里士多德说，只有人类除天性与习惯外，尚有理性。人的本能（嗜饮等），只有通过发展理性，才能加以矫正。唯有通过培养人的“理性”，才能使人有德行。所以，亚里士多德也主张教育应以培养“理性”为主。至于身心和谐教育思想，亚里士多德明确提出“自由教育”的主张，并指出要使青少年身心和谐发展，则必须防止学习科目的狭隘性和实用性，而应注重品德陶冶和理智训练。

在《政治学》第七卷中，亚里士多德指出：“有三件事情能使人善良而有德行，这些就是天性、习惯和理性。……由于天性、习惯和理性不能常一致，这就必须使它们互相调和。”① “公正”与“节制”同为事业和闲暇所必需。“那些生活似乎优裕和拥有一切幸

① 张焕庭主编：《西方资产阶级教育论著选》，人民教育出版社 1964 年版，第 554—555 页。

福的人，就特别需要公正和节制。”①

“教育应是自由的。”这是亚里士多德自由教育论的通俗概括。亚里士多德说：“显然有一种教育，为父母的应该用以训练其子者，不是因为它有用或必需，而是因为它是自由的和高贵的。”② 所谓“自由”，亚里士多德认为就是“不偏狭”、“不鄙俗”，也就是适合于自由民的身体和心灵发展之需要者。③ 自由教育的科目包括：“（一）阅读、书写，（二）体育锻炼，（三）音乐，有时还增加（四）绘画。”④ 通过这些科目的教育，使人们不仅能把工作做好，而且能善于利用闲暇。

对于音乐和体育在教育上的地位和作用问题，亚里士多德也有许多论述。亚里士多德认为，音乐是为了快乐和舒畅，有助于闲暇时间的享受和精神的修养，能陶冶人们的心灵。体育在于锻炼儿童的身体，而不应独一无二地或主要地为了训练某种体育竞赛技能。因此，亚里士多德提倡比较柔和的体操练习。避免粗劣的膳食和痛苦的劳作，使身体的生长受损害。亚里士多德认为，儿童心灵的劳动与身体的劳动应当交替进行，“不应当在同一时间内既用他们的心灵又用他们的身体去劳动”⑤。否则，会彼此妨碍，有害于身心的发展。

从以上“三杰”关于理性教育与和谐发展教育的论述，我们可以看到，“三杰”在如何促进人的健康成长，培养理想的人方面，有着许多共同的基本主张。

1. “三杰”都把“正义”“智慧”“节制”等优良品德作为理性教育的基本目标和基本内容。他们都把理性教育看作全部教育工作

---

① 同上书，第 556 页。
② 同上书，第 564 页。
③ 同上书，第 562 页。
④ 同上书，第 563 页。
⑤ 同上书，第 566 页。

的核心，把培养人的正义（公道）、智慧和节制等德行看作教育的最高目标。

2. “三杰”都主张人的心灵和身体的和谐发展，既重视知识教育，也注重身体锻炼。他们都把知识的获得与品德的修养一致起来，二者相互联系，彼此促进，以形成高尚的心灵。同时，他们也把心灵的高尚与身体的健康一致起来，主张音乐教育与体育相结合，特别还注意到体育对于培养优良品德所起的作用。

3. “三杰”都把人的身心和谐发展教育看作基础阶段的教育，把理性教育看作高级阶段的教育，并把两种层次的教育有机联系和统一了起来，构成了形成和发展理想的一代新人之教育的全部。

“三杰”在理性教育与和谐发展教育方面的理论有所不同和后者有所发展之处，主要在于教育对象和内容的范围上。

苏格拉底对理性教育更多的是从人生的伦理修养上理解和论述，因而其着眼的教育对象无疑是限于高贵的统治者。柏拉图所论述的教育主张则完全是为了培养“哲学王”的。无论是其理性教育还是其和谐发展教育，都是统治者的教育。柏拉图把理性教育看作统治者教育的根本，且为统治者阶级所独有。而亚里士多德在强调统治者教育的时候，也提及了被统治者的教育。亚里士多德甚至还说：“从某一点看治者与被治者是相同的。”“既然每一政治社会系由统治者与人民构成，那就让我们考虑二者之间的关系应为互换的还是不变的。因为公民的教育必将随着对这个问题的答案而不同。”① “要学习做一个善于命令人的人，他首先必须学习服从。”②“一个人必须先能为人然后才能为统治者。”③但是，亚里士多德亦曾断言“奴隶无闲暇”，“奴隶无理智享受”。所以，在亚里士多德

①②③ 亚里士多德：《政治学》，第七卷第十四章，《西方资产阶级教育论著选》，第555页。

的教育思想体系中，实际上没有也不可能有奴隶教育的地位，只不过是自由民的教育而已。然而，不管怎样，从苏格拉底、柏拉图到亚里士多德，教育对象的范围无疑是扩大了。

在教育内容方面，苏格拉底和柏拉图在哲学上都是身、心二元论者，坚持“灵魂不死”学说，但在教育学上却是身、心一元论者，坚持“和谐统一”的观点。而亚里士多德没有这个矛盾存在，因而在身心和谐发展教育的思想观点上，比苏格拉底和柏拉图有着许多发展。例如体育与智育的关系，柏拉图主张音乐先于体育，而亚里士多德主张体育先于音乐，而且体育与智育应交替进行。又如“闲暇”与“实用”的关系，柏拉图教育思想体系中，无论是卫国者还是哲学家教育，都局限于适应天赋、安于本分上，有着明显狭隘、实用的性质。而亚里士多德的教育思想体系，在教育内容范围等方面，显然比苏格拉底和柏拉图宽广得多。亚里士多德坚决反对教育的狭隘性、职业化，而主张包括广泛学科学习的自由教育。他说：“对于某些门类的学问和教育，我们必须纯然为了使用闲暇从事理智活动的目的而学习，这些学科的价值便在于它们本身。”①“专一追求有用，不能形成高尚自由之心灵。”②

“三杰”的教育思想对当时和后世都产生过巨大的影响，直至今天仍有巨大意义。

第一，“三杰”的教育思想是古希腊教育繁荣发展的主导思想。

“三杰”教育思想的形成和发展，前前后后经历了将近两个世纪。苏格拉底的哲学思想是古希腊哲学史的“分水岭”。从苏格拉底开始，“理念说”“回忆说”“知识即美德说”“灵魂不朽说”等思想和理论经过柏拉图和亚里士多德的继承和发展，就成了古希腊哲

① 张焕庭主编：《西方资产阶级教育论著选》，第563页。

② 同上书，第564页。

学思想的核心。无论是柏拉图学派还是亚里士多德学派，他们的思想和理论都打破了早期古代希腊“自然哲学”的局限性，并对“智者派”的思想观点和学风给予了毁灭性的打击。“三杰”的教育思想，既应用和反映了“三杰”的哲学思想和理论，又反映和指导了古希腊教育发展和改革的实践。

古希腊从公元前七世纪以后，就逐渐形成了雅典和斯巴达两种类型的教育制度。无论是苏格拉底还是柏拉图和亚里士多德，他们的教育思想都无不反映着雅典教育和斯巴达教育的经验。同时，也由于“三杰”教育思想的形成和发展，使雅典和斯巴达两种教育体制的典型愈加完善，并对后世欧洲乃至世界各国的教育发生巨大影响。

无论是雅典教育还是斯巴达教育，都是古希腊完整而典型的教育。“三杰”的著作，特别是柏拉图的《理想国》和亚里士多德的《政治学》，在一定意义上说，就是古希腊雅典教育和斯巴达教育经验的总结。

在古希腊教育史上，德谟克里特和智者的教育思想作为一翼，与苏格拉底、柏拉图和亚里士多德的教育思想相对立。他们也有许多教育和教学上的思想观点对当时的社会和以后的世界产生了一定的影响，如智者致力于建立辩论术、文法和修辞三门学科及其教学对希腊文化教育的发展作出了贡献。但是，与之相比，“三杰”教育思想作为古希腊教育思想发展的另一翼的积极影响和历史贡献则要大得多。甚至可以说，德谟克里特和智者的教育思想中存在较多消极的东西。正如苏格拉底、柏拉图和亚里士多德曾指出的，这是因为智者是“把教育青年的工作商业化、职业化”，是“靠似是而非的智慧赚钱的人”。

第二，“三杰”的教育思想为后来欧洲各国教育思想和理论的发展奠定了基础。

以“三杰”教育思想为主导和核心的古代希腊教育思想和理论，主要是通过罗马的改装，即“希腊化时期”的教育而影响到后代欧洲和世界其他地区的。

古代罗马对古希腊教育的消化和吸收，大约从公元前三世纪中叶开始至公元一世纪中叶，经历了三百年左右时间。在这期间，马其顿王亚历山大征服了包括希腊在内的地中海东岸、西南亚大部和非洲的埃及等地，建立了庞大的亚历山大帝国。帝国的创始人及其后继者把古希腊的文化教育带入被征服地区，大批希腊人离乡背井，移居异邦，也使古希腊的文化教育思想得到传播。

希腊本土，在被马其顿统治后开始衰落，其教育也开始发生一些变化。雅典的哲学学校，特别是修辞学校，吸引着大批本土和异邦青年前来学习。尤其亚历山大利亚大学接受了大批来自四面八方的学者前来从事研究工作。他们的主要工作就是整理和注释希腊的典籍，保存希腊的哲学、文学和艺术。通过亚历山大利亚学者们的活动，经过阿拉伯人（641 年占领了亚历山大利亚城）的媒介，希腊文化教育便传到了中世纪整个欧洲。

马其顿还在埃及、叙利亚等地建立了许多希腊式的城市。这些城市完全希腊化了。在埃及，由亚历山大所建立的亚历山大利亚城，则是希腊化世界的文化中心。

无疑，欧洲的教育理论，最早就是古希腊的教育理论。柏拉图是欧洲第一个教育哲学家。古希腊教育理论的一些重要特征，如和谐发展或多方面发展，教育与生产劳动分离，理论与实际脱节等，都在后来欧洲教育理论的发展中得到充分表现。特别应当提到的是柏拉图和亚里士多德有关音乐教育的理论，则成了后来欧洲学校教育的主要理论。

第三，“三杰”的教育思想是现代世界各国教育改革思想的丰富源泉。

苏格拉底、柏拉图和亚里士多德在西方乃至全世界都具有崇高的地位。他们的教育思想为近代和现代世界各国的教育改革提供了丰富的思想源泉。

启发式教学　近代和现代的启发式教学思想，实际上应当渊源于古希腊苏格拉底的“产婆法”（或叫“产婆术”）。苏格拉底本人就是以谈话的方式，与学生不断反诘和归纳，引导学生独立思考问题，最后让学生自己得出解答问题的正确结论的模范教师。柏拉图的全部著作和亚里士多德的大部分著作都是以对话体裁撰写的，充分应用和体现了苏格拉底的“产婆术”式教学思想。近代卢梭则继承和发展了古希腊“三杰”的这种启发式教学思想，在其《爱弥儿》中明确提出“发现法”，让学生自己在实践中应用知识，去发现问题和解答问题。现代教育学中的谈话法、发现法等教学理论的核心思想，即通过对话引导学生自己获得和掌握知识的教学法原理，均无不渊源于苏格拉底方法。

“蜡版”说　在世界哲学史和教育史上最早提出“蜡版”说思想观点的是古希腊“三杰”。古希腊“三杰”不仅提出了“回忆”说，而且提出了“蜡版”说，此两说在他们的思想体系中并存。柏拉图《泰阿泰德》篇和亚里士多德《论灵魂》中都明确提出：人的心灵犹如“蜡块”，通过感觉而在此版上留下痕迹，其迹尚存便忆之知之，其迹消失或留而不完全者则不忆不知。“蜡版”说是古希腊“三杰”认识论的组成部分。近代洛克以及后来的许多唯物主义哲学家和教育家对这一认识论上的重大问题作了进一步的论述，由“蜡版”或“白板”或“白纸”之说发展成了感觉经验论，甚至为经验心理学奠定了理论基础。现代心理学家和教育学家则依此思想和理论更广泛地论述教育的作用以及教学组织和过程等理论。

国家教育　古希腊“三杰”在他们的著作中都提到教育是国家的事业，教育应由国家管理，国家应确立统一的“小宝塔式”的教育制度等等。这些国家教育的思想观点，均为后来乃至近代和现代世界各国的许多统治者和教育家们所继承发展和实践推行。

理性教育　古希腊“三杰”，无论是苏格拉底还是柏拉图、亚里士多德，都崇尚人的理性，视理性为人的心灵的最高部分，教育的本质就在于训练人的“心灵”，使之具有理性，以节制情欲，主持正义。这一理性教育的思想观点，一直被后世的教育家们所注重，特别是近代和现代的许多教育家们都把理性教育看作普通学校教育的核心。

和谐教育　古希腊“三杰”都非常重视青少年的音乐教育和体育的结合，前者修养心性、培养善德，后者操练身体、增进健康，二者和谐发展于一身；并强调无论音乐教育还是体育都要着重于品格训练，前者陶冶心灵的智慧，后者训练勇敢的品质，从而使青少年富有高尚而完美的品格。这种和谐教育的思想，从文艺复兴运动前后起，特别是近代和现代，都被看作学校教育的基本目标。斯宾塞把它继承发展为智育、德育和体育三方面的发展。马克思主义的全面发展学说亦以智育、德育和体育等诸方面的发展理论为其基本组成部分。

终身教育　柏拉图在《理想国》中对人从生到死的教育提出了一系列的看法。通过优生、胎教、早期教育、初等教育、高等教育以及任职后的继续教育，来塑造优秀的治国者和永保完美的统治者形象，这是柏拉图的理想所在。柏拉图曾明确提出：统治者在任职之后，为了管理好国家、公民和自己，他们还得“用大部分时间来研究哲学”，只是“在轮到值班时，他们每个人都要不辞劳苦管理烦冗的政治事务”，直至“培养出了像他们那样的继承人……可以辞去职务，进入乐土”时为止。① 这种终身教育的思想观点，现在已经成了世界各国深入开展教育改革的指南。

---

① 柏拉图著，郭斌和、张竹明译：《理想国》，第309—310页。

苏格拉底论教育

（根据文献记载）

一、论人的智慧在于“认识自己”

（一）人贵在“自知其无知”

雅典公民们！我[①]得到那个坏名声，只是由于我有某种智慧。你们要问，是哪一种呢？我说就是人所能得到的那一种。也可能我确实有那样一种智慧；至于我刚才提到的那几位所具有的，我想也许可以称为超人的智慧。我想不出别的话来描述它，因为我自己根本不想要它。谁要是说我想要，那是造谣，是对我的诽谤。公民们，即便你们觉得我下面的话很夸张，也请你们安静地听一听，因为那话并不是我说的。我要告诉你们，那是一位值得你们尊敬的人物说的。我要为你们引一位值得信任的证人来作证。这就是那位德尔斐的神[②]。他会告诉你们我的智慧是怎么回事，如果我也算有一点的话；他也会告诉你们我那点智慧是哪一类的。你们一定知道凯勒丰；他是我自幼的故交，也是你们的朋友，因为他曾经同你们一道被流放[③]，也是同你们一道回来的。这位凯勒丰的性格，你们都知道，是做什么事都很急躁的。有一回他跑到德尔斐，冒冒失失地向神提出了一个问题——请不要打断我的话——求神谕告诉他有没

---

① 这是柏拉图笔下的苏格拉底在法庭上申辩。

② 阿波罗，太阳神兼智慧神，他的庙在德尔斐。

③ 公元前 404 年雅典向斯巴达投降后，成立寡头政府，镇压民主派，次年即垮台。

有人比我更智慧。女祭司传下神谕说，没有人更智慧了。凯勒丰本人已经去世，可是他的兄弟在这里，可以证明我说的是实话。

为什么我要提这件事呢？因为我要向你们说明自己得到坏名声的原因。我听到这个神谕的时候，心里暗暗地想，神的这句话能是什么意思呢？他这个谜应该怎么解呢？因为我知道自己没有智慧，大的小的都没有。那么，他说在人中间我最智慧，是什么意思呢？他是神，不可能说谎，那是同他的本性不合的。我经过长期考虑，想出一个办法来解决问题。我想，如果能找到一个人比我智慧，那就可以到神那里去提出异议了。我可以说：你说过我最智慧，可是这里就有一个人比我智慧呀。于是，我就去访问一位以智慧著名的人物，对他进行观察。他的名字我不用说了；这是一位政界人士，我选他来试试。结果，我一开始同他谈话，就不能不想到他实在不智慧，尽管很多人以为他智慧，他也自以为智慧。因此我就试图向他说明，他自以为智慧，其实并不真智慧。结果他恨我了，当时在场的一些人听到我这话也恨我了。于是我就离开了他，心里暗想：好吧，尽管我并不以为我们人中间有谁知道什么真正美、真正好的东西，可我还是比他好一点，因为他一无所知，却自以为知道，而我既不知道，也不自以为知道。在这一点上，我似乎比他稍有高明之处。后来我又访问了另外一位更加自以为智慧的人，结果也是一模一样。于是我又树立了一个敌人，他身边的许多人也都成了我的敌人。

我一个接着一个地考察人，并不是没意识到自己激起的敌意。我也曾为此悔恨、畏惧，但我不能不这样做，因为我应当首先考虑神的话。我心里想：我必须把所有显得智慧的人都访问到，把神谕的意义找出来。我对你们不能不说实话，公民们，我向你们发誓，凭着犬神发誓，我看来看去，发现那些名气最大的人恰恰是最愚蠢的，而那些不大受重视的人实际上倒比较智慧，比较好些。我要告诉你们，我到处奔波，付出了巨大的劳动，最后发现那个神谕是驳不倒的。我看了政界人士以后，又去看那些诗人：悲剧诗人，歌颂酒神的诗人，以及各种各样的诗人。我对自己说：在他们那里你就会马上露原形了，就会发现自己比他们无知了。于是我就拿出几段他们最得意的作品，请教他们到底是什么意思，心想他们总能教给我点东西。你们相信吗？我几乎不好意思说出真相，可是必须说，在座的诸位几乎没有一位不比他们强，哪一位都能对他们的诗谈出些道理，就是他们本人也说不出所以然。我这才明白了，诗人写诗并不是凭智慧，而是凭灵感。传神谕的先知们说出了很多美好的东西，却不明白自己说的是什么意思。我觉得很明显，诗人的情况也是这样。同时我还观察到，他们凭着诗才，就自以为在别的方面也最智慧，其实一窍不通。于是我就辞别了他们，琢磨着自己比他们高明点，正如比那些政治家高明一样。

最后我去访问工匠。因为我意识到自己确实一无所知，相信会发现他们知道很多好东西。这一点，我可没有看错。因为他们确实知道很多我所不知道的东西，在这一方面他们比我智慧。可是，公民们，我发现那些能工巧匠也有同诗人们一样的毛病，因为自己手艺好，就自以为在别的重大问题上也很智慧。这个缺点淹没了他们的智慧。所以，我就代表神谕问自己：你情愿像原来那样，既没有他们的智慧，也没有他们的无知呢，还是愿意既有他们的智慧，也有他们的无知？我向自己和神谕回答道：还是像我原来那样好。

公民们，就是这一查访活动给我树立了那么多凶险毒辣的敌人，也是这一活动使我得到了“最智慧的人”的称号，因而受到人们的诽谤。因为旁观者总以为我既然指出别人缺乏智慧，自己一定是有智慧的。其实，公民们，只有神才是真正智慧的，那个神谕的用意是说，人的智慧没有多少价值，或者根本没有价值。看来他说的并不真是苏格拉底，他只是用我的名字当作例子，意思大约是说：“人们哪！像苏格拉底那样的人，发现自己的智慧真正说来毫无价值，那就是你们中间最智慧的了。”所以，我就到处奔波，秉承神的意旨，检验每一个我认为智慧的人，不管他是公民还是侨民。如果他并不智慧，我就给神当助手，指出他并不智慧。这件工作使我非常忙碌，没有时间参加任何公务，连自己的私事也没工夫管。我一贫如洗，就是因为事神不懈的缘故。

（柏拉图：《申辩》，21A—23C，摘自北京大学哲学系外国哲学史教研室编译：《西方哲学原著选读》上卷，商务印书馆1984年版，第65—68页。）

（二）哲学的目的在于启人智慧

公民们！我尊敬你们，我爱你们，但是我宁愿听从神，而不听从你们；只要一息尚存，我永不停止哲学的实践，要继续教导、劝勉我所遇到的每一个人，仍旧像惯常那样对他说："朋友，你是伟大、强盛、以智慧著称的城邦雅典的公民，像你这样只图名利，不关心智慧和真理，不求改善自己的灵魂，难道不觉得羞耻吗？"如果那个人说，"是啊，可我是关心的呀！"我就不肯马上离开，也不让他走，向他提出问题，反复地盘问他。如果我发现他并无美德，却说他有，我就责备他把重要的事情看成不重要，把无价值的东西看成有价值。我要把这些话再三地向我所遇到的每一个人说，不管他年轻年老，不管他是公民还是侨民，但是特别要对本邦的公民说，因为他们是我的同胞。要知道，我这样做是执行神的命令；我相信，我这样事神是我们国家最大的好事。因此我不做别的事情，只是劝说大家，敦促大家，不管老少，都不要只顾个人和财产，首先要关心改善自己的灵魂，这是更重要的事情。我告诉你们，金钱并不能带来美德，美德却可以给人带来金钱，以及个人和国家的其他一切好事。这就是我的教义。如果它败坏青年，那我就是坏人。如果有人说这不是我的教义，那他说的就不是真话。公民们！我对你们说，你们要知道，不管你们照不照安虞铎①的话办，不管你们

① Anytos和Meletos都是苏格拉底案件的原告。

是不是释放我，我是决不会改变我的行径的，虽万死而不变！

请不要打断我的话，公民们，我要求过你们把话听完，请听我说下去。我还有一些话要说，你们听了也许会叫喊起来，可是我相信你们听了有好处，请不要叫喊。你们要知道，如果你们杀了我，杀了我说的这样一个人，你们自己受到的损失会比我大。因为安虞铎也好，梅雷多①也好，都不能损害我分毫。这是绝对不可能的，因为我相信神的意旨决不让坏人害好人。我承认，他也许可以杀死我，或者放逐我，或者剥夺我的公民权；他可以认为，别人也可以认为，这样做就大大地损害了我，可是我不那么想。我认为他现在要做的这件事——不公道地杀死一个人——只会更加严重地害了他自己。

公民们！我现在并不是像你们所想的那样，要为自己辩护，而是为了你们，不让你们由于定我的罪而对神犯罪，错误地对待神赐给你们的恩典。你们如果杀了我，是不容易找到另外一个人继承我的事业的。我这个人，打个不恰当的比喻说，是一只牛虻，是神赐给这个国家的；这个国家好比一匹硕大的骏马，可是由于太大，行动迂缓不灵，需要一只牛虻叮叮它，使它的精神焕发起来。我就是神赐给这个国家的牛虻，随时随地紧跟着你们，鼓励你们，说服你们，责备你们。朋友们，我这样的人是不容易找到的，我劝你们听我的话，让我活着。很可能你们很恼火，就像一个人正在打盹，被人叫醒了一样，宁愿听安虞铎的话，把这只牛虻踩死。这样，你们以后就可以放心大睡了，除非是神关怀你们，再给你们派来另外一只牛虻。我说我是神赐给这个国家的，决非虚语，你们可以想想：我这些年来不营私业，不顾饥寒，却为你们的幸福终日奔波，一个一个地访问你们，如父如兄地敦促你们关心美德——这难道是出于人的私意吗？如果我这样做是为了获利，如果我的劝勉得到了报酬，我的所作所为就是别有用心的。可是现在你们可以看得出，连

① Anytos 和 Meletos 都是苏格拉底案件的原告。

我的控告者们，尽管厚颜无耻，也不敢说我勒索过钱财，收受过报酬。那是毫无证据的。而我倒有充分的证据说明我的话句句真实，那就是我的贫寒。

有人可能觉得奇怪，为什么我要以私人身份劝告人们，干预别人的事情，而不敢参加你们的议会，向国家进忠告。这是有原因的。你们曾经听我在各种各样的时候、在各种各样的地点说过，有一种神物或灵机①来到我的身上，这就是梅雷多诉状中讥笑的那个神。这是一种声音，我自幼就感到它的来临；它来的时候总是制止我去做打算要做的事情，但从来不命令我去干什么。就是这个灵机阻止了我从事政治活动；我想这是很对的。因为我可以断定，同胞们，我如果参加了政治活动的话，那我早就没命了，不会为你们或者为自己做出什么好事了。请不要因为我说出了真相而生气，事实就是这样。一个人如果刚正不阿，力排众议，企图阻止本邦做出很多不公道、不合法的事情，他的生命就不会安全，不管在这里还是在别的地方都是这样的。一个真想为正义而斗争的人如果要活着，哪怕是活一个短暂的时期，那就必须当老百姓，决不能担任公职。

（柏拉图：《申辩》，29D—32A，摘自北京大学哲学系外国哲学史教研室编译：《西方哲学原著选读》上卷，商务印书馆 1984 年版，第 65—71 页。）

二、论关心人事的人才是高尚的

（一）掌握人事艺术——“辩证”方法

（1）他注意到 διαλέγεσθαι ［辩证］这个词导源于人们的一种活

① 灵机［δαιμόνια］，位于神与人之间的守护神。苏格拉底被控为不信本邦的神阿波罗，另奉邪神，就是指这个灵机。其实希腊人可以各人有各人的守护神，这是合法的。

动，就是聚在一起讨论问题，按对象的种属加以辨析［διαλέγοντες］。因此他认为每个人都应当下决心掌握这种艺术，下苦功去学习它，因为一个人凭着它的帮助，就成了最有才干的人，最能指导别人的人，讨论时见解最深刻的人。

（色诺芬：《回忆录》，Ⅳ.5，12，摘自北京大学哲学系外国哲学史教研室编译：《西方哲学原著选读》上卷，商务印书馆1984年版，第59页。）

（2）如果有人反对他的意见，却说不出什么确定的道理来，例如毫无证据地肯定某人更聪明，或者办理政务更熟练，或者有更大的勇气，或者在某个方面更好，他就会以下面这种方式把整个议论引回到根本命题上来："你说你推荐的那个人是一个更好的公民，比我推荐的人好?""我是这样说。""我们为什么不首先考虑一下一个好公民的义务是什么呢?""我们来考虑一下吧。""是不是善于理财而能裕国呢?""毫无疑问。""是不是效命疆场而能克敌制胜呢?""当然。""是不是奉命出使而能化敌为友呢?""没有疑问。""是不是向人民演说而能排除异议、使人民齐心协力呢?""我是这样想的。"这样把讨论引回到基本原则上之后，就使反对者明白真理了。

在考察辩论主题的时候，他从一些公认为真理的命题出发，认为这样就为他的推理打下扎实的基础了。因此，每当说话的时候，就我所知，他是最容易说服听众同意他的论点的。他常说，荷马认为奥德寿①具有优秀演说家的品质，因为他能根据全人类公认的观点作出自己的推理。

（色诺芬：《回忆录》，Ⅳ.6，13—15，摘自北京大学哲学系外国哲学史教研室编译：《西方哲学原著选读》上卷，商务印书馆1984年版，第59—60页。）

① 奥德寿［Odysseus］，荷马史诗《奥德赛》中的英雄。

（二）人所关心的不应是自然，而应是人事

（1）他经常在群众中，因为他早上到广场上去散步、做体操，市场上人多的时候他就出现在那里，其余的时间，他就在可以遇到很多人的地方。他通常总是在讲话，谁爱听就可以随便去听。可是谁也没有看见过苏格拉底做什么不虔诚的事情，谁也没有听见过他说什么罪过的话。因为他不像大多数其他的哲学家那样争论事物的本性是什么，猜测智者们称之为世界的那个东西是怎样产生的，天上的每一件事物是由什么必然的规律造成的，而是努力指出，选择这种思考对象的人是愚蠢的。他常常劈头就问他们，是不是认为自己对人事已经知道得很透彻，所以进而钻研那样一些沉思的题目，或者质问他们，他们完全不管人事，而对天上的事情加以猜测，是不是认为自己在做本分的工作。他也觉得很奇怪，那些人似乎看不出那种问题是人根本不能解决的，因为即便是那些以讨论这类问题自命不凡的人①也不是持相同的意见，而是彼此彼此，都像疯子。

（色诺芬：《回忆录》，Ⅰ.1，10—13）

（2）关于那些哲学家②，他也想问：既然学了人们所从事的手艺的人都希望自己能够用其所学，为自己服务，或者为自己所愿意的别人服务，那么，那些研究天上的事物的人是不是想，在发现了支配每一件事物的规律之后，能够随心所欲地制造风、雨、季节变化以及诸如此类的事物？还是并没有这个打算，只是满足于知道自然是怎样化生万物的？这就是他对于那些忙于这类猜测的人的看法。至于他自己，则愿意不时地讲讲与人类有关的事情，研究研究什么是虔诚的，什么是不虔诚的；什么是适宜的，什么是不适宜的；什么是公道的，什么是不公道的；什么是明智的，什么是不明智的；什么是刚毅的，什么是怯懦的；什么是治国之本，什么是一

①② 指自然哲学家。

个善于治人者的品质；以及其他的题目[①]。他认为通晓这些事情的人是高尚的，对此一窍不通的人则完全可以说是不如奴隶的。

（色诺芬：《回忆录》，Ⅰ.1，15—16，摘自北京大学哲学系外国哲学史教研室编译：《西方哲学原著选读》上卷，商务印书馆1984年版，第60—61页。）

（三）只有心灵才会把一切安排得最好

“我[②]告诉你，克贝，我年轻的时候，曾经热切地希望知道那门称为自然研究的哲学，希望知道事物的原因，知道一件东西为什么存在，为什么产生，为什么消灭。我认为这是一项很高尚的事业。我总是激励自己去考虑这样一些问题：动物的生长，真像有些人说的那样，是热和冷引起发酵的结果吗？我们借以思想的元素究竟是血呢，还是气，还是火？或许根本不是这回事，脑子才是听觉、视觉和嗅觉的原动力，记忆和意见是从这些知觉来的，科学知识是记忆和意见达到平静状态时的产物吧？后来我又去考察事物的毁坏，还考察了天上和地上的事物，最后才得出结论：我自己是完全没有能力作这种研究的，绝对不行。这一点，我将充分地向你证明。因为我已经被这些问题迷惑到两眼昏花的程度，有些东西我原来认为自己和别人都知道得很清楚，现在也看不清了。我忘掉了以前认为自明的真理，例如人的生长是吃喝的结果，因为食物消化后，肉加到人的肉上，骨头加到人的骨头上，同质的东西聚到一起，小块就变大，小人就变成大人了。这是我原来的看法。你看这不是挺合理吗？”

“是啊。”克贝说。

“我再告诉你一点。我曾经认为自己很有把握，看到一个大个

---

① 这些都是下定义的例子。

② 这是柏拉图笔下的苏格拉底在狱中的自述。

儿站在一个小个儿旁边，就说这一个比那一个高一头，我也同样说这匹马比那匹大，还有比这更清楚的，就是认为十比八多二，因为二加到了八上，二尺比一尺长，因为二是一的二倍。”

“那么，”克贝说，“你现在对这些事情想法如何呢？”

“我呀，”他说，“老天爷在上，我决不认为自己知道其中任何一样的原因了。就连一加上一，我也不敢说那么一加，是被加的一变成二，还是被加的一和加上的一变成二。我想不通，怎么把这个一与那个一分开了，哪个一就都是一，不是二；把它们放在一起，这一放就是它们变成二的原因。我也无法相信，把一分开，这一分就使它变成了二；因为这么一来，不同的原因就会产生同样的结果——在前一例中，二的原因是把一加上或放近另外一个一，在后一例中，二的原因却是把一与另外一个一分开或挪远。我也不再相信自己懂得这个、那个事物产生、消灭或存在的原因了，而是心里模模糊糊地有了一种新方法的概念，再也不能承认那种方法了。

“后来我听说有一个人在一部据说是阿那克萨戈拉写的书里读到过，心灵是安排一切的原因。我听了觉得很高兴，认为这个想法很可佩，心里想：如果心灵是安排者，那就会把一切都安排得最好，把每一件特殊事物都安排到最好的位置上。如果一个人要想找出某物产生、消灭或存在的原因，那就必须找出：哪一种存在状态、行动状态或遭受状态对该物最好。因此，一个人只要考虑考虑什么对他自己和别人最好，也就会知道什么最坏，因为这两件事是包含在同一种知识里的。我很高兴地认为，我在阿那克萨戈拉身上找到了一位老师，他所讲的存在的原因正中我的意。我以为他会告诉我，首先这大地是扁的还是圆的；不管是圆还是扁，他会进一步说明其所以如此的原因和必然性，然后告诉我那最好的东西的本性，并指出这就是最好的；如果他说大地在中心，他会进一步说明这一地位最好，我也就满足于他所作的解释，不再要求什么别种的原因了。我想到然后再问他日月星辰的问题，他会向我解释它们的相对速度、运转周期和各种状态，包括主动的和被动的，以及何以这一切都是最好的。因为我不能想象，既然他说过心灵是它们的安排者，他对于它们之所以如此，除了说这是最好的以外，还能作什么别的说明；我还想到他向我详细说明了每件东西的原因和一切东西的原因之后，还得进一步向我说明什么对每件东西最好，什么对一切东西都好。我这些希望是千金不换的，我抓着书尽快地拼命读，急于知道什么最好，什么最坏。”

“我怀着多么大的希望，又遭到多么惨的失望啊！我往下读，发现这位哲学家完全不用心灵，也不用任何其他安排事物的原则，而是求助于气、清气、水以及其他稀奇古怪的东西。我可以把他比作这样一个人：开始的时候，提出一般的主张，说心灵是苏格拉底一切行动的原因，可是等到后来，要提出具体的原因来说明我的某些行动了，却接着说，我坐在这里，是因为我的身体是由骨肉构成的；他还会说，骨头嘛，是硬的，一节一节的，肌肉嘛，是有弹性的，包在骨头上，外面又有一层皮包着；肌肉收缩或放松，就把骨头顺着关节拉起来，所以我能够弯曲四肢；这就是我之所以弯着身子坐在这里的原因——他所要说的话就是这。他也可以用类似的方式来说明我同你谈话的原因，把它归之于声音、空气和听觉。他可以指出一万种诸如此类的原因，却忘了那真正的原因，即：雅典人认定惩罚我比较好，因此我认定留在这里服刑比较好，比较正当。因为我想，我这团骨肉是可以早就跑到麦加拉或波埃底亚去了的，犬神为证，的确如此！[①] 因为它认为这样对它最好；可是我不为所动，却选择了比较好的、比较高尚的一面，宁愿遵守国法服刑，不肯开溜跑掉。这一切中间，的确有一种严重的混淆，没有分清原因和条件。诚然，如果没有骨肉，没有身体的其他部分，我是不能实

① 曾有人劝苏格拉底越狱逃往异邦。

现我的目的的；可是说我这样做是因为有骨肉等等，说心灵的行动方式就是如此，而不是选择最好的事情，那可是非常轻率的、毫无根据的说法。这样说是分不清什么是真正的原因，什么是使原因起作用的条件。有很多人在暗中摸索着，在这个问题上总是出错，总是叫错名字。这样，就有人认为天是一个漩涡，绕着地转，使地固定不动；又有人认为地撑着天，是一个扁平的槽。他们从来没有想到，把这些东西安排成现在这个样子的，正是一种要把它们安排得最好的力量；他们不在事物中找出一种神力，却希望另外找出一个支撑世界的阿特拉斯①，比这种神力更强大、更不朽、更能包罗万象。他们丝毫不想'好'这种担当一切、包罗一切的力量。然而这正是我最乐意知道的本原，如果有人愿意教我的话。可是'最好'的本性我自己既不能发现，又不能从任何别人那里学到，所以我愿意向你说说，什么是我所发现的次好的研究原因的方式。你愿意听吗，克贝?"

"我非常想听。"他说。

苏格拉底接着说："我想到，我既然在研究真正的存在方面失败了，那就该小心，不要像有些人那样，在日食的时候盯着太阳瞧，弄坏了眼睛，倒不如去看它在水面上或其他光滑物体上的影子。我想到了这种危险，如果我用眼睛盯着事物，或者试图用某种感官来把握它们，恐怕我的灵魂就会被弄瞎。所以我想不如求助于心灵，在那里去寻求存在的真理好些。我敢说这比喻是不完美的——因为我远不是承认那通过思想的媒介来沉思存在，只是'通过一面镜子朦胧地'看见它们的人，比那在行为及动作中来考察它们的人会有什么看得清楚些。可是，这是我所采取的方法：我首先假定某种我认为最强有力的原则，然后我肯定，不论是关于原因或关于别的东西的，凡是显得和这原则相合的就是真的，而那和这原

① 神话中的撑天神。

则不合的我就看作不是真的。”

（柏拉图：《斐多》，96A—100A，摘自北京大学哲学系外国哲学史教研室编译：《西方哲学原著选读》，商务印书馆 1984 年版，第 59—65 页。）

三、论美德即知识

（苏格拉底与美诺讨论美德是什么这个问题。）

美：……我宁可又回到我原来的问题上来：在寻求获得美德时，我们究竟应该把美德看作得自教育的东西，还是看作一种天赋的东西，还是看作以某种其他方式来到人这里的东西呢？

苏：如果你也和我自己一样都能听我吩咐，美诺，我就不会去研究美德究竟是得自教育与否，除非我们首先已经肯定了“它是什么”。但是既然你只想到控制我，我是你的奴隶，而从来不想控制你自己——这就是你对于自由的概念，我只得依从你，因为你这个人是难挡的。因此我现在只得来探讨一个我还不知它的本性的东西的性质了。无论如何，你能稍微屈就一点，同意让我们在假设的基础上来论证“美德究竟是得自教育，还是由其他方式得来”这个问题吗？正如几何学家，当人家问他“某一个三角形能否内接于某一个圆”时，他会回答：“我还不能告诉你；但我愿为你提供一个假设，这可以帮助我们得出结论……”……我们也这样，因为我们还不知道美德的本性和性质，我们也必须在一个假设之下来问美德是否由教育而来的问题，就像这样：如果美德是属于这样一类的心灵的善，它是否能由教育而来？让我们假定第一个假设是美德是知识或不是知识——在这情形之下它是由教育来的或不是由教育来的？或者如我们刚才所说的是“被回忆”的？因为辩论名称是无用的。但美德是否由教育而来呢？或毋宁说，是否每一个人都看到只有知识是由教育而来的呢?

美：我同意。

苏：那么如果美德即知识，美德就可以是由教育而来的了?

美：当然。

苏：那么现在我们对这问题很快就得到结论了：如果美德具有这样一种本性，它就是由教育来的；如不是，就不是由教育来的?

美：当然。

苏：其次一个问题是，美德究竟是知识还是属于另外一类的?

美：是的，这似乎照次序应该是提出的其次一个问题。

苏：我们不是说美德是一种善吗?——这是一个不能搁在一边的假设。

美：当然。

苏：现在，如果有任何一种的善是和知识有别的，美德就可能是那种的善；但如果知识包括了一切的善，那么我们认为美德即知识就将是对的?

美：对的。

苏：而美德使我们善吗?

美：是的。

苏：而如果我们是善的，那么我们就是有益的；因为一切善的东西都是有益的?

美：是的。

苏：那么美德是有益的?

美：这是唯一的推论。

苏：那么让我们看看有些什么东西是各自有益于我们的。健康和有力，美和富——这一些，以及类乎此的东西，我们叫作有益的吗?

美：对的。

苏：可是这些东西有时也可能对我们有害：你不这样想吗?

美：是的，我是这样想。

苏：而使它们有益或有害的指导原则是什么？岂不是当它们被正当地利用时，它们是有益的，不是被正当地利用时就是有害的吗？

美：当然。

苏：其次，让我们考察一下灵魂的善：它们是节制，正义，勇敢，敏悟，强记，豪爽，以及如此等等吗？

美：当然。

苏：而像这样一些不是知识，而是另一类的东西，是有时有益有时有害的；例如，勇敢而不谨慎，岂不只是一种莽撞？一个人若是没有理性，勇敢对他是有害的，但他若是有理性，这对他岂不就有益了？

美：对的。

苏：而对于节制和敏悟同样也可以这样说；不论什么东西，如果有理性地来学来做，就是有益的，但若没有理性地来做，它们就是有害的？

美：很对。

苏：而一般地说，灵魂所企图或承受的一切，如果在智慧的指导之下，结局就是幸福；但如果在愚蠢的指导之下，则结局就相反。

美：这似乎是对的。

苏：那么如果美德是灵魂的一种性质，并且被认为是有益的，则它必须是智慧或谨慎，因为灵魂所有的东西，没有一种是本身有益或有害的，它们都是要加上智慧或愚蠢才成为有益或有害的；因此如果美德是有益的，它就必须是一种智慧或谨慎？

美：我十分同意。

苏：而别的那些善，如财富之类，我们刚才说过，它们是有时善有时恶的，它们岂不是也要看灵魂是正确地还是错误地指导和利用它们，而变成有益或有害；正如灵魂本身的东西也是在智慧的指导下就有益，而在愚蠢的指导下就有害一样吗？

美：对。

苏：而智慧的灵魂就正确地指导它们，愚蠢的灵魂就错误地指导它们，是吗？

美：是的。

苏：而这不是对人的本性普遍地真的吗？一切别的事物都系于灵魂，而灵魂本身的东西，如果它们要成为善，就都系于智慧；所以推论下来智慧就是使人有益的东西——而美德，我们说，也是有益的？

美：当然。

苏：这样我们就达到了结论：美德整个的或部分的是智慧？

美：我想，苏格拉底，你所想的是很对的。

苏：但如果这是对的，那么善也不是由于本性就是善的了？

美：我想不是。

…………

苏：但如果善不是由于本性就是善的，岂不是由于教育而成为善的吗？

美：似乎不可能有别的答案，苏格拉底。假定了美德就是知识，则无可怀疑地美德是由教育来的。

苏：是的，确是这样；但如果这假定是错的又怎样呢？

美：我此刻确乎想着我们是对的。

（柏拉图：《美诺》，86D—89D，摘自北京大学哲学系外国哲学史教研室编译：《古希腊罗马哲学》，生活·读书·新知三联书店 1957 年版，第 163—166 页。）

四、论寻求定义的方法

美：你能告诉我吗，苏格拉底，美德究竟是由教诲获得还是由实践获得的；或者如果既不是由于教诲，也不是由于实践，则人之有美德是否由于自然，还是由于别的什么方式？

苏：……我很惭愧地承认，我对于美德简直什么也不知道；而当我对任何东西，不知道它的“什么”时，如何能知道它的“如何”呢？如果我对美诺什么都不知道，那么我怎么能说他是漂亮的还是不漂亮的；是富有而且高贵的，还是不富有不高贵的呢？你以为我能够吗？

美：确实不能够。……

苏：……凭神的名义，美诺，请你慷慨地告诉我，你说美德是什么，因为我将很高兴发现我是弄错了，而你……确实有这种知识；虽然我刚才说过我从未见到有人有这种知识。

美：要回答你的问题，苏格拉底，是没有困难的。让我们首先拿一个男人的美德来看——他应该知道如何治理国家，并且在治理工作中如何来有利于他的朋友和损害他的敌人；并且他也必须留心不要使自己受损害。一个女人的美德，如果你想知道的话，也可以很容易地描述出来：她的责任是管理她的家务，和看管屋里的东西，以及服从她的丈夫。每种年纪，每种生活情境，不管是老是少，是男是女，是奴隶还是自由人，都有一种不同的美德；有无数的美德，并且对它们都不缺少定义；因为美德是相对于我们每个人在我们所做的一切中的行为及年纪的。对于罪恶也可以这样说，苏格拉底。

苏：我是多么幸运啊！美诺！当我只问你一种美德时，你就把你所留着的一窝美德都给我端出来了。假定我就顺着这个关于“一窝”的比喻调侃一下，而问你，什么是蜂的本性？你回答说，有许多种类的蜂，我又再问：可是我们区别蜂之所以为蜂，是因为它们有各种不同的种类；还是毋宁说它们是由于某种别的性质，例如美观、大小或形状而被区别开来的呢？你将如何答复我？

美：我将回答说蜂作为蜂，是彼此没有区别的。

苏：而如果我接下去说：这就是我所要知道的，美诺；告诉我什么是它们彼此没有区别而是全部一样的性质；——你能回答吗？

美：我能。

苏：对于美德也是一样，不论它们有多少种，而且如何不同，它们都有一种使它们成为美德的共同本性；而要回答什么是美德这一问题的人，最好是着眼于这种共同本性；你明白了吗？

美：我开始有点明白了；但我还没有像我所能希望的那样把握住这个问题。

苏：当你说，美诺，男人有一种美德，女人有另一种美德，小孩又有另一种美德，以及如此等等的时候，这只是对于美德是如此，还是你要说对于健康，大小，力气等也是如此的呢？或者说，健康的本性，不论在男人或女人，都永远是一样的呢？

美：我得说健康在男人或女人都是一样的。

苏：而这对于大小和力气不也是真的吗？如果一个女人是强壮的，她将是由于在她身上潜藏着的和在男人身上一样的形式和一样的力气而成为强壮的。我的意思是说，那力气，作为力气，不论是男人的或是女人的，都是一样的，这有什么区别吗？

美：我想没有。

苏：而美德作为美德，不论在一个小孩或在一个大人，在一个女人或在一个男人，不也是一样的吗？

美：我不能不感觉到，苏格拉底，这情形和别的不一样。

苏：但是为什么呢？你不是说过一个男人的美德是在管理国家，而一个女人的美德是管理家务吗？

美：我是这样说过。

苏：不论家务或国家或别的，若不以节制和正义，能管理得好吗？

美：当然不能。

苏：那么凡是有节制地或正义地管理国家或家务的人，就是以节制和正义来管理它们了？

美：当然。

苏：那么不论男人或女人，如果他们要成为好的男人或女人，就必须有同样的节制和正义的美德了。

美：真的。

苏：而不论一个年轻人或年长的人，如果是没有节制和不正义的，能够是一个好人吗？

美：不能。

苏：他们必须有节制和正义吗？

美：是的。

苏：那么所有好人都是以同样的方式而成为好人，并且由于分有同样的美德了？

美：推论的结果是这样的。

苏：而且除非他们的美德是一样的，他们就一定不能是同样方式的好人了？

美：他们不能。

苏：那么现在一切美德的相同性已经被证明了。试回想一下你……说美德是什么。

美：你要一个对于一切美德的定义吗？

苏：这正是我所寻求的。

美：如果你要一个对于一切美德的定义，我不知道说什么，不过美德是支配人类的力量。

苏：这一对于美德的定义包括一切美德吗？美德在一个小孩和在一个奴隶是一样的吗，美诺？小孩能支配他的父亲、奴隶能支配主人吗？那支配人的还会再是奴隶吗？

美：我想不会，苏格拉底。

苏：确实不会；这是没有什么理由的。可是再来一下，好朋友；照你说，美德是"支配的力量"；而你不加上"正义地和不是不正义地”吗？

美：是的，苏格拉底；我同意这点；因为正义是美德。

苏：你是要说“美德”还是“一种美德”呢，美诺？

美：你这是什么意思？

苏：我的意思和我关于任何东西可能说的一样；例如圆是“一种图形”而不就是“图形”，我得采取这种说法，因为还有别的各种图形。

美：很对；这正是我关于美德所说的——在正义之外也还有别的许多美德。

苏：它们是什么？请告诉我它们的名字，正如我可以告诉你别的图形的名字一样，要是你问我的话。

美：勇敢、节制、智慧和豪爽都是美德；别的还有许多。

苏：是的，美诺；这里我们又一次陷于同样的情形：在寻求一种美德时我们找到了许多美德，虽然和以前不是同样的方式；但我们并没有能够找到贯穿一切美德之中的共同的美德。

美：是呀，苏格拉底！甚至现在我也还不能照你的意思来发现一个对于美德的共同概念，像发现对别的东西的共同概念一样。

苏：别惊讶；但是我将设法来接近这种概念，要是我能够的话，因为你知道一切事物都有一个共同概念。假定现在有人问你那个我以前问过的问题：美诺，他或者会说，什么是图形？而如果你回答说“圆”，他可能照我的说话再问你，你是想说圆是“图形”还是“一种图形”；你将回答说是“一种图形”。

美：当然。

苏：而且是为了这个理由——就是因为有别的许多图形？

美：是的。

苏：假使他又接下去问，别的有哪些图形？你将会告诉他。

美：我得告诉。

…………

苏：再假定他也照我的方式来追问这个事情，他会说：我们时常是停留在特殊事物上面，但这不是我所要的；那么请告诉我，既然你用一个共同的名称来称它们，说它们都是图形，甚至当它们彼此正相对立时也都叫它们是图形，那么你把它叫作图形的那种共同本性是什么——这是既包括直的，也包括圆的，而又既不是这一个又不是另一个——你将是这样说法吗？

美：是的。

苏：而你这样说时，你的意思并不是说圆是比直更圆些，或直是比圆更直些吧？

美：当然不是。

苏：你只是主张圆的图形并不比直的更是一个图形，或直的图形比圆的更是一个图形吧？

美：对极了。

苏：那么我们把图形这个名称给什么东西呢？试回答回答看。……

…………

美：我宁可请你回答，苏格拉底。

…………

苏：好吧，我将试给你解释图形是什么。你说这答复怎么样呢？——图形是唯一的永远跟着颜色的东西。你愿意对这一答案表示满意吗——就像你给我为美德下一类似的定义，我一定就很满意一样？

美：可是，苏格拉底，这是这样简单的一个答案。

苏：为什么简单呢？

美：因为，照你说，图形是永远跟着颜色的东西。

（苏：我承认。）

美：但如果一个人说他不知道颜色是什么，也像不知道图形是什么一样——你将给他什么样的回答呢？

苏：我得跟他说真的。而如果这个人是一个好争辩的、敌对的哲学家，我得跟他说：你已经听了我的回答了，如果我错了，你的事就在于提出论证来反驳我。但如果我们是朋友，并且是像我和你现在一样在谈话，我的回答将缓和些，并且更以一种辩证法家的心情来和他谈；那就是说，我将不仅仅是把真理说出来，而且要用一些我所诘问的人愿意承认的前提。而这正是我将努力拿来对待你的方式。你会承认，有这样一种东西，如终极，界限，或极端，不是吗？——所有这几个字眼，我是用来表示同一个意思的，虽然我知道曾罗第柯可能会对它们作出区别：但我确信你仍旧会说一件事物已到终极或到了界限了——我所说的不过是这样——并没有什么很困难的。

美：是的，我会这样说；并且我相信我懂得你的意思。

苏：你也会说到一个平面，以及一个立体，就好比在几何学中所说的一样。

美：是的。

苏：那么，你现在已经具备了解我对图形的定义的条件了。我把图形定义为立体所达到的极限；或者更确切点说，就是立体的界限。

…………

苏：……现在，该轮到你来履行你的诺言，告诉我就普遍的说来美德是什么了；并且不要把一个单数的弄成多数的了，就像那些滑稽的人所说的那些把一个东西打碎了的人那样，而是把整个的、完整的美德给我，不要把它打成许多碎片：我已经给你作了一个榜样了。

美：好吧，那么，苏格拉底，美德，照我看来，就是当一个人想望高贵的东西时就可以得到的这种东西；所以诗人说，并且我也说：——

美德是对高贵事物的想望和获得这种事物的能力。

苏：而那想望着高贵的东西的人也想望着善吗？

美：当然。

苏：那么是有些人想望着恶而另一些人想望着善吗？并不是所有的人，我亲爱的先生，都想望善吧？

美：我想并不是。

苏：也有一些人想望恶吗？

美：是的。

苏：你的意思是说他们以为他们所想望的恶是善的；还是说他们知道所想望的东西是恶的，然而仍旧想望它们呢？

美：两方面都有，我想。

苏：你真的以为，美诺，一个人知道恶是恶，然而仍旧想望它们吗？

美：当然我是这样以为。

苏：想望是想占有吧？

美：是的，是想占有。

苏：而他以为恶会对占有恶的人有好处，还有他知道它们会给他害处呢？

美：有些人是以为恶会给他们好处，而另外有些人是知道恶会给他们害处的。

苏：照你的意见，那些以为它们会给他们好处的人，知道它们是恶吗？

美：当然不知道。

苏：岂不是很显然，那些不知道它们的本性的人不想望它们；而是他们想望着他们以为是善的东西，虽然其实它们是恶的；而如果他们是弄错了，把恶当作善了，则他们其实是想望着善的吗？

美：是的，在那种情形下是这样的。

苏：好，那么那些如你所说想望着恶、而认为恶是对占有恶的人有害的人，知道他们将受它们的害吗？

美：他们一定知道的。

苏：而他们必须设想那被损害的人是愈受损害就愈不幸的，是吗？

美：怎么能不是这样呢？

苏：但不幸的人不是很倒霉吗？

美：确实是很倒霉。

苏：有谁会想望着不幸和倒霉吗？

美：我得说没有，苏格拉底。

苏：但如果没有人想望着不幸，那么美诺，也没有人想望着恶的；因为所谓不幸，除了想望及占有恶之外，又是什么呢？

美：这显然是真理，苏格拉底，我承认没有人想望恶。

苏：可是，你刚才不是说美德是对获得善的想望及能力吗？

美：是的，我是这样说过。

苏：但如果肯定了这一点，则对善的想望是为一切人所共同的，而在这一点上，是并没有一个人比另一个人更好的。

美：真的。

苏：而如果一个人在想望着善方面并不比另一个人更好，他必须是在获得善的能力方面比别人更好吗？

美：正是这样。

苏：那么照你的定义，美德似乎是获得善的能力了？

美：我完全赞同你现在观察这一问题的方式，苏格拉底。

苏：那么让我们看看，从另一个观点来看，你所说的是不是真的；因为好像很可能你是对的：——你肯定美德是获得善的能力吗？

美：是的。

苏：而你所谓善，是指的像健康，财富，有金银，有国家中的地位和荣誉——这些就是你叫作善的吧？

美：是的，我将包括所有这一些。

苏：那么，照美诺，这位伟大国王的世交看来，美德就是获得金银的能力；而你将加上一点说它们必须是虔敬地、正义地获得的，还是认为这是无所谓的呢？是否任何一种方式的获取，即使是不正义或不正当的，也同样被认为是美德呢？

美：这不是美德，苏格拉底，而是罪恶。

苏：那么正义或节制或圣洁，或美德的其他部分，似乎必须伴随着这种获取，若没有它们，仅仅获取善就不是美德了。

美：是呀，没有这一些怎么能有美德呢？

苏：而在一种不正当的方式之下就不为自己或旁人获取金银，或换句话说缺乏金银，可能也同样是美德吧？

美：真的。

苏：那么获取这样的善并不比不获取或缺乏这样的善更成其为美德，而是凡伴随着正义或正当的是美德，而凡缺乏正义的就是罪恶。

美：照我的判断不能不这样。

苏：而我们刚才不是正说过正义、节制以及诸如此类的每一个都是美德的一个部分吗？

美：是的。

苏：美诺，这就是你跟我开玩笑的方式了。

美：为什么你这样说，苏格拉底？

苏：唔，因为我要你把美德整个地不要打碎地交到我手上，我给你作一个榜样，让你照样地来组织答案；而你已经全忘了，却告诉我说美德是正义地或以正义地获得善的能力；而正义你承认是美德的一部分。

美：是的。

苏：那么照你自己所承认的推论下来，美德就是按美德的一部分来做你所做的；因为正义之类你自己说是美德的各部分。

美：这就怎么了？

苏：这就怎么！怎么，我不是要你告诉我作为整个的美德的本性吗？而你远没有告诉我这一点；而是宣称每一个以美德的一部分为根据的行为是美德；就好像你已经告诉了我，而我也一定已经知道了整个的美德，而且当打成了碎片之后我也还知道这个似的。所以，亲爱的美诺，我恐怕还得重新开始并且再来重复这个老问题：什么是美德？因为否则我只能说，每一个以美德的一部分为根据的行为是美德；说每一个按正义行事的行为是美德，除了上述的之外还有别的什么意义呢？我不是应该把这问题再问一遍吗？因为有谁能不知道美德而知道美德的一部分呢？

美：不；我没有说他能够。

苏：你记得，在关于图形的例子中，我们如何抛弃了任何一个用未经解释或未经承认的名词来说明的答案吗？

美：是的，苏格拉底；并且我们那样做是很对的。

苏：那么，我的朋友，不要以为我们能通过美德的某种未经解释的部分或任何其他类此的东西，来给任何人说明作为整体的美德的本性；我们只有再提出这个老问题：什么是美德？我说得不对吗？

美：我相信你是对的。

（柏拉图：《美诺》，70A—79E，摘自北京大学哲学系外国哲学史教研室编译：《古希腊罗马哲学》，生活·读书·新知三联书店1957年版，第151—162页。）

柏拉图论教育

（著作选录）

一、《理想国》

（一）论国家、个人与教育

1. 理想的国家

苏：因此，阿里斯同之子，你们的城邦已经可以说是建立起来 D
了。接下来的事情就是要从某个地方弄到足够的灯光来照明，以便
你自己，还要叫来你的兄弟，玻勒马霍斯以及其他朋友来帮你一
起，寻找一下，看看我们是否能用什么办法发现，在城里什么地方
有正义，在什么地方有不正义，两者之间区别又何在，以及想要得
到幸福的人必须具有正义呢还是不正义，不论诸神和人们是否
知道。①

格劳孔：废话，你曾答应要亲自寻找正义的。你曾说过，你如
果不想尽一切办法尽力帮助正义，就是不虔敬的人。 E

苏：我确曾这样说过，我必须这样做，但你也应助我一臂之力。

格：我们愿意。

苏：因此我希望用如下的办法找到它。我认为我们的城邦假定已经正确地建立起来了，它就应是善的。

格：必定的。

---

① 367E。

苏：那么可想而知，这个国家一定是智慧的、勇敢的、节制的和正义的。

格：这是很明白的。

苏：因此，假定我们在这个国家里找到了这些性质之一种，那么，我们还没有找到的就是剩下的那几种性质了。① 对吗？

格：怎么不对呢？

苏：正如另外有四个东西，假定我们要在某事物里寻求它们之中的某一个，而一开始便找到了它，那么这在我们就很满意了。但是，如果我们所找到的是另外三个，那么这也足以使我们知道我们所要寻求的那第四个了，因为它不可能是别的，而只能是剩下来的那一个。

格：说得对。

苏：那么，既然我们现在所要寻求的东西也是四个，我们不也可以用同样的方法来寻求它们吗？

格：当然可以。

苏：而且我在我们国家中清清楚楚看到的第一件东西便是智慧，而这个东西显得有点奇特之处。

格：有什么奇特之处？

苏：我觉得我们所描述的这个国家的确是智慧的，因为它是有很好的谋划的，不是吗？

格：是的。

苏：好的谋划这东西本身显然是一种知识。因为，其所以有好的谋划，乃是由于有知识而不是由于无知。

格：显然是这样。

苏：但是在一个国家里有着多种多样的知识。

格：当然。

---

① 这里是在玩弄逻辑上的推论。

苏：那么，一个国家之所以称为有智慧和有好的谋划，是不是由于它的木工知识呢？ C

格：绝对不是。凭这个只能说这个国家有发达的木器制造业。

苏：这样看来，一个国家不能因为有制造木器的知识，能谋划生产最好的木器，而被称为有智慧。

格：的确不能。

苏：那么，能不能因为它长于制造铜器或其他这一类东西而被称为有智慧呢？

格：不能，根本不能。

苏：我想，也不能凭农业生产的知识吧！因为这种知识只能使它有农业发达之名。

格：我想是这样。

苏：在我们刚才建立起来的这个国家里，是不是有某些公民具有一种知识，这种知识并不是用来考虑国中某个特定方面事情的，而只是用来考虑整个国家大事，改进它的对内对外关系的呢？ D

格：是的，有这么一种知识。

苏：这是一种什么知识呢？它在哪里呢？

格：这种知识是护国者的知识，这种知识是在我们方才称为严格意义下的护国者的那些统治者之中。

苏：那么，具有这种知识的国家你打算用什么名称来称呼它呢？

格：我要说它是深谋远虑的，真正有智慧的。

苏：你想在我们的国家里究竟是哪一种人多？铜匠多呢，还是 E
这种真正的护国者多呢？

格：当然是铜匠多得多。

苏：和各种具有某个特定方面知识而得到某种与职业有关的名称的人相比，这种护国者是不是最少呢？

格：少得多。

苏：由此可见，一个按照自然[①]建立起来的国家，其所以整个被说成是有智慧的，乃是由于它的人数最少的那个部分和这个部分中的最小一部分，这些领导着和统治着它的人们所具有的知识。并且，如所知道的，唯有这种知识才配称为智慧，而能够具有这种知
429 识的人按照自然规律总是最少数。

格：再对不过。

苏：现在我们多少总算是找到了我们的四种性质的一种了，并且也找到了它在这个国家里的所在了。

格：不管怎么说，我觉得它是被充分地找到了。

苏：接下去，要发现勇敢本身和这个给国家以勇敢名称的东西究竟处在国家的哪一部分，应当是并不困难的吧！

格：你为什么这么说呢？

B 苏：因为凡是说起一个国家懦弱或勇敢的人，除掉想到为了保卫它而上战场打仗的那一部分人之外，还能想到别的哪一部分人呢？

格：没有人会想着别的部分人的。

苏：我想，其所以这样，就是因为国家的这种性质不能视其他人的勇敢或懦弱而定。

格：是的，是不能视其他人的勇敢与否而定的。

苏：因此，国家是因自己的某一部分人的勇敢而被说成勇敢
C 的。是因这一部分人具有一种能力，即无论在什么情形之下他们都保持着关于可怕事物的信念，相信他们应当害怕的事情乃是立法者在教育中告诫他们的那些事情以及那一类的事情。这不就是你所说的勇敢吗？

格：我还没完全了解你的话，请你再说一说。

---

①“自然”以及后文中用到的“本性”“天性”，在希腊文中是一个词，也是一个意思。

苏：我的意思是说，勇敢就是一种保持。

格：一种什么保持？

苏：就是保持住法律通过教育所建立起来的关于可怕事物——
即什么样的事情应当害怕——的信念。我所谓“无论在什么情形之
下”的意思，是说勇敢的人无论处于苦恼还是快乐中，或处于欲望
还是害怕中，都永远保持这种信念而不抛弃它。如果你想听听的 D
话，我可以打个比方来解释一下。

格：我想听听你的解释。

苏：你知道，染色工人如果想要把羊毛染成紫色，首先总是从
所有那许多颜色的羊毛中挑选质地白的一种，再进行辛勤仔细的预
备性整理，以便这种白质羊毛可以最成功地染上颜色，只有经过了
挑选和整理之后才着手染色。通过这样的过程染上颜色的东西颜色 E
吃得牢。洗衣服的时候不管是否用碱水①，颜色都不会褪掉。但
是，如果没有很好的准备整理，那么不论人们把东西染成紫色还是
别的什么颜色，会发生什么样的情况你是可想而知的。

格：我知道会褪色而变成可笑的样子。

苏：因此，你一定明白，我们挑选战士并给以音乐和体操的教
育，这也是在尽力做同样的事情。我们竭力要达到的目标不是别 430
的，而是要他们像羊毛接受染色一样，最完全地相信并接受我们的
法律，使他们的关于可怕事情和另外一些事情的信念都能因为有良
好的天性和得到教育培养而牢牢地生根，并且使他们的这种“颜
色”不致被快乐这种对人们的信念具有最强褪色能力的碱水所洗
褪，也不致被苦恼、害怕和欲望这些比任何别的碱水褪色能力都强 B
的碱水所洗褪。这种精神上的能力，这种关于可怕事物和不可怕事
物的符合法律精神的正确信念的完全保持，就是我主张称之为勇敢
的，如果你没有什么异议的话。

---

① 那个时候，希腊人多用草木灰泡成的碱性水洗衣服。

格：我没有任何异议。因为，我觉得你对勇敢是有正确理解的，至于那些不是教育造成的，与法律毫不相干的，在兽类或奴隶身上也可以看到的同样的表现，我想你是不会称之为勇敢，而会另给名称的。

C 苏：你说得对极了。

格：那么，我接受你对勇敢所作的这个说明。

苏：好。你在接受我的说明时，如在“勇敢”上再加一个“公民的”限定词，也是对的。如果你有兴趣，这个问题我们以后再作更充分的讨论，眼前我们要寻找的不是勇敢而是正义，为达到这个目的，我认为我们说这么些已经够了。

格：有道理。

D 苏：我们要在这个国家里寻求的性质还剩下两种，就是节制和我们整个研究的对象——正义了。

格：正是。

苏：我们能够有办法不理会节制而直接找到正义吗？

格：我既不知道有什么办法，也不想先发现正义，以免我们会把节制忽略了。因此，如果你愿意让我高兴的话，请你先考虑节制吧！

E 苏：不愿意让你高兴，我是肯定不会的。

格：那就研究起来吧！

苏：我一定来研究。尽目前所知，节制比前面两种性质更像协调或和谐。

格：何以这样？

苏：节制是一种好秩序或对某些快乐与欲望的控制。这就是人们所说的“自己的主人”这句我觉得很古怪的话的意思——我们还可以听到其他类似的话——是不是呢？

格：是的，很对。

苏：“自己的主人”这种说法不是很滑稽吗？因为一个人是自

己的主人也就当然是自己的奴隶，一个人是自己的奴隶也就当然是 431
自己的主人，因为所有这两种说法都是说的同一个人。

格：无疑是的。

苏：不过我认为这种说法的意思是说，人的灵魂里面有一个较好的部分和一个较坏的部分，而所谓“自己的主人”就是说较坏的部分受天性较好的部分控制。这无疑是一句称赞之词。当一个人由于坏的教养或者和坏人交往而使其较好的同时也是较小的那个部分受到较坏的同时也是较大的那个部分统治时，他便要受到谴责而被
称为自己的奴隶和没有节制的人了。 B

格：这看来是不错的。

苏：现在来看看我们的新国家吧。你在这里也会看到有这两种情况之一。因为，既然一个人的较好部分统治着他的较坏部分，就可以称他是有节制的和自己是自己的主人。那么你应该承认，我们说这个国家是自己的主人是说得对的。

格：我看过了这个国家。你是说得对的。

苏：还可以看到，各种各样的欲望、快乐和苦恼都是在小孩、 C
女人、奴隶和那些名义上叫作自由人的为数众多的下等人身上出现的。

格：正是这样。

苏：反之，靠理智和正确信念帮助，由人的思考指导着的简单而有分寸的欲望，则只能在少数人中见到，只能在那些天分最好且又受过最好教育的人中间见到。

格：对。

苏：你不是在这个国家里也看到这一点吗？你不是看到了，在
这里为数众多的下等人的欲望被少数优秀人物的欲望和智慧统治 D
着吗？

格：是的。

苏：因此，如果说有什么国家应被称为自己快乐和欲望的主

人，即自己是自己主人的话，那它就必定是我们这个国家了。

格：一点不错。

苏：根据所有上述理由，这个国家不也可以被称为有节制的吗？

格：当然可以。

E 苏：又，如果有什么国家，它的统治者和被统治者，在谁应当来统治这个问题上具有一致的信念，那也只有我们这个国家是这样的了，你不这样认为吗？

格：我坚定地这样认为。

苏：既是这样，那么你认为节制存在于哪个部分的公民中呢？存在于统治者中还是存在于被统治者中呢？

格：两部分人中都存在。

苏：因此你看到，我们刚才揣测节制像是一种和谐，并不很错吧？

格：为什么呢？

苏：因为它的作用和勇敢、智慧的作用不同，勇敢和智慧分别
432 处于国家的不同部分中而使国家成为勇敢的和智慧的。节制不是这样起作用的。它贯穿全体公民，把最强的、最弱的和中间的（不管是指智慧方面，还是——如果你高兴的话——指力量方面，或者还是指人数方面，财富方面，或其他诸如此类的方面）都结合起来，造成和谐，就像贯穿整个音阶，把各种强弱的音符结合起来，产生一首和谐的交响乐一样。因此我们可以正确地肯定说，节制就是天性优秀和天性低劣的部分在谁应当统治，谁应当被统治——不管是在国家里还是在个人身上——这个问题上所表现出来的这种一致性
B 和协调。

格：我完全同意你的意见。

苏：好了，我们至此可以认为，我们已经在我们国家中找到了三种性质了。剩下的那个使我们国家再具一种美德的性质还能是什

么呢？剩下来的这个显然就是正义了。

格：显然是的。

苏：格劳孔啊，现在正是要我们像猎人包围野兽的藏身处一样
密切注意的时候了。注意别让正义漏了过去，别让它从我们身边跑
掉在不知不觉中消失了。它显然是在附近的某个地方。把你的眼睛 C
睁大些，努力去发现它。如果你先看见了，请你赶快告诉我。

格：但愿我能够，不过你最好还是把我看成只是一个随从，我所能看得见的只不过是你指给我看的东西罢了，这样想你就能最有效地使用我了。

苏：既然如此，那么为了胜利，就请你跟着我前进吧！

格：请你只管前头走，我跟着来了。

苏：这真像是个无法到达的所在呢，一片黑暗呀！

格：的确是一片黑暗，不容易寻找。

苏：不管怎么样，我们总得向前进！ D

格：好，向前进。

苏：［我看见了什么，并招呼他］

喂，格劳孔，我想我找到了它的踪迹了，我相信它是逃不掉了。

格：听到这个消息我很高兴。

苏：真的，我们的确太愚蠢了。

格：为什么？

苏：为什么吗？你想想，这个东西从一开始就老是在我们跟前
晃来晃去，但是我们却总是看不见它。我们就像一个人要去寻觅始 E
终在他自己手上的东西一样可笑。我们不看近在眼前的这个东西，
反而去注意远处。这或许就是为什么我们总是找不到它的缘故呢。

格：你说的是什么意思？

苏：我的意思是说，我们一直以某种方式在谈论这个东西，但是我们自己却始终不知道我们是在谈论着它。

格：对于一个性急的听众说来，你这篇前言太冗长了。赶快言
433 归正传吧！

苏：那么你听着，看我说得对不对。我们在建立我们这个国家的时候，曾经规定下一条总的原则。我想这条原则或者这一类的某条原则就是正义。你还记得吧，我们规定下来并且时常说到的这条原则就是：每个人必须在国家里执行一种最适合他天性的职务。

格：是的，我们说过这点。

苏：再者，我们听到许多人说过，自己也常常跟着说过，正义
B 就是只做自己的事而不兼做别人的事。

格：是的，我们也曾说过这话。

苏：那么，朋友，做自己的事——从某种角度理解这就是正义。可是，你知道我是从哪里推导出这个结论的吗？

格：不知道，请你告诉我。

苏：我认为，在我们考察过了节制、勇敢和智慧之后，在我们城邦里剩下的就是正义这个品质了，就是这个能够使节制、勇敢、智慧在这个城邦产生，并在它们产生之后一直保护着它们的这个品
C 质了。我们也曾说过，如果我们找到了三个，正义就是其余的那一个了。

格：必定的。

苏：但是，如果有人要我们判断，这四种品质中我们国家有了哪种最能使我们国家善，是统治者和被统治者的意见一致呢，还是法律所教给军人的关于什么该怕什么不该怕的信念在军人心中的保持呢？还是统治者的智慧和护卫呢，还是这个体现于儿童、妇
D 女、奴隶、自由人、工匠、统治者、被统治者大家身上的品质，即每个人都作为一个人干他自己分内的事而不干涉别人分内的事呢？——这似乎是很难判断的。

格：的确很难判断。

苏：看来，似乎就是“每个人在国家内做他自己分内的事”这

个品质在使国家完善方面与智慧、节制、勇敢较量能力大小。

格：是的。

苏：那么，在使国家完善方面和其余三者较量能力大小的这个品质不就是正义吗？

格：正是。 E

苏：再换个角度来考察一下这个问题吧，如果这样做能使你信服的话。你们不是委托国家的统治者们审理法律案件吗？

格：当然是的。

苏：他们审理案件无非为了一个目的，即，每一个人都不拿别人的东西，也不让别人占有自己的东西，除此而外还有别的什么目的吗？

格：只有这个目的。

苏：这是个正义的目的吗？

格：是的。

苏：因此，我们大概也可以根据这一点达到意见一致了：正义就是有自己的东西干自己的事情。

格：正是这样。 434

苏：现在请你考虑一下，你是不是同意我的下述看法：假定一个木匠做鞋匠的事，或者一个鞋匠做木匠的事，假定他们相互交换工具或地位，甚至假定同一个人企图兼做这两种事，你想这种互相交换职业对国家不会有很大的危害，是吧？

格：我想不会有太大的危害。

苏：但是我想，如果一个人天生是一个手艺人或者一个生意 B
人，但是由于有财富，或者能够控制选举，或者身强力壮，或者有其他这类的有利条件而又受到蛊惑怂恿，企图爬上军人等级，或者一个军人企图爬上他们不配的立法者和护国者等级，或者这几种人相互交换工具和地位，或者同一个人同时执行所有这些职务，我看你也会觉得这种交换和干涉会意味着国家的毁灭吧。

格：绝对是的。

C 苏：可见，现有的这三种人互相干涉互相代替对于国家是有最大害处的。因此可以正确地把这称为最坏的事情。

格：确乎是这样。

苏：对自己国家的最大危害，你不主张这就是不正义吗?

格：怎么会不呢?

苏：那么这就是不正义。相反，我们说：当生意人、辅助者和护国者这三种人在国家里各做各的事而不相互干扰时，便有了正义，从而也就使国家成为正义的国家了。

（柏拉图：《理想国》，Ⅳ.427D—434C，郭斌和、张竹明译，商务印书馆1986年版，第144—156页。）

2. 正义——教育的总目标

357 [苏：我说了那么些话，原以为该说的都说了。谁知这不过才是个开场白呢！格劳孔素来见义勇为，而又勇猛过人。他对色拉叙马霍斯的那么容易认输颇不以为然。他说：]

格：苏格拉底，你说无论如何正义总比不正义好，你是真心实

B 意想说服我们呢，还是不过装着要说服我们呢?

苏：让我自己选择的话，我要说我是真心实意想要这么做的。

格：你光这么想，可没这么做。你同意不同意：有那么一种善，我们乐意要它，只是要它本身，而不是要它的后果。比方像欢乐和无害的娱乐，它们并没有什么后果，不过快乐而已。

苏：不错，看来是有这种事的。

C 格：另外还有一种善，我们之所以爱它既为了它本身，又为了它的后果。比如明白事理，视力好，身体健康。我认为，我们欢迎这些东西，是为了两个方面。

苏：是的。

格：你见到第三种善没有？例如体育锻炼啦，害了病要求医，因此就有医术啦，总的说，凡是赚钱之术，都属这一类。说起来这

些事可算是苦事，但是有利可得，我们爱它们并不是为了它们本身，而是为了报酬和其他种种随之而来的利益。 D

苏：啊！是的，是有第三种，可那又怎么样呢？

格：你看正义属于第几种？

苏：依我看，正义属于最好的一种。一个人要想快乐，就得爱它——既因为它本身，又因为它的后果。 358

格：一般人可不是这样想的，他们认为正义是一件苦事。他们拼着命去干，图的是它的名和利。至于正义本身，人们是害怕的，是想尽量回避的。

苏：我也知道一般人是这样想的。色拉叙马霍斯正是因为把所有这些看透了，所以才干脆贬低正义而赞颂不正义的。但是我恨自己太愚蠢，要想学他学不起来。

格：让我再说两句，看你能不能同意。我觉得色拉叙马霍斯是被你弄得晕头转向了，就像一条蛇被迷住了似的，他对你屈服得太快了。但是我对你所提出的关于正义与不正义的论证还要表示不满意。我想知道到底什么是正义，什么是不正义；[①] 它们在心灵里各产生什么样的力量；[②] 至于正义和不正义的报酬和后果我主张暂且不去管它。如果你支持的话，我们就来这么干。我打算把色拉叙马霍斯的论证复述一遍。第一，我先说一般人认为的正义的本质和起源；第二，我再说所有把正义付诸行动的人都不是心甘情愿的，实在是不得已而为之的，不是因为正义本身善而去做的；第三，我说他们这样看待正义是有几分道理的，因为从他们的谈话听起来，好像不正义之人日子过得比正义的人要好得多。苏格拉底啊，你可别误解了，须知这并不是我自己的想法。但是我满耳朵听到的却是这样的议论，色拉叙马霍斯也好，其他各色各样的人也好，都是众口 B C

① 即关于正义和不正义的定义问题，也就是下面所说的，正义和不正义的“本质”。

② 即后面所说的对心灵的“影响”。

一词，这真叫我为难。相反我却从来没有听见有人像样地为正义说
D 句好话，证明正义比不正义好，能让我满意的。我倒真想听到呢！
看来唯一的希望只好寄托在你身上了。因此，我要尽力赞美不正义
的生活。用这个办法让你看着我的样子去赞扬正义，批评不正义。
你是不是同意这样做？

苏：没有什么使我更高兴的了。还有什么题目是一个有头脑的
人高兴去讲了又讲，听了又听的呢？

E 格：好极了。那就先听我来谈刚才提出的第一点——正义的本
质和起源。人们说：做不正义事是利，遭受不正义是害。遭受不正
义所得的害超过干不正义所得的利。所以人们在彼此交往中既尝到
过干不正义的甜头，又尝到过遭受不正义的苦头。两种味道都尝到
359 了之后，那些不能专尝甜头不吃苦头的人，觉得最好大家成立契
约：既不要得不正义之惠，也不要吃不正义之亏。打这时候起，他
们中间才开始订法律立契约。他们把守法践约叫合法的、正义的。
这就是正义的本质与起源。正义的本质就是最好与最坏的折中——
所谓最好，就是干了坏事而不受罚；所谓最坏，就是受了罪而没法
报复。人们说，既然正义是两者之折中，它之为大家所接受和赞
B 成，就不是因为它本身真正善，而是因为这些人没有力量去干不正
义，任何一个真正有力量作恶的人绝不会愿意和别人订什么契约，
答应既不害人也不受害——除非他疯了。因此，苏格拉底啊，他们
说，正义的本质和起源就是这样。

说到第二点。那些做正义事的人并不是出于心甘情愿，而仅仅
是因为没有本事作恶。这点再清楚也没有了。假定我们这样设想：
C 眼前有两个人，一个正义，一个不正义，我们给他们各自随心所欲
做事的权力，然后冷眼旁观，看看各人的欲望把他们引到哪里去？
我们当场就能发现，正义的人也在那儿干不正义的事。人不为己，
天诛地灭嘛！人都是在法律的强迫之下，才走到正义这条路上来
的。我所讲的随心所欲，系指像吕底亚人古各斯的祖先所有的那样

一种权力。据说他是一个牧羊人，在当时吕底亚的统治者手下当 D
差。有一天暴风雨之后，接着又地震，在他放羊的地方，地壳裂开
了，下有一道深渊。他虽然惊住了，但还是走了下去。故事是这样
说的：他在那里面看到许多新奇的玩意儿，最特别的是一匹空心的
铜马，马身上还有小窗户。他偷眼一瞧，只见里面一具尸首，个头
比一般人大，除了手上戴着一只金戒指，身上啥也没有。他把金戒 E
指取下来就出来了。这些牧羊人有个规矩，每个月要开一次会，然
后把羊群的情况向国王报告。他就戴着金戒指去开会了。他跟大伙
儿坐在一起，谁知他碰巧把戒指上的宝石朝自己的手心一转。这一
下，别人都看不见他了，都当他已经走了。他自己也莫名其妙，无 360
意之间把宝石朝外一转，别人又看见他了。这以后他一再试验，看
自己到底有没有这个隐身的本领。果然百试百灵，只要宝石朝里一
转，别人就看不见他。朝外一转，就看得见他。他有了这个把握，
就想方设法谋到一个职位，当上了国王的使臣。到了国王身边，他 B
就勾引了王后，跟她同谋，杀掉了国王，夺取了王位。照这样来
看，假定有两只这样的戒指，正义的人和不正义的人各戴一只，在
这种情况下，可以想象，没有一个人能坚定不移，继续做正义的
事，也不会有一个人能克制住不拿别人的财物，如果他能在市场里
不用害怕，要什么就随便拿什么，能随意穿门越户，能随意调戏妇 C
女，能随意杀人劫狱，总之能像全能的神一样，随心所欲行动的
话，到这时候，两个人的行为就会一模一样。因此我们可以说，这
是一个有力的证据，证明没有人把正义当成是对自己的好事，心甘
情愿去实行，做正义事是勉强的。在任何场合之下，一个人只要能
干坏事，他总会去干的。大家一目了然，从不正义那里比从正义那 D
里个人能得到更多的利益。每个相信这点的人却能振振有词，说出
一大套道理来。如果谁有了权而不为非作歹，不夺人钱财，那他就
要被人当成天下第一号的傻瓜，虽然当着他的面人家还是称赞
他——人们因为怕吃亏，老是这么互相欺骗着。这一点暂且说到

这里。
E 如果我们把最正义的生活跟最不正义的生活作一番对照，我们
就能够对这两种生活作出正确的评价。怎样才能清楚地对照呢？这
么办：我们不从不正义者身上减少不正义，也不从正义者身上减少
正义，而让他们各行其是，各尽其能。

首先，我们让不正义之人像个有专门技术的人，例如最好的舵
361 手或最好的医生那样行动，在他的技术范围之内，他能辨别什么是
可能的，什么是不可能的，取其可能而弃其不可能。即使偶尔出了
差错，他也能补救。那就等着瞧吧！他会把坏事干得不漏一点马
脚，谁也不能发觉。如果他被人抓住，我们就必须把他看作一个蹩
脚的货色。不正义的最高境界就是嘴上仁义道德，肚子里男盗女
娼。所以我们对一个完全不正义的人应该给他完全的不正义，一点
B 不能打折扣；我们还要给坏事做绝的人最最正义的好名声；假使他
出了破绽，也要给他补救的能力。如果他干的坏事遭到谴责，让他
能鼓起如簧之舌，说服人家。如果需要动武，他有的是勇气和实
力，也有的是财势和朋党。

在这个不正义者的旁边，让我们按照理论树立一个正义者的形
象：朴素正直，就像诗人埃斯库洛斯所说的“一个不是看上去好，
而是真正好的人”。因此我们必须把他的这个“看上去”去掉。因
C 为，如果大家把他看作正义的人，他就因此有名有利。在这种情况
下，我们就搞不清楚他究竟是为正义而正义，还是为名利而正义
了。所以我们必须排除他身上的一切表象，光剩下正义本身，来跟
前面说过的那个假好人真坏人对立起来。让他不做坏事而有大逆不
道之名，这样正义本身才可以受到考验。虽然国人皆曰可杀，他仍
D 正义凛然，鞠躬殉道，死而后已；他甘冒天下之大不韪，坚持正
义，终生不渝。这样让正义和不正义各趋极端，我们就好判别两者
之中哪一种更幸福了。

苏：老天爷保佑！我亲爱的格劳孔，你花了多大的努力塑造琢

磨出这一对人像呀，它们简直像参加比赛的一对雕塑艺术品一
样啦。

格：我尽心力而为，总算弄出来了。我想，如果这是两者的本
质，接下来讨论两种生活的前途就容易了。所以我必得接着往下 E
讲。如果我说话粗野，苏格拉底，你可别以为是我在讲，你得以为
那是颂扬不正义贬抑正义的人在讲。他们会这样说：正义的人在那
种情况下，将受到拷打折磨，戴着镣铐，烧瞎眼睛，受尽各种痛
苦，最后他将被钉在十字架上。死到临头他才体会到一个人不应该
做真正义的人，而应该做一个假正义的人。埃斯库洛斯的诗句似乎 362
更适用于不正义的人。人们说不正义的人倒真的是务求实际，不慕
虚名的人——他不要做伪君子，而要做真实的人，

他的心田肥沃而深厚；
老谋深算从这里长出，
精明主意生自这心头。① B

他由于有正义之名，首先要做官，要统治国家；其次他要同他所看
中的世家之女结婚，又要让子女同他所中意的任何世家联姻；他还
想要同任何合适的人合伙经商，并且在所有这些事情中，捞取种种
好处，因为他没有怕人家说他不正义的顾忌。人们认为，如果进行
诉讼，不论公事私事，不正义者总能胜诉，他就这样长袖善舞，越 C
来越富。他能使朋友得利，敌人受害。他祀奉诸神，排场体面，祭
品丰盛。不论敬神待人，只要他愿意，总比正义的人搞得高明得
多。这样神明理所当然对他要比对正义者多加照顾。所以人们会
说，苏格拉底呀！诸神也罢，众人也罢，他们给不正义者安排的生
活要比给正义者安排的好得多。

[苏：格劳孔说完了，我心里正想说几句话，但他的兄弟阿得
曼托斯插了进来。] C

① 见埃斯库洛斯悲剧《七将攻忒拜》574。

阿：苏格拉底，当然你不会认为这个问题已经说透彻了吧！

苏：还有什么要讲的吗？

阿：最该讲的事偏偏还只字未提呢。

苏：我明白了。常言道："兄弟一条心！"他漏了什么没讲，你就帮他补上。虽然对我来说，他所讲的已经足够把我打倒在地，使我想要支援正义也爱莫能助了。

E 阿：废话少说，听我继续讲下去。我们必须把人家赞扬正义批
判不正义的观点统统理出来。据我看，这样才能把格劳孔的意思弄
得更清楚。做父亲的告诉儿子，一切负有教育责任的人们都谆谆告
诫：为人必须正义。但是他们的谆谆告诫也并不颂扬正义本身，而
只颂扬来自正义的好名声。因为只要有了这个好名声，他就可以身
363 居高位，通婚世族，得到刚才格劳孔所讲的一个不正义者从好名声
中能获得的种种好处。关于好名声的问题，人们还讲了许多话。例
如他们把人的好名声跟诸神联系起来，说诸神会把一大堆好东西赏
赐给虔诚的人们。举诗人赫西俄德和荷马的话为例，前者说诸神使
橡树为正义的人开花结实：

B 树梢结橡子，树间蜜蜂鸣，
树下有绵羊，羊群如白云。①

他说正义者还有其他诸如此类的赏心乐事。荷马说的不约而同：

英明君王，敬畏诸神，
高举正义，五谷丰登，
C 大地肥沃，果枝沉沉，
海多鱼类，羊群繁殖。②

默塞俄斯和他的儿子在诗歌中歌颂诸神赐福正义的人，说得更妙。他们说诸神引导正义的人们来到冥界，设宴款待，请他们斜倚

---

① 赫西俄德《工作与农时》232 以下。

②《奥德赛》XIX 109 以下。

长榻，头戴花冠，一觞一咏，以消永日。似乎美德最好的报酬，就 D
是醉酒作乐而已。还有其他的人说，上苍对美德的恩赐荫及后代。
他们说虔信诸神和信守誓言的人多子多孙，绵延百代。他们把渎神
和不正义的人埋在阴间的泥土中，还强迫他们用篮取水：劳而无
功；使不正义的人在世的时候，就得到恶名，遭受到格劳孔所列举 E
的，当一个正义者被看成不正义者时所受的同样的惩罚。关于不正
义之人，诗人所讲的只此而已，别无其他。关于对正义者与不正义
者的赞扬和非难之论，就说这么多吧！

此外，苏格拉底呀！请你再考虑诗人和其他的人关于正义和不
正义的另外一种说法。他们大家异口同声反复指出节制和正义固然 *364*
美，但是艰苦。纵欲和不正义则愉快，容易，他们说指责不正义为
寡廉鲜耻，不过流俗之见一番空论罢了。他们说不正义通常比正义
有利。他们庆贺有钱有势的坏人有福气，不论当众或私下里，心甘
情愿尊敬这些人。他们对于穷人弱者，总是欺侮藐视，虽然他们心 B
里明白贫弱者比这些人要好得多。在这些事情当中，最叫人吃惊的
是，他们对于诸神与美德的说法。他们说诸神显然给许多好人以不
幸的遭遇和多灾多难的一生，而给许多坏人以种种的幸福。求乞祭
司和江湖巫人，奔走富家之门，游说主人，要他们相信：如果他们
或他们的祖先作了孽，用献祭和符咒的方法，他们可以得到诸神的 C
赐福，用乐神的赛会能消灾赎罪；如果要伤害敌人，只要花一点小
费，念几道符咒，读几篇咒文，就能驱神役鬼，为他们效力，伤害
无论不正义者还是正义者。他们还引用诗篇为此作证，诗里描写了
为恶的轻易和恶人的富足，

名利多作恶，举步可登程，
恶路且平坦，为善苦登攀。① D

以及从善者的路程遥远又多险阻。还有的人引用荷马诗来证明凡人

① 赫西俄德《工作与农时》287—289。

诱惑诸神，因为荷马说过：

E 众人获罪莫担心，逢年过节来祭神，
香烟缭绕牺牲供，诸神开颜保太平。①

他们发行一大堆默塞俄斯与俄尔甫斯的书籍。据他们说，默塞俄斯
与俄尔甫斯是月神和文艺之神的后裔。他们用这些书里规定的仪式
祭祀祓除，让国家和私人都相信，如果犯下了罪孽，可以用祭享和
365 赛会为生者赎罪。可以用特有的仪式使死者在阴间得到赦免。谁要
是轻忽祭祀享神，那就永世不得超生。

亲爱的朋友苏格拉底呀！他们所讲的关于神和人共同关心的善
恶的种种宏旨高论，对于听者，特别是对那些比较聪明，能够从道
听途说中进行推理的年轻人，对他们的心灵会有什么影响呢？他们
B 能从这些高论中得出结论，知道走什么样路，做什么样人，才能使
自己一生过得最有意义吗？这种年轻人多半会用品达的问题来问他
们自己：“是用堂堂正义，还是靠阴谋诡计来步步高升，安身立命，
度过一生？”要做一个正义的人，除非我只是徒有正义之名，否则
就是自讨苦吃。反之，如果我并不正义，却已因挣得正义者之名，
C 就能有天大的福气！既然智者们告诉我，“貌似”远胜“真是”，而
且是幸福的关键。我何不全力以赴追求假象。我最好躲在灿烂庄严
的门墙后面，带着最有智慧的阿尔赫洛霍斯所描写的狡猾贪婪的狐
狸。有人说，干坏事而不被发觉很不容易。啊！普天之下，又有哪
D 一件伟大的事情是容易的？无论如何，想要幸福只此一途。因为所
有论证的结果都是指向这条道路。为了一切保密，我们拉宗派、搞
集团；有辩论大师教我们讲话的艺术，向议会法庭作演说，软磨硬
泡，这样，我们可以尽得好处而不受惩罚。有人说，对于诸神，既
不能骗，又不能逼。怎么不能？假定没有神，或者有神而神不关心
E 人间的事情，那么做了坏事被神发觉也无所谓。假定有神，神又确

---

①《伊利亚特》Ⅸ497以下。柏拉图引文与现行史诗有出入。

实关心我们，那我们所知道的关于神的一切，也都是从故事和诗人
们描述的神谱里来的。那里也同时告诉我们，祭祀、祷告、奉献祭
品，就可以把诸神收买过来。对于诗人们的话，要么全信，要么全
不信。如果我们信了，那我们就放手去干坏事，然后拿出一部分不 366
义之财来设祭献神。如果我们是正义的，诸神当然不会惩罚我们，
不过我们得拒绝不正义的利益。如果我们是不正义的，我们保住既
得利益，犯罪以后向诸神祷告求情，最后还是安然无恙。有人说：
不错，但是到来世，还是恶有恶报，报应在自己身上，或者在子孙
身上。但是精明会算的先生们这样说：没关系，我们这里有灵验的
特种仪式和一心赦罪的诸神，威名远扬的城邦都是这样宣布的。我
们还有诸神之子，就是诗人和神的代言人，所有关于真理的消息都 B
是这些智者透露给我们的。

那么，还有什么理由让我们去选择正义，而舍弃极端的不正义
呢？如果我们把正义只拿来装装门面，做出道貌岸然的样子，我们
生前死后，对人对神就会左右逢源，无往而不利。这个道理，普通
人和第一流的权威都是这么说的。根据上面说的这些，苏格拉底
呀，怎么可能说服一个有聪明才智、有财富、有体力、有门第的 C
人，叫他来尊重正义？这种人对于任何赞扬正义的说法，都只会嘲
笑而已。照这么看，假如有人指出我们所说过的一切都是错的，假
如有人真是心悦诚服地相信正义确是最善，那么他对于不正义者也
会认为情有可原。他不会恼怒他们。因为他晓得，没有一个人真正 D
心甘情愿实践正义的。除非那种生性刚正、疾恶如仇，或者困学而
知的人，才懂得为什么要存善去恶。不然就是因为怯懦、老迈或者
其他缺点使他反对作恶——因为他实在没有力量作恶。这点再明白
也没有了。这种人谁头一个掌权，谁就头一个尽量作恶，唯一的原
因就是我跟我的朋友刚开始所讲的。我们对你说："苏格拉底呀！
这事说来也怪，你们自命为正义的歌颂者。可是，从古代载入史册 E
的英雄起，一直到近代的普通人，没有一个人真正歌颂正义，谴责

不正义，就是肯歌颂正义或谴责不正义，也不外乎是从名声、荣
誉、利禄这些方面来说的。至于正义或不正义本身是什么？它们本
身的力量何在？它们在人的心灵上，当神所不知，人所不见的时
候，起什么作用？在诗歌里，或者私下谈话里，都没有人好好地描
367 写过，没有人曾经指出过，不正义是心灵本身最大的丑恶，正义是
最大的美德。要是一上来大家就这么说，从我们年轻时候起，就这
样来说服我们，我们就用不着彼此间提防，每个人就都是自己最好
的护卫者了。因为每个人都怕干坏事，怕在自己身上出现最大的丑
恶。苏格拉底呀！关于正义和不正义，色拉叙马霍斯和其他的人毫
无疑问是会说这些话的，甚至还要过头一点呢！这种说法，在我看
来，其实是把正义和不正义的真实价值颠倒过来了。至于我个人，
B 坦白地说，为了想听听你的反驳，我已经尽我所能，把问题说得清
楚。你可别仅仅论证一下正义高于不正义就算了事，你一定得讲清
楚，正义和不正义本身对它的所有者，有什么好处，有什么坏处。
正如格劳孔所提出的，把两者的名丢掉。因为如果你不把双方真的
名声去掉，而加上假的名声，我们就要说你所称赞的不是正义而是
C 正义的外表。你所谴责的不是不正义，而是不正义的外表。你不过
是劝不正义者不要让人发觉而已。我们就会认为你和色拉叙马霍斯
的想法一致。正义是别人的好处，强者的利益，而不正义是对自己
的利益，对弱者的祸害。你认为正义是至善之一，是世上最好的东
西之一。那些所谓最好的东西，就是指不仅它们的结果好，尤其指
D 它们本身好。比如视力、听力、智力、健康，以及其他德性，靠的
是自己的本质而不是靠虚名，我要你赞扬的正义就是指这个——正
义本身赐福于其所有者；不正义本身则贻祸于其所有者。尽管让别
人去赞扬浮名实利吧。我可以从别人那里，但不能从你这里接受这
种颂扬正义，谴责不正义的说法，接受这种赞美或嘲笑名誉、报酬
的说法，除非你命令我这样做，因为你是毕生专心致志研究这个问
E 题的人。我请你在辩论中不要仅仅证明正义高于不正义；你要证明

二者本身各是什么？它们对于其所有者各起了什么广泛深入的作用，使得前者成其为善，后者成其为恶——不管神与人是否觉察。”

苏：[我对于格劳孔和阿得曼托斯的天赋才能向来钦佩。不过我从来没有像今天听他们讲了这些话以后这样高兴。我说：] 贤昆
仲不愧为名父之子，格劳孔的好朋友曾经写过一首诗，歌颂你们在 368
麦加拉战役中的赫赫战功，那首诗的开头几句在我看来非常恰当。

名门之子，父名“至善”，①

难兄难弟，名不虚传。

你们既然不肯相信不正义比正义好，而同时又为不正义辩护得这么
头头是道。其间必有神助。我觉得你们实在不相信自己说的那一 B
套，我是从你们的品格上判断出来的。要是单单听你们的辩证，我是会怀疑的。但是我越相信你们，我越不知道该怎么办是好。我不晓得怎么来帮助你们。老实说，我确实没有这个能力。我对色拉叙马霍斯所说的一番话，我认为已经证明正义优于不正义了，可你们不肯接受。我真不知道怎么来拒绝给你们帮助。如果正义遭人诽谤，而我一息尚存有口能辩，却袖手旁观不上来帮助，这对我来
说，恐怕是一种罪恶，是奇耻大辱。看起来，我挺身而起保卫正义 C
才是上策。

[格劳孔和其余的人央求我不能撒手，无论如何要帮个忙，不要放弃这个辩论。他们央求我穷根究底弄清楚二者的本质究竟是什么，二者的真正利益又是什么？于是，我就所想到的说了一番：]
我们现在进行的这个探讨非比寻常，在我看来，需要有敏锐的目 D
光。可是既然我们并不聪明，我想最好还是进行下面这种探讨。假定我们视力不好，人家要我们读远处写着的小字，正在这时候有人发现别处用大字写着同样的字，那我们可就交了好运了，我们就可以先读大字后读小字，再看看它们是不是一样。

① 阿里斯同是格劳孔和阿得曼托斯的父亲。“阿里斯同”希腊文原意是“最好”。

E 阿[①]：说得不错，但是这跟探讨正义有什么相似之处？

苏：我来告诉你：我想我们可以说，有个人的正义，也有整个城邦的正义。

阿：当然。

苏：好！一个城邦是不是比一个人大？

阿：大得多！

苏：那么也许在大的东西里面有较多的正义，也就更容易理
解。如果你愿意的话，让我们先探讨在城邦里正义是什么，然后在
369 个别人身上考察它，这叫由大见小。

阿：这倒是个好主意。

苏：如果我们能想象一个城邦的成长，我们也就能看到那里正义和不正义的成长，是不是？

阿：可能是这样。

苏：要是做到了这点，我们就有希望轻而易举地看到我们所要追寻的东西。

B 阿：不错，希望很大。

苏：那么，我们要不要着手进行？我觉得这件事非同小可，你可要仔细想想。

阿：我们已经考虑过了。干吧！不要再犹豫了。

苏：那么很好。在我看来，之所以要建立一个城邦，是因为我们每一个人不能单靠自己达到自足，我们需要许多东西。你们还能想到什么别的建立城邦的理由吗？

阿：没有。

C 苏：因此我们每个人为了各种需要，招来各种各样的人。由于需要许多东西，我们邀集许多人住在一起，作为伙伴和助手，这个公共住宅区，我们叫它作城邦。这样说对吗？

---

① 阿得曼托斯。

阿：当然对。

苏；那么一个人分一点东西给别的人，或者从别的人那里拿来一点东西，每个人却觉得这样有进有出对他自己有好处。

阿：是的。

苏：那就让我们从头设想，来建立一个城邦，看看一个城邦的创建人需要些什么。

阿：好的。

苏：首先，最重要的是粮食，有了它才能生存。 D

阿：毫无疑问。

苏：第二是住房，第三是衣服，以及其他等等。

阿：理所当然。

苏：接着要问的是：我们的城邦怎样才能充分供应这些东西？那里要不要有一个农夫、一个瓦匠、一个纺织工人？要不要再加一个鞋匠或者别的照料身体需要的人？

阿：当然。

苏：那么最小的城邦起码要有四到五个人。

阿：显然是的。 E

苏：接下来怎么样呢？是不是每一个成员要把各自的工作贡献
给公众——我的意思是说，农夫要为四个人准备粮食，他要花四倍
的时间和劳力准备粮食来跟其他的人共享呢？还是不管别人，只为
他自己准备粮食——花四分之一的时间，生产自己的一份粮食，把 370
其余四分之三的时间，一份花在造房子上，一份花在做衣服上，一
份花在做鞋子上，免得同人家交换，各自为我，只顾自己的需
要呢？

阿：恐怕第一种办法便当，苏格拉底。

苏：上天作证，这是一点也不奇怪的。你刚说这话，我就想到
我们大家并不是生下来都一样的。各人性格不同，适合于不同的工 B
作。你说是不是？

阿：是的。

苏：那么是一个人干几种手艺好呢，还是一个人单搞一种手艺好呢？

阿：一人单搞一种手艺好。

苏：其次，我认为有一点很清楚——一个人不论干什么事，失掉恰当的时节有利的时机就会前功尽弃。

阿：不错，这点很清楚。

苏：我想，一件工作不是等工人有空了再慢慢去搞的，相反，
C 是工人应该全心全意当作主要任务来抓的，是不能随随便便，马虎从事的。

阿：必须这样。

苏：这样，只要每个人在恰当的时候干适合他性格的工作，放弃其他的事情，专搞一行，这样就会每种东西都生产得又多又好。

阿：对极了。

苏：那么，阿得曼托斯，我们就需要更多的公民，要超过四个
D 人来供应我们所说的一切了。农夫似乎造不出他用的犁铧——如果要的是一张好犁的话，也不能制造他的锄头和其他耕田的工具。建筑工人也是这样，他也需要许多其他的人。织布工人、鞋匠都不例外。

阿：是的。

苏：那么木匠、铁匠和许多别的匠人就要成为我们小城邦的成员，小城邦就更扩大起来了。

阿：当然。

苏：但这样也不能算很大。就说我们再加上放牛的、牧羊的和
E 养其他牲口的人吧。这样可使农夫有牛拉犁，建筑工人和农夫有牲口替他们运输东西，纺织工人和鞋匠有羊毛和皮革可用。

阿：假定这些都有了，这个城邦就不能算很小啦！

苏：还有一点，把城邦建立在不需要进口货物的地方，这在实

际上是不可能的。

阿：确实不可能。

苏：那么它就还得有人到别的城邦去，进口所需要的东西呀。

阿：是的。

苏：但是有一点，如果我们派出的人空着手去，不带去人家所 371
需要的东西换人家所能给的东西，那么，使者回来不也会两手空空吗?

阿：我看会是这样的。

苏：那么他们就必须不仅为本城邦生产足够的东西，还得生产在质量、数量方面，能满足为他们提供东西的外邦人需要的东西。

阿：应当如此。

苏：所以我们的城邦需要更多的农夫和更多其他的技工了。

阿：是的。

苏：我想，还需要别种助手做进出口的买卖，这就是商人。是不是?

阿：是的。

苏：因此，我们还需要商人。

阿：当然。

苏：如果这个生意要到海外进行，那就还得需要另外许多懂得 B
海外贸易的人。

阿：确实还需要许多别的人。

苏：在城邦内部，我们是如何彼此交换各人所制造的东西呢?须知这种交换产品正是我们合作建立城邦的本来目的呀。

阿：交换显然是用买和卖的办法。

苏：于是我们就会有市场，有货币作为货物交换的媒介。

阿：当然。

苏：如果一个农夫或者随便哪个匠人拿着他的产品上市场去， C
可是想换取他产品的人还没到，那么他不是就得闲坐在市场上耽误他自己的工作吗?

阿：不会的。市场那里有人看到这种情况，就会出来专门为他服务的。在管理有方的城邦里，这是些身体最弱不能干其他工作的
D 人干的。他们就等在市场上，拿钱来跟愿意卖的人换货，再拿货来跟愿意买的人换钱。

苏：在我们的城邦里，这种需要产生了一批店老板。那些常住在市场上做买卖的人，我们叫他店老板，或者小商人。那些往来于城邦之间做买卖的人，我们称之为大商人。是不是?

阿：是的。

E 苏：此外我认为还有别的为我们服务的人，这种人有足够的力气可以干体力劳动，但在智力方面就没有什么长处值得当我们的伙伴。这些人按一定的价格出卖劳力，这个价格就叫工资。因此毫无疑问，他们是靠工资为生的人。不知你意下如何?

阿：我同意。

苏：那么靠工资为生的人，似乎也补充到我们城邦里来了。

阿：是的。

苏：阿得曼托斯，那么我们的城邦已经成长完备了吗?

阿：也许。

苏：那么在我们城邦里，何处可以找到正义和不正义呢?在我们上面所列述的那些种人里，正义和不正义是被哪些人带进城邦来的呢?

372 阿：我可说不清，苏格拉底!要么那是因为各种人彼此都有某种需要。

苏：也许你的提法很对。我们必须考虑这个问题，不能退缩。首先，让我们考虑一下在做好上面种种安排以后，人们的生活方式将会是什么样子。他们不要烧饭，酿酒，缝衣，制鞋吗?他们还要
B 造屋，一般说，夏天干活赤膊光脚，冬天穿很多衣服，着很厚的鞋子。他们用大麦片，小麦粉当粮食，煮粥，做成糕点，烙成薄饼，

放在苇叶或者干净的叶子上。他们斜躺在铺着紫杉和桃金娘叶子的小床上，跟儿女们欢宴畅饮，头戴花冠，高唱颂神的赞美诗。满门团聚，其乐融融，一家数口儿女不多，免受贫困与战争。 C

［这时候格劳孔插嘴说：］

格：不要别的东西了吗？好像宴会上连一点调味品也不要了。

苏：真的，我把这点给忘了。他们会有调味品的，当然要有盐、橄榄、乳酪，还有乡间常煮吃的洋葱、蔬菜。我们还会给他们甜食——无花果、鹰嘴豆、豌豆，还会让他们在火上烤爰神木果、橡子吃，适可而止地喝上一点酒，就这样让他们身体健康，太太平 D
平度过一生，然后无疾而终，并把这种同样的生活再传给他们的下一代。

格：如果你是在建立一个猪的城邦，除了上面这些东西而外，你还给点什么别的饲料吗？

苏：格劳孔，你还想要什么？

格：还要一些能使生活稍微舒服一点的东西。我想，他们要有让人斜靠的睡椅，免得太累，还要有几张餐桌几个碟子和甜食等 E
等。就像现在大家都有的那些。

苏：哦，我明白了。看来我们正在考虑的不单是一个城邦的成长，而且是一个繁华城邦的成长。这倒不见得是个坏主意。我们观察这种城邦，也许就可以看到在一个国家里，正义和不正义是怎么成长起来的。我认为真正的国家，乃是我们前面所讲述的那样——可以叫作健康的国家。如果你想研究一个繁华城邦也未始不可。不少人看来对刚才这个菜单或者这个生活方式并不满意。睡椅毕竟是要添置的，还要桌子和其他的家具，还要调味品、香料、香水、歌 373
伎、蜜饯、糕饼——诸如此类的东西。我们开头所讲的那些必需的东西——房屋、衣服、鞋子，是不够了；我们还得花时间去绘画、刺绣，想方设法寻找黄金、象牙以及种种诸如此类的装饰品，是不是？

B 格：是的。

苏：那么我们需要不需要再扩大这个城邦呢？因为那个健康的城邦还是不够，我们势必要使它再扩大一点，加进许多必要的人和物——例如各种猎人，模仿形象与色彩的艺术家，一大群搞音乐的，诗人和一大群助手——朗诵者、演员、合唱队、舞蹈队、管理
C 员以及制造各种家具和用品的人，特别是做妇女装饰品的那些人，我们需要更多的佣人。你以为我们不需要家庭教师、奶妈、保姆、理发师、厨师吗？我们还需要牧猪奴。在我们早期的城邦里，这些人一概没有，因为用不着他们。不过，在目前这个城邦里，就有这个需要了。我们还需要大量别的牧畜作为肉食品。你说对不对？

格：对！

D 苏：在这样的生活方式里，我们不是比以前更需要医生吗？

格：是更需要。

苏：说起土地上的农产品来，它们以前足够供应那时所有的居民，现在不够了，太少了。你说对不对？

格：对！

苏：如果我们想要有足够大的耕地和牧场，我们势必要从邻居那儿抢一块来；而邻居如果不以所得为满足，也无限制地追求财富的话，他们势必也要夺一块我们的土地。

E 格：必然如此。苏格拉底。

苏：梏劳孔呀！卜一步，我们就要走向战争了，否则你说怎么办？

格：就是这样，要战争了。

苏：我们且不说战争造成好的或坏的结果，只说现在我们已经找到了战争的起源。战争使城邦在公私两方面遭到极大的灾难。

格：当然。

苏：那么我们需要一个更大的城邦，不是稍微大一点，而是要
374 加上全部军队那么大，才可以抵抗和驱逐入侵之敌，保卫我们所列

举的那些人民的生命和我们所有的一切财产。

格：为什么？难道为了自己，那么些人还不够吗？

苏：不够。想必你还记得，在创造城邦的时候，我们曾经一致说过，一个人不可能擅长许多种技艺的。

格：不错。

苏：那么好，军队打仗不是一种技艺吗？ B

格：肯定是一种技艺。

苏：那么我们应该注意做鞋的技艺，而不应该注意打仗的技艺吗？

格：不，不！

苏：为了把大家的鞋子做好，我们不让鞋匠去当农夫，或织
工，或匠工。同样，我们选拔其他的人，按其天赋安排职业，弃其
所短，用其所长，让他们集中毕生精力专搞一门，精益求精，不失 C
时机。那么，对于军事能不重视吗？还是说，军事太容易了，连农
夫、鞋匠和干任何别的行当的人都可以带兵打仗？就说是下棋掷骰
子吧，如果只当作消遣，不从小就练习的话，也是断不能精于此道
的。难道，在重武装战争或者其他类型的战争中，你拿起盾牌，或 D
者其他兵器一天之内就能成为胜任作战的战士吗？须知，没有一种
工具是拿到手就能使人成为有技术的工人或者斗士的，如果他不懂
得怎么用工具，没有认真练习过的话。

格：这话不错，不然工具本身就成了无价之宝了。

苏：那么，如果说护卫者的工作是最重大的，他就需要有比别
种人更多的空闲，需要有最多的知识和最多的训练。 E

格：我也这么想。

苏：不是还需要有适合干这一行的天赋吗？

格：当然。

苏：看来，尽可能地挑选那些有这种天赋的人来守护这个城邦乃是我们的责任。

格：那确是我们的责任。

苏：天啊！这个担子可不轻，我们要尽心尽力而为之，不可退缩。

375 格：对！绝不可退缩。

苏：你觉得一条养得好的警犬和一个养得好的卫士，[①] 从保卫工作来说，两者的天赋才能有什么区别吗？

格：你究竟指的什么意思？

苏：我的意思是说，两者都应该感觉敏锐，对觉察到的敌人要追得快，如果需要一决雌雄的话，要能斗得凶。

格：是的，这些品质他们都需要。

苏：如果要斗得胜的话，还必须勇敢。

格：当然。

苏：不论是马，是狗，或其他动物，要不是生气勃勃，它们能

B 变得勇敢吗？你有没有注意到，昂扬的精神意气，是何等不可抗拒不可战胜吗？只要有了它，就可以无所畏惧，所向无敌吗？

格：是的，我注意到了。

苏：那么，护卫者在身体方面应该有什么品质，这是很清楚的。

格：是的。

苏：在心灵上他们应该意气风发，这也是很明白清楚的。

格：也是的。

苏：格劳孔呀！如果他们的天赋品质是这样的，那他们怎么能避免彼此之间发生冲突，或者跟其他公民发生冲突呢？

格：天啊！的确不容易避免。

C 苏：他们还应该对自己人温和，对敌人凶狠。否则，用不着敌人来消灭，他们自己就先消灭自己了。

---

① 希腊文“警犬”σu ὐλαξ 和“保卫者”“卫士”φὐλαξ 是谐音词。

格：真的。

苏：那我们该怎么办？我们上哪里去找一种既温和，又刚烈的人？这两种性格是相反的呀。

格：显然是相反的。

苏：但要是两者缺一，他就永远成不了一个好的护卫者了。看
来，二者不能得兼，因此，一个好的护卫者就也是不可能有的了。 D

格：看来是不可能。

苏：我给闹糊涂了。不过把刚才说的重新考虑一下，我觉得我们的糊涂是咎由自取，因为我们把自己所树立的相反典型给忘掉了。

格：怎么回事？

苏：我们没有注意到，我们原先认为不能同时具有相反的两种禀赋，现在看来毕竟还是有的。

格：有？在哪儿？

苏：可以在别的动物身上找到，特别是在我们拿来跟护卫者比
拟的那种动物身上可以找到。我想你总知道喂养得好的狗吧。它的 E
脾气总是对熟人非常温和，对陌生人却恰恰相反。

格：是的，我知道。

苏：那么，事情是可能的了。我们找这样一种护卫者并不违反事物的天性。

格：看来并不违反。

苏：你是不是认为我们的护卫者，除了秉性刚烈之外，他的性格中还需要有对智慧的爱好，才能成其为护卫者？

格：怎么需要这个的？我不明白你的意思。

苏：在狗身上你也能看到这个①。兽类能这样，真值得惊奇。 376

格：“这个”是什么？

① 指对智慧的爱好。照希腊文“哲学家”一词，意即“爱好智慧的人”。

苏：狗一看见陌生人就怒吠——虽然这个人并没打它；当它看见熟人，就摇尾欢迎——虽然这个人并没对它表示什么好意。这种事情，你看了从来没有觉得奇怪吗？

格：过去我从来没注意这种事情。不过，狗的行动确实是这样的，这是一目了然的。

苏：但那的确是它天性中的一种精细之处，是一种对智慧有真
B 正爱好的表现。

格：请问你是根据什么这样想的？

苏：我这样想的根据是：狗完全凭认识与否区别敌友——不认识的是敌，认识的是友。一个动物能以知和不知辨别敌友同异，你怎么能说它不爱学习呢？

格：当然不能。

苏：你承认，爱学习和爱智慧是一回事吗？

格：是一回事。

苏：那么，在人类我们也可以有把握地这样说：如果他对自己
C 人温和，他一定是一个天性爱学习和爱智慧的人。不是吗？

格：让我们假定如此吧。

苏：那么，我们可以在一个真正善的城邦护卫者的天性里把爱好智慧和刚烈、敏捷、有力这些品质结合起来了。

格：毫无疑问可以这样。

苏：那么，护卫者的天性基础①大概就是这样了。但是，我们的护卫者该怎样接受训练接受教育呢？我们研讨这个问题是不是可
D 以帮助我们弄清楚整个探讨的目标呢——正义和不正义在城邦中是怎样产生的？我们要使我们的讨论既充分又不拖得太长，令人生厌。

阿（格劳孔的兄弟）：是的。我希望这个探讨有助于我们一步

---

① 作为后天接受教育的基础。

步接近我们的目标。

（柏拉图：《理想国》，Ⅱ，357—376D，郭斌和、张竹明译，商务印书馆1986年版，第44—70页。）

3. 理性者最高尚

苏：我们说一个部分是人用来学习的。另一个部分是人用来发怒的。还有第三个部分，这个部分由于内部的多样性，我们难以用
一个简单而合适的词来统括它，我们只能用其中的一个最强烈的主 E
要成分来命名它。我们根据它强烈的关于饮食和爱的欲望以及各种连带的欲望，因而称它为“欲望”部分。我们同样又根据金钱是满
足这类欲望的主要手段这一点，因而称它为“爱钱”部分。 581

格：对。

苏：如果我们还应该说，它的快乐和爱集中在“利益”上，我们为了在谈起心灵的这第三个部分时容易了解起见，最好不是应该把它集中到一个名下，把我们的话说得更准确些，把它叫作“爱钱”部分或“爱利”部分吗？

格：不管怎样，我认为是这样。

苏：再说，激情这个部分怎么样？我们不是说它永远整个儿地是为了优越、胜利和名誉吗？

格：的确。 B

苏：我们是不是可以恰当地把它称为“爱胜”部分或“爱敬”部分呢？

格：再恰当不过了。

苏：但是大家一定都清楚：我们用以学习的那个部分总是全力要想认识事物真理的，心灵的三个部分中它是最不关心钱财和荣誉的。

格：是的。

苏：“爱学”部分和“爱智”部分，我们用这名称称呼它合适吗？

格：当然合适。

C 苏：在有些人的心灵里是这个部分统治着，在另一些人的心灵里却是那两部分之一在统治着，依情况不同而不同。是吧？

格：是这样。

苏：正因为这个原因，所以我们说人的基本类型有三：哲学家或爱智者、爱胜者和爱利者。

格：很对。

苏：对应着三种人也有三种快乐。

格：当然。

苏：你知道吗？如果你想一个个地问这三种人，这三种生活哪一种最快乐，他们都一定会说自己的那种生活最快乐。财主们会断
D 言，和利益比起来，受到尊敬的快乐和学习的快乐是无价值的，除非它们也能变出金钱来。

格：真的。

苏：爱敬者怎么样？他会把金钱带来的快乐视为卑鄙，把学问带来的快乐视为无聊的瞎扯（除非它也能带来敬意）。是吗？

格：是的。

苏：哲学家把别的快乐和他知道真理永远献身研究真理的快乐
E 相比较时，你认为他会怎么想呢？他会认为别的快乐远非真正的快乐，他会把它们叫作“必然性”快乐。因为，若非受到必然性束缚他是不会要它们的。是吗？

格：无疑的。

Ⅷ 苏：那么，既然三种快乐三种生活之间各有不同的说法，区别不是单纯关于哪一种较为可敬哪一种较为可耻，或者，哪一种较善哪一种较恶，而是关于哪一种确实比较快乐或摆脱了痛苦，那么，
582 我们怎么来判定哪一种说法最正确呢？

格：我确实说不清。

苏：噢，请这样考虑。对事情作出正确的判断，要用什么作为

标准呢？不是用经验、知识、推理作为标准吗？还有什么比它们更好的标准吗？

格：没有了。

苏：那么请考虑一下，这三种人中哪一种人对所有这三种快乐有最多的经验？你认为爱利者在学习关于真理本身方面所得到的快乐经验能多于哲学家在获利上所得到的快乐经验吗？ B

格：断乎不是的。因为，哲学家从小就少不了要体验另外两种快乐；但是爱利者不仅不一定要体验学习事物本质的那种快乐，而且，即使他想要这么做，也不容易做得到。

苏：因此，哲学家由于有两方面的快乐经验而比爱利者高明得多。

格：是要高明得多。

苏：哲学家和爱敬者比起来怎么样？哲学家在体验受尊敬的快乐方面还比不上爱敬者在学习知识方面的快乐经验吗？ C

格：不是的。尊敬是大家都可以得到的，如果他们都能达到自己目标的话。因为富人、勇敢者和智慧者都是能得到广泛尊敬的，因此大家都能体验到受尊敬的这种快乐。但是看到事物实在这种快乐，除了哲学家以外别的任何人都是不能得到的。

苏：既然他的经验最丰富，因此他也最有资格评判三种快乐。 D

格：很有资格。

苏：而且他还是唯一有知识和经验结合在一起的人。

格：的确是的。

苏：又且，拥有判断所需手段或工具的人也不是爱利者或爱敬者，而是爱智者或哲学家。

格：你说的什么意思？

苏：我们说判断必须通过推理达到。是吧？

格：是的。

苏：推理最是哲学家的工具。

格：当然。

E 苏：如果以财富和利益作为评判事物的最好标准，那么爱利者的毁誉必定是最真实的。

格：必定是的。

苏：如果以尊敬、胜利和勇敢作为评判事物的最好标准，那么爱胜者和爱敬者所赞誉的事物不是最真实的吗？

格：这道理很清楚。

苏：那么，如果以经验、知识和推理作为标准，会怎样呢？

格：必定爱智者和爱推理者所赞许的事物是最真实的。

583 苏：因此，三种快乐之中，灵魂中那个我们用以学习的部分的快乐是最真实的快乐，而这个部分在灵魂中占统治地位的那种人的生活也是最快乐的生活。是吗？

格：怎么能不是呢？无论如何，当有知识的人说自己的生活最快乐时，他的话是最可靠的。

苏：下面该评哪一种生活、哪一种快乐第二呢？

格：显然是战士和爱敬者的第二，因为这种人的生活和快乐比起挣钱者来接近第一种。

苏：看来爱利者的生活和快乐居最后了。

格：当然了。

ⅨB 苏：正义的人已经在接连两次的交锋中击败了不正义的人，现在到了第三次交锋了。照奥林匹亚运动会的做法这次是吁求奥林匹亚的宙斯保佑的。请注意，我好像听到一个有智慧的人说过呢：除了有智慧的人而外，别的任何人的快乐都不是真实的纯净的，而只是快乐的一种影像呀！这次如果失败了，可就是最大最决定性的失败啦！

格：说得对。但还得请你解释一下。

C 苏：如果在我探求着的时候你肯回答我的问题，我就来解释。

格：你尽管问吧。

苏：那么请告诉我：我们不是说痛苦是快乐的对立面吗？

格：当然。

苏：没有一种既不觉得快乐也不觉得痛苦的状态吗？

格：有的。

苏：这不是这两者之间的一种状态，一种中间的，灵魂的两个方面都平静的状态吗？你的理解是不是这样？

格：是这样。

苏：你记不记得人们生病时说的话？

格：什么话？

苏：他们说，没有什么比健康更快乐的了，虽然他们在生病之 D
前并不曾觉得那是最大的快乐。

格：我记得。

苏：你有没有听到过处于极端痛苦中的人说过？他们会说，没有什么比停止痛苦更快乐的了。是吧？

格：听到过。

苏：我想你一定注意到，在许多诸如此类的情况下，人们在受到痛苦时会把免除和摆脱痛苦称赞为最高的快乐。这个最高的快乐并不是说的什么正面得到的享受。

格：是的。须知在这种情况下平静或许便成了快乐的或可爱的了。

苏：同样，当一个人停止快乐时，快乐的这种平静也会是痛 E
苦的。

格：或许是的。

苏：因此，我们刚才说是两者之中间状态的平静有时也会是既痛苦也快乐。

格：看来是的。

苏：两者皆否的东西真能变成两者皆是吗？

格：我看不行。

苏：快乐和痛苦在心灵中产生都是一种运动。对吗？

格：对的。

584 苏：我们刚才不是说明了吗？既不痛苦也不快乐是一种心灵的平静，是两者的中间状态。是吗？

格：是的。

苏：因此，没有痛苦便是快乐，没有快乐便是痛苦，这种想法怎么可能正确呢？

格：绝不可能正确。

苏：因此，和痛苦对比的快乐以及和快乐对比的痛苦都是平静，不是真实的快乐和痛苦，而只是似乎快乐或痛苦。这些快乐的影像和真正的快乐毫无关系，都只是一种欺骗。

格：无论怎么说，论证可以表明这一点。

B 苏：因此，请你看看不是痛苦之后的那种快乐，你就可以和仍然缠着你的下列这个想法真正一刀两断了：实质上，快乐就是痛苦的停止，痛苦就是快乐的停止。

格：你叫我往哪里看，你说的是哪种快乐？

苏：这种快乐多得很，尤其是跟嗅觉有联系的那种快乐，如果你高兴注意它们的话。这种快乐先没有痛苦，突然出现，一下子就很强烈；它们停止之后也不留下痛苦。

格：极是。

C 苏：因此，让我们别相信这种话了：脱离了痛苦就是真正的快乐，没有了快乐就是真正的痛苦。

格：是的，别相信这话。

苏：然而，通过身体传到心灵的那些所谓最大的快乐，大多数属于这一类，是某种意义上的脱离痛苦。①

格：是的。

---

① 例如吃食的快乐有饥饿的痛苦在先。

苏：走在这类苦和乐前头的那些由于期待它们而产生的快乐和痛苦不也是这一类吗？

格：是这一类。

苏：那么你知道它们是什么样的，它们最像什么吗？ D Ⅸ

格：什么？

苏：你是不是认为自然有上、下、中三级？

格：是的。

苏：那么人自下升到中，他不会认为已经升到了上吗？当他站在中向下看他的来处时，他不会因为从未看见过真正的上而认为自己已经在上了吗？

格：我想他不能有别的什么想法。

苏：假设他再向下降，他会认为自己是在向下，他的想法不是 E
对的吗？

格：当然对的。

苏：他之所以发生这一切情况，不都是因为他没有关于真正的上、中、下的经验吗？

格：显然是的。

苏：那么，没有经验过真实的人，他们对快乐、痛苦及这两者之中间状态的看法应该是不正确的，正如他们对许多别的事物的看
法不正确那样。因此，当他们遭遇到痛苦时，他们就会认为自己处 585
于痛苦之中，认为他们的痛苦是真实的。他们会深信，从痛苦转变到中间状态就能带来满足和快乐。而事实上，由于没有经验过真正的快乐，他们是错误地对比了痛苦和无痛苦。正如一个从未见过白色的人把灰色和黑色相比那样。你认为这种现象值得奇怪吗？

格：不，我不觉得奇怪。如果情况不是这样，我倒反而会很觉奇怪的。

苏：让我们再像下面这样来思考这个问题吧。饥渴等等不是身
体常态的一种空缺吗？ B

格：当然是的。

苏：无知和无智不也是心灵常态的一种空缺吗？

格：的确是的。

苏：吃了饭学了知识，身体和心灵的空缺不就充实了吗？

格：当然就充实了。

苏：充实以比较不实在的东西和充实以比较实在的东西，这两种充实哪一种是比较真实的充实？

格：显然是后一种。

苏：一类事物如饭、肉、饮料，总的说是食物。另一类事物是
C 真实意见、知识、理性和一切美德的东西。这两类事物你认为哪一类比较地更具有纯粹的实在呢？换句话说，一种紧密连接着永远不变不灭的真实的，自身具有这种本性并且是在具有这种本性的事物中产生的事物，和另一种事物，一种永远变化着的可灭的自身具有这一种本性并且是在具有这一种本性的事物中产生的事物，——这两种事物你认为哪一种更具有纯粹的实在呢？

格：永远不变的那种事物比较地实在得多。

苏：永恒不变的事物，其实在性是不是超过其可知性呢？

格：绝对不。

苏：真实性呢？

格。也不。

苏：比较地不真实也就比较地不实在吗？

格：必然的。

D 苏：因此总的说，保证身体需要的那一类事物是不如保证心灵需要的那一类事物真实和实在的。

（柏拉图：《理想国》，V，580E—585D，郭斌和、张竹明译，商务印书馆 1986 年版，第 367—375 页。）

4. 教育是国家的大事

苏：我的好阿得曼托斯，我们责成我国当政者做的这些事并不

像或许有人认为的那样，是很多困难的使命，它们都是容易做得到
的，只要当政者注意一件大家常说的所谓大事就行了。（我不喜欢 E
称之为“大事”，而宁愿称之为“能解决问题的事”。）

阿：这是什么事呢？

苏：教育和培养。因为，如果人们受了良好的教育就能成为事
理通达的人，那么他们就很容易明白，处理所有这些事情还有我此
刻没有谈及的别的一些事情，例如婚姻嫁娶以及生儿育女——处理
所有这一切都应当本着一个原则，即如俗话所说的，“朋友之间不 424
分彼此”。

阿：这大概是最好的办法了。

苏：而且，国家一旦很好地动起来，就会像轮子转动一般，以
越来越快的速度前进。因为良好的培养和教育造成良好的身体素
质，良好的身体素质再接受良好的教育，产生出比前代更好的体
质，这除了有利于别的目的外，也有利于人种的进步，像其他动物 B
一样。

阿：有道理。

苏：因此扼要地说，我国的领袖们必须坚持注视着这一点，不让国家在不知不觉中败坏了。他们必须始终守护着它，不让体育和音乐翻新，违犯了固有的秩序。他们必须竭力守护着。当有人说，人们最爱听

歌手们吟唱最新的歌①

时，他们为担心，人们可能会理解为，诗人称誉的不是新歌，而是 C
新花样的歌，所以领袖们自己应当不去称赞这种东西，而且应当
指出这不是诗人的用意所在。因为音乐的任何翻新对整个国家是
充满危险的，应该预先防止。因为，若非国家根本大法有所变
动，音乐风貌是无论如何也不会改变的。戴蒙是这样说的，我相

① 史诗《奥德赛》Ⅰ，352。

信他这话。

阿：是的。你也把我算作赞成这话的一个吧。

D 苏：因此，我们的护卫者看来必须就在这里——在音乐里——布防设卡。

阿：这种非法①的确容易悄然潜入。

苏：是的。因为它被认为不过是一种游戏，不成任何危害。②

阿：别的害处是没有，只是它一点点地渗透，悄悄地流入人的性格和习惯，再以渐大的力量由此流入人与人之间的关系，再由人
E 与人的关系肆无忌惮地流向法律和政治制度，苏格拉底呀，它终于
破坏了③公私方面的一切。

苏：呀！是这样吗？

阿：我相信是这样。

苏：那么，如我们开头说的，我们的孩子必须参加符合法律精神的正当游戏。因为，如果游戏是不符合法律的游戏，孩子们也会
425 成为违反法律的孩子，他们就不可能成为品行端正的守法公民了。

阿：肯定如此。

苏：因此，如果孩子们从一开始做游戏起就能借助于音乐养成遵守法律的精神，而这种守法精神又反过来反对不法的娱乐，那么这种守法精神就会处处支配着孩子们的行为，使他们健康成长。一旦国家发生什么变革，他们就会起而恢复固有的秩序。

阿：确实是的。

苏：孩子们在这样的教育中长大成人，他们就能自己去重新发现那些已被前辈全都废弃了的看起来微不足道的规矩。

阿：哪种规矩？

---

① 非法（παρανομτα），除了道德上的含义外（537E）还暗示音乐中的非法的翻新。

② 比读《法律》篇 797A—B，那里警告人们不要在孩子游戏中翻新。

③ 比读 389D。

苏：例如下述这些：年轻人看到年长者来到应该肃静；要起立 B
让座以示敬意；对父母要尽孝道；还要注意发式、袍服、鞋履；总
之体态举止，以及其他诸如此类，都要注意。你或许有不同看
法吧？

阿：我和你看法相同。

苏：但是，把这些规矩订成法律我认为是愚蠢的。因为，仅仅订成条款写在纸上，这种法律是得不到遵守的，也是不会持久的。

阿：那么，它们怎么才能得到遵守呢？

苏：阿得曼托斯啊，一个人从小所受的教育把他往哪里引导，
却能决定他后来往哪里走。“同声相应，同气相求” 事情不总 C
是这样吗？

阿：的确是的。

苏：直到达到一个重大的结果，这个结果也许是好的，也许是不好的。

阿：当然啰。

苏：由于这些理由，因此我不想再把这种事情制定成法律了。

阿：理由充足。

苏：但是，关于商务，人们在市场上的相互交易，如果你愿意
的话，还有，和手工工人的契约，关于侮辱和伤害的诉讼，关于民 D
事案件的起诉和陪审员的遴选这些问题，还可能有人会提出关于市
场上和海港上必须征收的赋税问题。总之，市场的、公安的、海港
的规则，以及其他诸如此类的事情，我的天哪，是不是都得我们来
一一定成法律呢？

阿：不，对于优秀的人，把这么许多的法律条文强加给他们是
不恰当的。需要什么规则，大多数他们自己会容易发现的。 E

苏：对，朋友，只要神明保佑他们能保存住我们已给他们制定的那些法律，也就可以了。

阿：否则的话，他们将永无止境地从事制定这类烦琐的法律，

并为使它们达到完善把自己的一生都用来修改这种法律。

苏：你的意思是说，这种人的生活很像那些纵欲无度而成痼疾的人不愿抛弃对健康不利的生活制度一样。

426 阿：很对。

苏：诚然，他们过着极乐生活。他们虽就医服药但一无效果，只有使疾病更复杂并加重；他们还一直指望有人能告诉他们一种灵丹妙药，使他们可以恢复健康。

阿：有这种疾病的人大都这副样子。

苏：是的，而且有趣的是，谁对他们说实话，告诉他们：如果
B 他们不停止大吃大喝，寻花问柳，游手好闲，那么显而易见，无论药物还是烧灼法还是外科手术，是咒语还是符箓或别的任何治疗方法都治不好他们的病。——谁对他们这样说，他们就会把谁视为自己最可恶的敌人。

阿：根本谈不上有趣，因为对说老实话的人生气是不好的。

苏：我觉得你似乎对这种人没有好感。

阿：的确没有好感。

苏：如果一个国家也像我刚才说的那种人那样行事，你大概也
C 不会称赞它的行为的。你没有看到有些国家的行为也是这样的吗？那里政治不良，但禁止公民触动整个国家制度，任何企图改变国家制度的要处以死刑；但同时不论什么人，只要他能极为热忱地为生活在这种不良政治秩序下的公民服务，为了讨好他们不惜奉承巴结，能窥探他们的心意，巧妙地满足他们的愿望，他们就把这种人视为优秀的有大智大慧的人并给予尊敬。

阿：是的，我认为这种国家的行为和那种病人的行为是一样的，我无论如何也不能称赞它。

D 苏：但是，对于那些愿为这种国家热诚服务的人又怎么样呢？你能不称赞他们的勇敢和不计个人利害的精神吗？

阿：我称赞他们，只是不称赞其中那些缺乏自知之明的，因为

有许多人称赞他们而竟以为自己真是一个政治家了的人们。

苏：你是什么意思呢？你不原谅他们一点吗？一个人不会量尺
寸，另外有许多人也不会量尺寸，但他们告诉他说他身长四肘尺，
你认为他能不相信这个关于他身长的说法吗？ E

阿：他怎能不相信呢？

苏：因此，你别对他们生气。因为，他们不也挺可怜吗？他们像我刚才说过的那样不停地制定和修改法律，总希望找到一个办法来杜绝商业上的以及我刚才所说的那些其他方面的弊端，他们不明白，他们这样做其实等于在砍九头蛇①的脑袋。

阿：的确，他们所做的正是这样的事。 427

苏：因此我认为，真正的立法家不应当把力气花在法律和宪法方面做这一类的事情，不论是在政治秩序不良的国家还是在政治秩序良好的国家；因为在政治秩序不良的国家里法律和宪法是无济于事的，而在秩序良好的国家里法律和宪法有的不难设计出来，有的则可以从前人的法律条例中很方便地引申出来。

阿：那么，在立法方面还有什么要我们做的事呢？ B

苏：没什么还要我们做的，特尔斐的阿波罗还有事要做，他还有最重大最崇高最主要的法律要规定。

阿：有哪些？

苏：祭神的庙宇和仪式，以及对神、半神和英雄崇拜的其他形
式，还有对死者的殡葬以及安魂退鬼所必须举行的仪式。这些事是 C
我们所不知道的，作为一个城邦的建立者的我们，如果是有头脑的，也不会把有关这些事的法律委诸别的解释者而不委诸我们祖传的这位神祇的。因为，这位神乃是给全人类解释他们祖先的这些宗教律令的神祇，我们的祖先就是在这位大神的设在大地中央的脐石上的他的神座上传达他的解释的。

① 古希腊神话中的怪蛇，九个头，斩去一头又生两头。

阿：你说得很好，我们必须这样做。

D 苏：因此，阿里斯同之子，你们的城邦已经可以说是建立起来了。接下来的事情就是要从某个地方弄到足够的灯光来照明，以便你自己，还要叫来你的兄弟，玻勒马霍斯以及其他朋友来帮你一起，寻找一下，看看我们是否能用什么办法发现，在城里什么地方有正义，在什么地方有不正义，两者之间区别又何在，以及想要得到幸福的人必须具有正义呢还是不正义呢，不论诸神和人们是否知道。①

格劳孔：废话，你曾答应要亲自寻找正义的。你曾说过，你如
E 果不想尽一切办法尽力帮助正义，就是不虔敬的人。

苏：我确曾这样说过，我必须这样做，但你也应助我一臂之力。

格：我们愿意。

苏：因此我希望用如下的办法找到它。我认为我们的城邦假定已经正确地建立起来了，它就应是善的。

格：必定的。

苏：那么可想而知，这个国家一定是智慧的、勇敢的、节制的和正义的。

格：这是很明白的。

（柏拉图：《理想国》，Ⅳ，423E—427E，郭斌和、张竹明译，商务印书馆 1986 年版，第 138—144 页。）

5. 教育是一种艺术

514 苏：接下来让我们把受过教育的人与没受过教育的人的本质比
作下述情形。让我们想象一个洞穴式的地下室，它有一条长长通道
通向外面，可让和洞穴一样宽的一束亮光照进来。有一些人从小就
B 住在这洞穴里，头颈和腿脚都绑着，不能走动也不能转头，只能向

① 367E。

前看着洞穴后壁。让我们再想象在他们背后远处高些的地方有东西燃烧着发出火光。在火光和这些被囚禁者之间，在洞外上面有一条路。沿着路边已筑有一带矮墙。矮墙的作用像傀儡戏演员在自己和观众之间设的一道屏障，他们把木偶举到屏障上头去表演。

格：我看见了。

苏：接下来让我们想象有一些人拿着各种器物举过墙头，从墙
后面走过，有的还举着用木料、石料或其他材料制作的假人和假 515
兽。而这些过路人，你可以料到有的在说话，有的不在说话。

格：你说的是一个奇特的比喻和一些奇特的囚徒。

苏：不，他们是一些和我们一样的人。你且说说看，你认为这些囚徒除了火光投射到他们对面洞壁上的阴影而外，他们还能看到自己的或同伴们的什么呢？

格：如果他们一辈子头颈被限制了不能转动，他们又怎样能看 B
到别的什么呢？

苏：那么，后面路上人举着过去的东西，除了它们的阴影而外，囚徒们能看到它们别的什么吗？

格：当然不能。

苏：那么，如果囚徒们能彼此交谈，你不认为，他们会断定，他们在讲自己所看到的阴影时是在讲真物本身吗？

格：必定如此。

苏：又，如果一个过路人发出声音，引起囚徒对面洞壁的回声，你不认为，囚徒们会断定，这是他们对面洞壁上移动的阴影发出的吗？

格：他们一定会这样断定的。

苏：因此无疑，这种人不会想到，上述事物除阴影而外还有什 C
么别的实在。

格：无疑的。

苏：那么，请设想一下，如果他们被解除禁锢，矫正迷误，你

认为这时他们会怎样呢？如果真的发生如下的事情：其中有一人被解除了桎梏，被迫突然站了起来，转头环视，走动，抬头看望火光，你认为这时他会怎样呢？他在做这些动作时会感觉痛苦的，并
D 且，由于眼花缭乱，他无法看见那些他原来只看见其阴影的实物。如果有人告诉他，说他过去惯常看到的全然是虚假，如今他由于被扭向了比较真实的器物，比较地接近了实在，所见比较真实了，你认为他听了这话会说些什么呢？如果再有人把墙头上过去的每一器物指给他看，并且逼他说出那是些什么，你不认为，这时他会不知说什么是好，并且认为他过去所看到的阴影比现在所看到的实物更真实吗？

格：更真实得多呀！

IIE 苏：如果他被迫看火光本身，他的眼睛会感到痛苦，他会转身走开，仍旧逃向那些他能够看清而且确实认为比人家所指示的实物还更清楚更实在的影像的。不是吗？

格：会这样的。

苏：再说，如果有人硬拉他走上一条陡峭崎岖的坡道，直到把他拉出洞穴见到了外面的阳光，不让他中途退回去，他会觉得这样
516 被强迫着走很痛苦，并且感到恼火；当他来到阳光下时，他会觉得眼前金星乱蹦金蛇乱串，以致无法看见任何一个现在被称为真实的事物的。你不认为会这样吗？

格：噢，的确不是一下子就能看得见的。

苏：因此我认为，要他能在洞穴外面的高处看得见东西，大概需要有一个逐渐适应的过程。首先大概看阴影是最容易，其次要数看人和其他东西在水中的倒影容易，再次是看东西本身；经过这些
B 之后他大概会觉得在夜里观察天象和天空本身，看月光和星光，比白天看太阳和太阳光容易。

格：当然啰。

苏：这样一来，我认为，他大概终于就能直接观看太阳本身，

看见它的真相了，就可以不必通过水中的倒影或影像，或任何其他媒介中显示出的影像看它了，就可以在它本来的地方就其本身看见其本相了。

格：这是一定的。

苏：接着他大概对此已经可以得出结论了：造成四季交替和年
岁周期，主宰可见世界一切事物的正是这个太阳，它也就是他们过 C
去通过某种曲折看见的所有那些事物的原因。

格：显然，他大概会接着得出这样的结论。

苏：如果他回想自己当初的穴居、那个时候的智力水平，以及禁锢中的伙伴们，你不认为，他会庆幸自己的这一变迁，而替伙伴们遗憾吗？

格：确实会的。

苏：如果囚徒们之间曾有过某种选举，也有人在其中赢得过尊
荣，而那些敏于辨别而且最能记住过往影像的惯常次序，因而最能 D
预言后面还有什么影像会跟上来的人还得到过奖励，你认为这个既
已解放了的人他会再热衷于这种奖赏吗？对那些受到囚徒们尊重并
成了他们领袖的人，他会心怀嫉妒，和他们争夺那里的权力地位
吗？或者，还是会像荷马所说的那样，他宁愿活在人世上做一个穷
人的奴隶，受苦受难，也不愿和囚徒们有共同意见，再过他们那种 E
生活呢？

格：我想，他会宁愿忍受任何苦楚也不愿再过囚徒生活的。

苏：如果他又回到地穴中坐在他原来的位置上，你认为会怎么样呢？他由于突然地离开阳光走进地穴，他的眼睛不会因黑暗而变得什么也看不见吗？

格：一定是这样的。

苏：这时他的视力还很模糊，还没来得及习惯于黑暗——再习
惯于黑暗所需的时间也不会是很短的。如果有人趁这时就要他和那 517
些始终禁锢在地穴中的人们较量一下“评价影像”，他不会遭到笑

话吗？人家不会说他到上面去走了一趟，回来眼睛就坏了，不会说
甚至连起一个往上去的念头都是不值得的吗？要是把那个打算释放
他们并把他们带到上面去的人逮住杀掉是可以的话，他们不会杀掉
他吗？

格：他们一定会的。

Ⅲ 苏：亲爱的格劳孔，现在我们必须把这个比喻整个儿地应用到
B 前面讲过的事情上去，把地穴囚室比喻可见世界，把火光比喻太阳
的能力。如果你把从地穴到上面世界并在上面看见东西的上升过程
和灵魂上升到可知世界的上升过程联想起来，你就领会对了我的这
一解释了，既然你急于要听我的解释。至于这一解释本身是不是对，
这是只有神才知道的。但是无论如何，我觉得，在可知世界中最后
看见的，而且要花很大的努力才能最后看见的东西乃是善的理念。
C 我们一旦看见了它，就必定能得出下述结论：它的确就是一切事物
中一切正确者和美者的原因，就是可见世界中创造光和光源者，在
可理知世界中它本身就是真理和理性的决定性源泉；任何人凡能在
私人生活或公共生活中行事合乎理性的，必定是看见了善的理论的。

格：就我所能了解的而言，我都同意。

苏：那么来吧，你也来同意我下述的看法吧，而且在看到下述
情形时别感到奇怪吧：那些已达到这一高度的人不愿意做那些琐碎
D 俗事，他们的心灵永远渴望逗留在高处的真实之境。如果我们的比
喻是合适的话，这种情形应该是不奇怪的。

格：是不足为怪的。

苏：再说，如果有人从神圣的观察再回到人事；他在还看不见
东西还没有变得足够地习惯于黑暗环境时，就被迫在法庭上或其他
E 什么地方同人家争讼关于正义的影子或产生影子的偶像，辩论从未
见过正义本身的人头脑里关于正义的观念。如果他在这样做时显得
样子很难看举止极可笑，你认为值得奇怪吗？

格：一点也不值得奇怪。

苏：但是，凡有头脑的人都会记得，眼睛有性质不同的两种迷 518
盲，它们是由两种相应的原因引起的：一是由亮处到了暗处，另一
是由暗处到了亮处。凡有头脑的人也都会相信，灵魂也能出现同样
的情况。他在看到某个灵魂发生迷盲不能看清事物时，不会不假思
索就予以嘲笑的，他会考察一下，灵魂的视觉是因为离开了较光明
的生活被不习惯的黑暗迷误了的呢，还是由于离开了无知的黑暗进
入了比较光明的世界，较大的亮光使它失去了视觉的呢？于是他会 B
认为一种经验与生活道路是幸福的，另一种经验与生活道路是可怜
的；如果他想笑一笑的话，那么从下面到上面去的那一种是不及从
上面的亮处到下面来的这一种可笑的。

格：你说得非常有道理。

苏：如果这是正确的，那么关于这些事，我们就必须有如下的 Ⅳ
看法：教育实际上并不像某些人在自己的职业中所宣称的那样。他
们宣称，他们能把灵魂里原来没有的知识灌输到灵魂里去，好像他 C
们能把视力放进瞎子的眼睛里去似的。

格：他们确曾有过这种说法。

苏：但是我们现在的论证说明，知识是每个人灵魂里都有的一
种能力，而每个人用以学习的器官就像眼睛。——整个身体不改变
方向，眼睛是无法离开黑暗转向光明的。同样，作为整体的灵魂必
须转离变化世界，直至它的“眼睛”得以正面观看实在，观看所有
实在中最明亮者，即我们所说的善者。是这样吧？ D

格：是的。

苏：于是这方面或许有一种灵魂转向的技巧，即一种使灵魂尽可能容易尽可能有效地转向的技巧。它不是要在灵魂中创造视力，而是肯定灵魂本身有视力，但认为它不能正确地把握方向，或不是在看该看的方向，因而想方设法努力促使它转向。

格：很可能有这种技巧。

苏：因此，灵魂的其他所谓美德似乎近于身体的优点，身体的

E 优点确实不是身体里本来就有的，是后天的教育和实践培养起来
的。但是心灵的优点似乎确实有比较神圣的性质，是一种永远不会
519 丧失能力的东西；因所取的方向不同，它可以变得有用而有益也可
以变得无用而有害。有一种通常被说成是机灵的坏人。你有没有注
意过，他们的目光是多么敏锐？他们的灵魂是小①的，但是在那些
受到他们注意的事情上，他们的视力是够尖锐的。他们的“小”不
在于视力贫弱，而在于视力被迫服务于恶，结果是，他们的视力愈
敏锐，恶事就也做得愈多。

格：这是真的。

苏：但是，假设这种灵魂的这一部分从小就已得到锤炼，已经
B 因此如同释去了重负，——这种重负是这个变化世界里所本有的，
是拖住人们灵魂的视力使它只能看见下面事物的那些感官的纵欲如
贪食之类所紧缠在人们身上的。——假设重负已释，这同一些人的
灵魂的同一部分被扭向了真理，它们看真理就会有同样敏锐的视
力，像现在看它们面向的事物时那样。

格：很可能的。

苏：那么，没受过教育不知道真理的人和被允许终身完全从事
知识研究的人，都是不能胜任治理国家的。这个结论不也是很对
的，而且还是上述理论的必然结论吗？因为没受过教育的人不能把
C 自己的全部公私活动都集中于一个生活目标；而知识分子又不能自
愿地做任何实际的事情，而是在自己还活着的时候就想象自己已离
开这个世界进入乐园了。

格：对。

苏：因此，我们作为这个国家的建立者的职责，就是要迫使最
D 好的灵魂达到我们前面说是最高的知识，看见善，并上升到那个高
度；而当他们已到达这个高度并且看够了时，我们不让他们像现在

①“小”这个字的含义，类似我国所谓“君子、小人”中的“小”。

容许他们做的那样。

格：什么意思？

苏：逗留在上面不愿再下到囚徒中去，和他们同劳苦共荣誉，不论大小。

格：你这是说我们要委屈他们，让他们过较低级的生活了，在他们能过较高级生活的时候？

苏：朋友，你又忘了，我们的立法不是为城邦任何一个阶级的 V E
特殊幸福，而是为了造成全国作为一个整体的幸福。它运用说服或
强制，使全体公民彼此协调和谐，使他们把各自能向集体提供的利
益让大家分享。而它在城邦里造就这样的人，其目的就在于让他们 520
不致各行其是，把他们团结成为一个不可分的城邦公民集体。

格：我忘了。你的话很对。

苏：那么，格劳孔，你得看到，我们对我们之中出现的哲学家
也不会是不公正的；我们强迫他们关心和护卫其他公民的主张也是
公正的。我们将告诉他们：哲学家生在别的国家中有理由拒不参加
辛苦的政治工作，因为他们完全是自发地产生的，不是政府有意识 B
地培养造就的；一切自力更生不是被培养而产生的人才不欠任何人
的情，因而没有热切要报答培育之恩的心情，那是正当的。但是我
们已经培养了你们——既为你们自己也为城邦的其他公民——做蜂
房中的蜂王和领袖；你们受到了比别人更好更完全的教育，有更大 C
的能力参加两种生活①。因此你们每个人在轮值时必须下去和其他
人同住，习惯于观看模糊影像。须知，一经习惯，你就会比他们看
得清楚不知多少倍的，就能辨别各种不同的影子，并且知道影子所
反映的东西的，因为你已经看见过美者、正义者和善者的真实。

（柏拉图：《理想国》，Ⅶ，514A—519C，郭斌和、张竹明译，商务印书馆 1986 年版，第 272—280 页。）

---

① 哲学生活和政治生活。

（二）论人和世界

1.“两个世界：真理和意见”

格：那么，哪些人是真正的哲学家呢？

苏：那些眼睛盯着真理的人。

格：这话很对，不过你所指的究竟是什么意思呢？

苏：和别人讲很难说得明白，但是和你讲，我想，你会同意我下述论点的。

格：什么论点？

苏：美与丑是对立的，它们是二。

476 格：哦，当然。

苏：它们既是二，各自则为一。

格：是的。

苏：我们可以同样说别的相反的东西，正义与非正义、善与恶，以及其他类似的理念。这个说法作如下表述也能成立：就它们本身而言，各自为一，但由于它们和行动及物体相结合，它们彼此互相结合又显得无处不是多。

格：你说得对。

苏：那么，我这里一定要画一条线把两种人分开来。在那一边
B 是你说过的看戏迷、艺术迷、爱干实务的人；在这一边是我们所讨论的这种人。只有这边的这些人才配叫作哲学家。

格：你说的是什么意思？

苏：一种人是声色的爱好者，喜欢美的声调、美的色彩、美的形状以及一切由此而组成的艺术作品。但是他们的思想不能认识并喜爱美本身。

格：确实如此。

苏：另一种人能够理解美本身，就美本身领会到美本身，这种人不是很少吗？

格：很少，很少。 C

苏：那么，一个人能够认识许多美的东西，但不能认识美本身，别人引导他去认识美本身，他还总是跟不上——你认为这种人的一生是如在梦中呢还是清醒的呢？请你想想看，一个人无论是睡着还是醒着，他把相似的东西当成了事物本身，他还不等于在梦中吗？

格：我当然要说，他的一生如在梦中。

苏：好，再说相反的一种人，这种人认识美本身，能够分别美 D
本身和包括美本身在内的许多具体的东西，又不把美本身与含有美的许多个别东西，彼此混淆。这个人的一生，据你看来，是清醒的呢，还是在梦中呢？

格：他是完全清醒的。

苏：那么，我们说能有这种认识的这种人的心智具有“知识”，而前一种人，由于只能有那样的“意见”，所以我们说他们的心智有的只是意见而已，这样说不对吗？

格：当然对的。

苏：假使那个如我们所说的，只有意见，没有知识的人，大发
脾气，不服我们的说法，说我们是在欺骗他，那么，我们要不要好 E
言相慰，然后婉转地让他知道，他的心智是不太正常的呢？

格：我们应该婉转地让他知道这一点。

苏：那么让我们想一想对他该说些什么话吧。我们要不要这样说：他们有知识，我们非但不妒忌，反而很高兴。然后再问他肯不肯答复下面这个问题：“一个有知识的人，总是知道一点点的呢还是一无所知的呢？”你来代他答复一下看。

格：我将这样答复——“这个人总是知道一点点的”。

苏：这个“一点点”是“有”还是“无”①？

① “有”“无”或译为“存在”“不存在”。

477 格：“一点点”是“有”，“无”怎么可知呢？

苏：因此，即使从一切方面来考虑这个问题，我们都完全可以断言，完全有的东西是完全可知的；完全不能有的东西是完全不可知的。

格：是的，完全可以这样断言。

苏：好，假使有这样一种东西，它既是有又是无，那么这种东西能够是介于全然有与全然无之间的吗？

格：能够是的。

苏：那么，既然知识与有相关，而无知必然与无相关，因此，
B 我们必须要找出和无知与知识之间的状况相对应的东西来，如果有这种东西的话。

格：是的。

苏：不是有一种我们叫作“意见”的东西吗？

格：有的。

苏：它和知识是同一种能力呢还是另一种能力呢？

格：是另一种能力。

苏：意见与知识由于是不同的能力，它们必然有不同的相关者。

格：必然有。

苏：因此，知识天然地与有相关，知识就是知道有和有者的存在状况。不过等一等，这里有一个区别，我认为必须把它说明一下。

格：什么区别？

C 苏：让我把我们身上以及其他一切东西所具有的功能归并起来作为一个类，即，使我们能够做各种力所能及的工作的“能力”。例如视、听就是我们指的这种能力①，如果对我所指的这个类你和

---

① 官能。

我有相同理解的话。

格：我也这样理解。

苏：那么让我把我对这些功能的印象告诉你吧。我看不到功能有颜色、形状或其他类似的，在别的许多场合，我凭它们就能划分
各类事物的那种特质。对于功能我只注意一件事，即它的相关者和 D
效果。我就是凭这个来把各种功能称作一个功能的。关系着同一件事完成同一件事，我们就说功能是同一功能；关系着不同的事，完成不同的事，我们就说功能是不同的功能。你以为怎样？你是不是这样做的？

格：同你一样。

苏：那么，我的好朋友，言归正传。请你告诉我，你以为“知
识”是一种能力吗？或者，你还有别的归类方法吗？ E

格：没有别的归类法，能力是所有功能中力量最大的一种。

苏：“意见”怎么样？我们应该不把它归入能力而归入别的什么类吗？

格：不行。因为使我们能有意见的力量只能是形成意见的能力不能是别的。

苏：但是，不久以前你刚同意过说知识与意见①不是一回事呀。

格：是的，因为没有一个明白事理的人会把绝对不会有错误的东西和容易有错误的东西混为一谈的。

苏：好极了。我们显然看法相同：意见和知识不是一回事。

格：它们不是一回事。 478

苏：因此，它们各有各的相关者，既然它们各有各的能力。

格：必然如此。

苏：据我看，知识与“有”相关，知识的目的在于认识“有”

---

① 知识ε πιστήμη，意见 δ όζα。

的状况。

格：是的。

苏：至于意见，我们认为它不过形成意见。

格：是的。

苏：知识的对象与意见的对象相同，可知的东西和可以对之有意见的东西也将相同呢，还是说，它们是不可能相同的呢？

格：根据我们一致同意的原则来看，它们不可能是相同的。如
B 果不同的能力天然有不同的对象，又，如我们主张的，意见与知识是不同的能力，那么，知识与意见的对象也当然是不同的了。

苏：如果“有”是知识的对象，那么意见的对象一定不是有，而是另外一种东西了，对吗？

格：对的，一定是另外一种东西。

苏：那么意见的对象是“无”吗？还是说，关于“无”连有一个“意见”也是不行的呢？想想看吧。一个有意见的人他的意见不是对某种东西的吗？或者请问：一个人有意见，却是对于无的意见——这是可能的吗？

格：不，这是不可能的。

苏：因此，一个具有意见的人就是对某一个东西具有意见了？

格：是的。

苏：既是无，就不能说它是“某个东西”——只有称它“无”
C 是最正确的。

格：是的。

苏：那么，我们必须把关于“无”者称作无知，把关于“有”者称作知识。

格：很对。

苏：那么一个人具有意见就既不是对于有的也不是对于无的了。

格：的确，都不是的。

苏：所以意见既非无知，亦非知识。

格：看来是这样。

苏：那么是不是超出它们，是不是比知识更明朗，比无知更阴暗？

格：都不是。

苏：因此，你是不是把意见看作比知识阴暗，比无知明朗。

格：完全是这个想法。

苏：是介于两者之间？

格：是的。 D

苏：因此，意见就是知识和无知两者之间的东西了。

格：绝对是的。

苏：我们前面说过：如果有什么东西显得既是有，同时又是无，那它就处于完全的有和完全的无之间，与之对应的能力就既不是知识又不是无知，而是处于这两者之间的一种能力。我们不是这么说过吗？

格：对的。

苏：我们刚才看到了，在知识和无知之间有一种被我们称为意见的东西。

格：看到了。

苏：那么剩下来要我们做的事情就是去发现既是有又是无，不 E
能无条件地说它仅是有或仅是无的那种东西了。如果我们能找到它，我们就相当有理由说这就是意见的对象，于是把两端的东西与两端相关联，把中间的东西与中间相关联。我这样说你能同意吗？

格：同意。

苏：这些原则已经肯定了。现在让那位爱看景物的人有话可以
说出来，我要让他答复我的问题。他不相信有永远不变的美本身或 479
美的理念，而只相信有许多美的东西，他绝对不信任何人的话，不信美本身是“一”，正义本身是“一”，以及其他东西本身是“一”，

等等。我们问他：我的好朋友，在这许许多多美的东西里，难道没有一丁点儿丑的东西吗？在许许多多正义的东西里，难道没有一丁点儿不正义的东西吗？在许许多多虔诚的东西里，难道没有一丁点儿不虔诚的东西吗？

格：不，必定有的。这许多美的东西都会以某种方式显得既是
B 美的，又是丑的。你所问及的其他东西也无不如此。

苏：还有许多东西不是有些东西的双倍吗？它们显得是一样东西的双倍，难道不同样又显得是另一样东西的一半吗？

格：是的。

苏：还有许多东西我们说它们是大的或小的，轻的或重的，难道不可以同样把大的看作小的，小的看作大的，轻的看作重的，重的看作轻的吗？

格：都是可以的。彼此可以互通的。

苏：那么，这些多样性的东西中每一个是不是只能说是这样的而不能（如有些人主张的）是那样的呢？

格：这很像那些在宴席上用模棱两可的话难人的把戏，或小孩
C 子玩的猜那个含义模棱的谜语一样——那个关于太监用什么东西打一只蝙蝠，蝙蝠停在什么东西上的谜语①。这些事物都太模棱，以致无法确切决定，究竟是它还是非它；还是，既是它又是非它，或者还是，既不是它，也不是非它。

苏：那么，你有没有对付它们的办法呢？除了在“是”和“不是”之间，你还能找到什么更好的地方去安置它们吗？须知，不可能找到比不存在更暗的地方，以致使它更不实在些，也不可能找到
D 比存在有更明朗的地方，以致使它更实在些。

格：极是极是。

---

① 谜语是：一个男人（又非男人）见（又非见）鸟（又非鸟）停在一根树枝（又非树枝）上，用石块（又非石块）打它。谜底应是：太监瞥见一只蝙蝠停在一根芦苇上，用一块轻石片去打它。

苏：因此看来，我们似乎已经发现到了：一般人关于美的东西以及其他东西的平常看法，游动于绝对存在和绝对不存在之间。

格：的确是的。

苏：但是我们在前面已一致同意：如果我们找到了这类东西，它应该被说成是意见的对象，而不应该被说成是知识的对象；这种东西游动于中间地区，且为中间的能力或官能所理解。

格：是的，我们同意过。

苏：因此，那些只看到许许多多**美的东西**，许许多多正义的东西，许许多多其他的东西的人，虽然有人指导，他们也始终不能看 E
到**美本身**，正义等等本身。关于他们我们要说，他们对一切都只能有意见，对于那些他们具有意见的东西谈不上有所知。

格：这是必定的。

苏：相反，关于那些能看到每一事物本身，甚至永恒事物的人们，我们该说什么呢？我们不应该说他们具有知识而不是具有意见吗？

格：必定说他们具有知识。

苏：我们不想说，他们专心致志于知识的对象，而另一种人只
注意于意见的对象吗？你还记得吗，我曾说过，后一种人专注意于 480
声色之美以及其他种种，他们绝对想不到世上会有美本身，并且是实在的？

格：是的，我们还记得。

苏：因此，如果我们称他们为爱意见者，而不称他们为爱智者，我们不会有什么冒犯他们吧？如果我们这样说，他们会对我们生气吗？

格：他们如果相信我的劝告，是不会生气的。因为对真理生气是不对的。

苏：那些专心致志于每样东西的存在本身的人，我们是不是必须称他们为爱智者而不称他们为爱意见者呢？

格：是的，当然是的。

（柏拉图：《理想国》，V，475D—477E，郭斌和、张竹明译，商务印书馆 1986 年版，第 218—227 页。）

D 苏：那么请你设想，正如我所说的，有两个王，一个统治着可知世界，另一个统治着可见世界——我不说“天界”，免得你以为我在玩弄术语——你是一定懂得这两种东西的：可见世界和可知世界。

格：是的，我懂得。

苏：那么请你用一条线来代表它们：把这条线分成不相等的两部分，然后把这两部分的每一部分按同样的比例再分成两个部分。假定第一次分的两个部分中，一个部分相当于可见世界，另一个部分相当于可知世界；然后再比较第二次分成的部分，以表示清楚与不清楚的程度，你就会发现，可见世界区间内的第一部分可以代表
E 影像。所谓影像我指的首先是阴影，其次是在水里或平滑固体上反
510 射出来的影子或其他类似的东西，你懂我的意思吗？

格：我懂你的意思。

苏：再说第二部分：第一部分是它的影像，它是第一部分的实物，它就是我们周围的动物以及一切自然物和全部人造物。

格：好，就是这样吧。

苏：你是否愿意说，可见世界的这两个部分的比例表示真实性或不真实性程度的比例呢，影像与实物之比正如意见世界与知识世界之比呢？

B 格：非常愿意这么说。

苏：请你再进而考察可知世界划分的方法吧。

格：它是怎样划分的呢？

苏：是这样划分的。这个世界划分成两个部分，在第一部分里面，灵魂把可见世界中的那些本身也有自己的影像的实物作为影像；研究只能由假定出发，而且不是由假定上升到原理，而是由假

定下降到结论；在第二部分里，灵魂相反，是从假定上升到高于假定的原理；不像在前一部分中那样使用影像，而只用理念，完全用理念来进行研究。

格：我不完全懂你的意思。

苏：既然这样，我们再来试一试，等我作了一点序文式的解 C
释，你就会更明白我的意思的。我想你知道，研究几何学、算学以
及这一类学问的人，首先要假定偶数与奇数、各种图形、三种角以
及其他诸如此类的东西。他们把这些东西看成已知的，看成绝对假
设，他们假定关于这些东西是不需要对他们自己或别人作任何说明
的，这些东西是任何人都明白的。他们就从这些假设出发，通过首
尾一贯的推理最后达到他们所追求的结论。 D

格：是的，这我知道。

苏：你也知道，虽然他们利用各种可见的图形，讨论它们，但
是处于他们思考中的实际上并不是这些图形，而是这些图形所模仿
的那些东西。他们所讨论的并不是他们所画的某个特殊的正方形或
某条特殊的对角线等等，而是正方形本身，对角线本身等等。他们 E
所作的图形乃是实物，有其水中的影子或影像。但是现在他们又把
这些东西当作影像，而他们实际要求看到的则是只有用思想才能
“看到”的那些实在。 511

格：是的。

苏：因此这种东西虽然确实属于我所说的可知的东西一类，但 XXI
是有两点除外：第一，在研究它们的过程中必须要用假设，灵魂由于不能突破与超出这些假设，因此不能向上活动而达到原理；第二，在研究它们的过程中利用了在它们下面一部分中的那些实物作影像——虽然这些实物也有自己的影像，并且是比自己的影像来得更清楚的更重要的。

格：我懂得你所说的是几何学和同几何学相近的学科。 B

苏：至于讲到可知世界的另一部分，你要明白，我指的是逻各

斯本身凭着辩证的力量而达到的那种知识。在这里假设不是被用作
原理，而是仅仅被用作假设，即，被用作一定阶段的起点，以便从
这个起点一直上升到一个高于假设的世界，上升到绝对原理，并且
在达到绝对原理之后，又回过头来把握那些以绝对原理为根据提出
C 来的东西，最后下降到结论。在这过程中不靠使用任何感性事物，
而只使用理念，从一个理念到另一个理念，并且最后归结到理念。

格：我懂得你的意思了；但是懂得不完全，因为你所描述的这
个过程在我看来不是一件简单的事情。不过无论如何我总算懂得
了，你的意思是要把辩证法所研究的可知的实在和那些把假设当作
原理的所谓技术的对象区别开来，认为前者比后者更实在；虽然研
D 究技术的人［在从假设出发研究时］也不得不用理智而不用感觉，
但是由于他们的研究是从假设出发而不上升到绝对原理的，因此你
不认为他们具有真正的理性，虽然这些对象在和绝对原理联系起来
时是可知的。我想你会把几何学家和研究这类学问的人的心理状态
叫作理智而不叫作理性，把理智看成是介乎理性和意见之间的东
西的。

苏：你很懂得我的意思了。现在你得承认，相应于这四个部分
有四种灵魂状态：相当于最高一部分的是理性，相当于第二部分的
E 是理智，相当于第三部分的是信念，相当于最后一部分的是想象。
请你把它们按比例排列起来，给予每一个以和各部分相当程度的真
实性。

格：我懂你的意思，也同意你的意见，并且愿意按照你的意见
把它们排列起来。

（柏拉图：《理想国》，Ⅳ，509D—511E，郭斌和、张竹明译，商务印书馆1986年版，第268—271页。）

2. 三种人与教育

苏：我们必须从所有护卫者里选择那些在我们观察中显得最愿
E 毕生鞠躬尽瘁，为国家利益效劳，而绝不愿做任何不利于国家的事

情的人。

格：选择这些人是最妥当的了。

苏：其次，我觉得，我们还得随时考察他们，看他们是否能终身保持这种护卫国家的信念，是否既非魔术又非武力所能于不知不觉之间使他们放弃为国尽力的信念①的？

格：你所说的“放弃”是指的什么？

苏：让我来告诉你。我觉得，一个意见②之离开心灵，或为自
愿的，或为不自愿的。一个错误意见离开学好了的人是自愿的离 413
开，一切正确意见的离开是不自愿的离开。

格：我理解自愿的那个，但是我希望听你讲讲不自愿的那个。

苏：啊，可以。人们总是不愿意失掉好的东西，而愿意丢掉坏的东西，你同意我这个想法吗？难道在真理上的受骗不是坏事，得到真理不是好事吗？你难道不认为取得反映真实的意见是得到真理吗？

格：你说得很对。我也认为，人们的正确意见总是不愿被剥夺的。

苏：不自愿的放弃总是发生在人们被巧取豪夺——或被欺骗诱惑或被强力压迫的情况下。

格：此刻你讲的巧取豪夺的两种情况是什么意思我都不懂。

苏：我一定是像悲剧角色在讲话，有点晦涩了。所谓“被欺骗 B
诱惑”，我的意思是指人们经过辩论，被人说服了，或者经过一段
时间忘掉了，于不知不觉间放弃了原来的意见。现在你也许懂
了吧？

格：是的。

苏：所谓“被强力压迫”，我的意思是指有些困苦或忧患逼得

---

① δόζα，“决定”“意见”。这里译“信念”，比较明达些。

② “意见”，和前注“信念”是一个词，在希腊文同为 δόξα。

人们改变了原有的意见。

格：我也懂了。我想你所说的是对的。

C 苏：至于“被欺骗诱惑者”我想你会同意我是指那些人：他们受享乐引诱，或者怕字当头，有所畏惧，改变了意见。

格：是的，凡是带欺骗性的东西，总是起一种魔术般的迷惑作用。

苏：言归正传，我们必须寻找坚持原则孜孜不倦为他们所认为的国家利益服务的那些护卫者。我们必须从他们幼年时起，就考察他们，要他们做工作，在工作中考察他们。其中有的人可能会忘掉
D 那个原则，受了欺骗。我们必须选择那些不忘原则的，不易受骗的人做护卫者，而舍弃其余的人。你同意吗？

格：同意。

苏：再者，劳其筋骨、苦其心志，见贤思齐，我们也要在这些方面注意考察他们。

格：极是。

苏：好，让我们再进行第三种反欺骗诱惑的考察，看他们是否经得起。你知道人们把小马带到嘈杂喧哗的地方去，看它们怕不怕；同样，我们也要把年轻人放到贫穷忧患中去，然后再把他们放
E 到锦衣玉食的环境中去，同时，比人们用烈火炼金制造金器还要细心得多地去考察他们，看他们受不受外界的引诱，是不是泰然无动于衷，守身如玉，做一个自己的好的护卫者，是不是能护卫自己已受的文化修养，维持那些心灵状态在他身上的谐和与真正的节奏（这样的人对国家对自己是最有用的）。人们从童年、青年以至成年经过考验，无懈可击，我们必须把这种人定为国家的统治者和护卫
414 者。当他活着的时候应该给予荣誉，死了以后给他举行公葬和其他的纪念活动。那些不合格的人应该予以排斥。格劳孔啊！我想这就是我们选择和任命统治者和护卫者的总办法。当然这仅仅是个大纲，并不是什么细节都列出来了。

格：我同意，大体上我也觉得事情应该这样做。

苏：我们的确可以在最完全的含义上称这些人为护卫者。他们 B
对外警惕着敌人，内部注意朋友，以至朋友不愿，敌人不敢危害城邦。至于刚才我们称之为护卫者的那些人中的年轻人，则我们称之为辅助者或助手，他们是执行统治者法令的。是这样吧？

格：我也认为是这样。

苏：不久前①，我们刚谈到过偶然使用假话的问题，现在我们或许可以用什么方法说一个那样的高贵的假话，使统治者自己相信（如果可能的话），或者至少使城邦里其他的人相信（如果不能使统 C
治者相信的话）。

格：什么假话？

苏：并没有什么新奇的。这是一个老早以前在世界上许多地方流传过的腓尼基人的传说。它是诗人告诉我们，而我们也信以为真的一个故事。但是这样的故事在今天我们已听不到，也不大可能再听到，它也没有任何说服力可以使人相信了。

格：你似乎吞吞吐吐很不愿意直说出来。

苏：等我讲了你就会懂得我为什么不肯直说了。

格：快讲吧，不要怕。

苏：那么好，我就来讲吧。不过，我还是没有把握我是否能有 D
勇气，是否能找到什么语言来表达我的意思，首先说服统治者们自己和军队，其次说服城邦的其他人：我们给他们教育和培养，其实他们一切如在梦中。实际上他们是在地球深处被孕育被陶铸成的， E
他们的武器和装备也是在那里制造的；地球是他们的母亲，把他们抚养大了，送他们到世界上来。他们一定要把他们出生的土地看作母亲看作保姆，念念不忘，卫国保乡，御侮抗敌，团结一致，有如亲生兄弟一家人似的。

---

① 389B以下。

格：现在我明白你刚才为什么欲言又止，不肯把这个荒唐故事直说出来了。

415 苏：我这样做自有我的理由；不去管它，且听下文。我们在故
事里将要告诉他们：他们虽然一土所生，彼此都是兄弟，但是老天
铸造他们的时候，在有些人的身上加入了黄金，这些人因而是最可
宝贵的，是统治者。在辅助者（军人）的身上加入了白银。在农民
以及其他技工身上加入了铁和铜。但是又由于同属一类，虽则父子
B 天赋相承，有时不免金父生银子，银父生金子，错综变化，不一而
足。所以上天给统治者的命令最重要的就是要他们做后代的好护卫
者，要他们极端注意在后代灵魂深处所混合的究竟是哪一种金属。
如果他们的孩子心灵里混入了一些废铜烂铁，他们决不能稍存姑
C 息，应当把他们放到恰如其分的位置上去，安置于农民工人之间；
如果农民工人的后辈中间发现其天赋中有金有银者，他们就要重视
他，把他提升到护卫者或辅助者中间去。须知，神谕曾经说过“铜
铁当道，国破家亡”，你看你有没有办法使他们相信这个荒唐的
故事？

D 格：不，这些人是永远不会相信这个故事的。不过我看他们的
下一代会相信的，后代的后代子子孙孙迟早总会相信的。

苏：我想我是理解你的意思的。就是说，这样影响还是好的，可以使他们倾向于爱护他们的国家和他们相互爱护。我想就这样口头相传让它流传下去吧！

现在让我们武装这些大地的子孙们，指导他们在统治者的导引
下迈步前进。让他们去看看城邦里最适宜于扎营的地方，从那里他
E 们可以对内镇压不法之徒，对外抗拒虎狼般的入侵之敌。扎下营盘
祭过神祇之后，他们必须做窝。你同意我这个说法吗？

格：我同意。

苏：这些窝要能冬天暖和夏天宽敞吗？

格：当然是的。因为我想你是指他们的住处。

苏：是的，我是指兵士的营房，不是指商人的住房。

格：这两者分别在哪里？

苏：让我来告诉你。对牧羊人来说，人世上最可怕最可耻的事 416
情实在莫过于把那些帮助他们管羊群的猎犬饲养成这个样子：它们
或因放纵或因饥饿或因别的坏脾气，反而去攻击和伤害所保管的羊
群，它们倒像是豺狼而不像是猎犬了。

格：确是可怕。

苏：那么我们要不要注意用我们所能的一切方法防止我们的助 B
手用任何这样的态度来对付人民，并且由于自己比较强，因而使自
己由一个温和的朋友变成了一个野蛮的主子呢？

格：我们一定要这样。

苏：他们要是受过真正好的教育，他们在这方面不就有了主要的保证了吗？

格：他们已经受过好教育了呀！

苏：我们还不能肯定这样说，亲爱的格劳孔，不过我们可以肯
定正在说的那句话，他们一定要有正确的教育（不管它是什么）， C
使他们不仅主要能够对他们自己温文和蔼，而且对他们所治理的人
们也温文和蔼。

格：这话很对。

苏：那么，除了好的教育之外，任何明白事理的人都要说，我们必须给他们住处给他们别的东西，使他们得以安心去做优秀的保卫者，而不要迫使他们在老百姓中间为非作歹。

格：这话说得极是。 D

苏：好，请考虑一下，如果要他们做优秀的护卫者，像我们所
希望的那样，下述这种生活方式，这种住处能行吗？第一，除了绝
对的必需品以外，他们任何人不得有任何私产。第二，任何人不应
该有不是大家所公有的房屋或仓库。至于他们的食粮则由其他公民 E
供应，作为能够打仗既智且勇的护卫者职务的报酬，按照需要，每

年定量供给，既不让多余，亦不使短缺。他们必须同住同吃，像士兵在战场上一样。至于金银我们一定要告诉他们，他们已经从神明处得到了金银，藏于心灵深处，他们更不需要人世间的金银了。他
417 们不应该让它同世俗的金银混杂在一起而受到玷污；因为世俗的金银是罪恶之源，心灵深处的金银是纯洁无瑕的至宝。国民之中只有这些护卫者不敢与金和银发生任何关系，甚至不敢接触它们，不敢和它们同居一室，他们不敢在身上挂一点儿金银的装饰品或者用金杯银杯喝一点儿酒；他们就这样来拯救他们自己，拯救他们的国家。他们要是在任何时候获得一些土地、房屋或金钱，他们就要去搞农业、做买卖，就不再能搞政治做护卫者了。他们就从人民的盟
B 友蜕变为人民的敌人和暴君了；他们恨人民，人民恨他们；他们就会算计人民，人民就要图谋打倒他们；他们终身在恐惧之中，他们就会惧怕人民超过惧怕国外的敌人。结果就会是，他们和国家一起走上灭亡之路，同归于尽。

苏：根据以上所有的理由，让我们就怎样供给护卫者以住处及其他的一切达成一致意见，并且制定为法律吧。我们要不要这样？

格：完全要。

（柏拉图：《理想国》，Ⅲ，413A—417B，郭斌和、张竹明译，商务印书馆 1986 年版，第 125—131 页。）

E 3. 教育与天赋、环境

Ⅵ 苏：我们必须在下面研究哲学家天性的败坏问题：为什么大多数人身上这种天性败坏了，而少数人没有；这少数人就是虽没被说成坏蛋，但被说成无用的那些人。然后我们再考察那些硬打扮成哲
491 学家样子，自称是在研究哲学的人，看一看他们的灵魂天赋，看一看这种人是在怎样奢望着一种他们所不能也不配高攀的研究工作，并且以自己的缺乏一贯原则，所到之处给哲学带来了你所说的那种坏名声。

阿：你所说的败坏是什么意思呢？

苏：我将尽我所知试解释给你听。我想，任何人都会同意我们这一点：像我们刚才要求于一个完美哲学家的这种天赋是很难在人身上生长出来的，即使有，也是只在很少数人身上生长出来的。你 B
不这样认为吗？

阿：的确难得。

苏：请注意，败坏它的那些因素却是又多又强大的呢！

阿：有哪些因素？

苏：就中最使人惊讶的是，我们所称赞的那些自然天赋，其中每一个都能败坏自己所属的那个灵魂，拉着它离开哲学；这我是指的勇敢、节制，以及我们列举过的其余这类品质。

阿：这听起来荒唐。 C

苏：此外还有全部所谓的生活福利——美观、富裕、身强体壮、在城邦里有上层家族关系，以及与此关联的一切——这些因素也都有这种作用，我想你是明白我的意思的。

阿：我明白；但是很高兴听到你更详细的论述。

苏：你要把问题作为一个整体来正确地理解它。这样你就会觉得它很容易明白，对于我前面说的那些话你也就不会认为它荒唐了。

阿：那么你要我怎么来理解呢？

苏：我们知道，任何种子或胚芽（无论植物的还是动物的）如 D
果得不到合适的养分、季节、地点，那么，它愈是强壮，离达到应有的发育成长程度就愈远，因为，恶对善比对不善而言是一更大的反对力量。

阿：是的。

苏：因此我认为这也是很合理的：如果得到的是不适合的培养，那么最好的天赋就会比差的大赋所得到的结果更坏。

阿：是的。

苏：因此，阿得曼托斯啊，我们不是同样可以说：天赋最好的 E

灵魂受到坏的教育之后就会变得比谁都坏吗？或者，你认为巨大的罪行和纯粹的邪恶来自天赋差的，而不是来自天赋好的但被教育败坏了的人吗？须知一个天赋贫弱的人是永远不会做出任何大事（无论好事还是坏事）的。

阿：不，还是你说得对。

492 苏：那么，我们所假定的哲学家的天赋，如果得到了合适的教
导，必定会成长而达到完全的至善。但是，如果他像一株植物，不
是在所需要的环境中被播种培养，就会长成一个完全相反的东西，
除非有什么神力保佑。或者你也像许多人那样，相信真有什么青年
被所谓诡辩家①所败坏，相信真有什么私人诡辩家够得上说败坏了
B 青年？说这些话的人自己才真是最大的诡辩家呢！不正是他们自己
在最成功地教育着男的、女的、老的、少的，并且按照他们自己的
意图在塑造着这些人吗？

阿：什么时候？

苏：每当许多人或聚集到一起开会，或出席法庭听取审判，或
到剧场看戏，或到兵营过军事生活，或参加其他任何公共活动，他
们就利用这些场合大呼小叫，或指责或赞许一些正在做的事或正在
C 说的话，无论他们的指责还是赞许，无不言过其实；他们鼓掌哄
闹，引起岩壁和会场的回声，闹声回声互助声势，变得加倍响亮。
在这种场合你想一个年轻听众的心，如所说的，会怎么活动呢？有
什么私人给他的教导能站得住不被众人的指责或赞许的洪流所卷
D 走？他能不因此跟着大家说话，大家说好他也说好，大家说坏他也
说坏，甚至跟大家一样地行事，并进而成为他们那样的人吗？

阿：苏格拉底啊，这是完全必然的。

Ⅶ 苏：有一个最重要的“必然”我们还从未提到过呢。

---

① 柏拉图这里指像苏格拉底和他自己这类私人教师，与所谓的公众诡辩家对照。后者指那些用雄辩的演说在公共场所影响舆论的政治活动家或野心家。

阿：哪一个呀？

苏：这些教育家和诡辩家在用言词说不服的时候就用行动来强加于人。你没听说过他们用剥夺公民权、罚款和死刑来惩治不服从的人吗？

阿：他们的确是这样干的。

苏：那么，你想有什么别的诡辩家①或私人教师的教导有希望
能在这种力量悬殊的对抗中取得胜利呢？ E

阿：我想是一个也没有的。

苏：连起这种念头都是一个很大的愚蠢。因为用美德教育顶着这股公众教育的势力造就出一种美德来，这样的事情现在没有，过去不曾有过，今后也是永远不会有的。朋友，这我当然是指的人力而不是指的神功，神功（正如俗语所说的）不是一码子事。你大可
以相信，在当前这样的政治状况下，如果竟有什么德性得救，得到 493
一个好的结果，那么，你说这是神力保佑，是不会有错的。

阿：我没有异议。

苏：那么此外还有一点也希望你没有异议。

阿：哪一点？

苏：这些被政治家叫作诡辩派加以敌视的收取学费的私人教师，其实他们并不教授别的，也只教授众人在集会时所说出的意见，并称之为智慧。这完全像一个饲养野兽的人在饲养过程中了解
野兽的习性和要求那样。他了解如何可以同它接近，何时何物能使 B
它变得最为可怕或最为温驯，各种情况下它惯常发出几种什么叫声，什么声音能使它温驯，什么声音能使它发野。这人在不断饲养接触过程中掌握了所有这些知识，把它叫作智慧，组成一套技艺，并用以教人。至于这些意见和要求的真实，其中什么是美的什么是

① 诡辩家初时指教人修辞和辩论术的职业教师，并无贬义，也有译为“智者”的。后来才逐渐堕落为一批指黑为白之徒。

丑的，什么是善的什么是恶的，什么是正义的什么是不正义的，他
C 全都一无所知。他只知道按猛兽的意见使用所有这些名词儿，猛兽所喜欢的，他就称之为善，猛兽所不喜欢的，他就称之为恶。他讲不出任何别的道理来，只知道称必然[①]的东西为正义的和美的。他从未看到过，也没有能力给别人解释必然者和善者的本质实际上差别是多么的大。说真的，你不觉得这样一个人是一个荒谬的教师吗？

阿：是的。

苏：有人认为无论在绘画、音乐[②]，还是甚至政治上，他的智
D 慧就是懂得辨别五光十色的人群集会时所表现出来的喜怒情绪，那么你觉得他和上述饲养野兽的那种人又有什么区别呢？如果一个人和这种群众搞在一起，把自己的诗或其他的什么艺术作品或为城邦服务所做的事情放到他们的面前来听取他们的批评，没有必要地承认群众对他的权威，那么这种所谓“迪俄墨得斯的必须”就会使他创作出（做出）他们所喜欢的东西（事情）来。但是，你可曾听说过有哪一条他拿来证明群众所喜欢的这些东西真是善的和美的理由
E 不是完全荒谬的？

阿：我过去没听说过，我想以后也不会听到的。

Ⅷ 苏：那么，请你把所有这些话牢记心上，再回想到前面的问题上去。能有许多人承认或相信真实存在的只有美本身[③]而不是众多美的事物，或者说，有的只是任何事物本身[④]而不是许多个别特殊的东西？

---

① Διομήδεια ἀναγκη（“迪俄墨得斯的必须”或“迪俄墨得斯的强迫”）是一句俗语，暗指佛拉吉亚的比斯同人的国王迪俄墨得斯的故事。传说这位国王曾强迫自己的俘虏和自己的女儿们同居。ἀνάγηη译为“必然”“必须”“必定”都可以，是一个意思。

② 见第134页注①。

③④ 希腊文αὐτό（本身），作为哲学用语，常常意指从一般的抽象的意义上理解的某事物，即指事物的“本质”“实体”“理念”。

阿：绝对不可能。

苏：因此，能有许多人成为哲学家吗？ 494

阿：不可能。

苏：因此，研究哲学的人受到他们非难是必然的不可避免的。

阿：是必不可免的。

苏：那些跟众人混在一起讨取他们赞许的私人教师，他们非难哲学家也是必然的。

阿：显然是的。

苏：从这些情况你看到天生的哲学家有什么办法可以坚持自己
的研究一直走到底吗？请你考虑这个问题时不要离开我们前面讲过
的话。我们曾一致同意：敏于学习，强于记忆、勇敢、大度是哲学 B
家的天赋。

阿：是的。

苏：这种人从童年起不就常常一直是孩子中的尖子吗，尤其是假如他的身体素质也能和灵魂的天赋相匹配的话？

阿：干吗不是呢？

苏：我想，他的亲友和本城邦的同胞都会打算等他长大了用他为自己办事的。

阿：当然。

苏：因此他们将跪倒在他的脚下，向他祈求，向他致敬，估量 C
着他将来的权力，向他献媚。

阿：这种现象是常见的。

苏：在这种情况下，你以为这个年轻人会怎么样呢，尤其是，
假如他是一个大邦的公民，在这里富有财产，出身高贵，再加上人
品俊秀身材魁伟的话？他不会野心勃勃而不能自制，幻想自己不仅
有能力支配希腊人的事务而且有能力支配希腊世界以外的事务，于 D
是乎妄自尊大骄奢自满起来吗？

阿：他肯定会这样的。

苏：一个处于这种精神状态下的人，如果有别人轻轻地走来对他说真话：他头脑糊涂，需要理性，而理性是只有通过奴隶般的艰苦磨炼才能得到的，你以为在这种恶劣环境里他能容易听得进不同的话吗？

阿：绝对不能。

苏：即使我们假定这个青年由于素质好容易接受忠言，听懂了
E 一点，动了心，被引向了哲学之路，我们可以设想，这时他原来那
个圈子里的人由于预感到自己将不再能得到他的帮忙，他们将如何
动作呢？他们就不说任何话做任何事来阻挠他被说服并使任何想说
495 服他的人都无能为力——既用私人阴谋又用公众控告来达到这个目
的吗？

阿：这是完全必然的。

苏：那么，这个人还能继续研究哲学吗？

阿：根本不可能了。

苏：因此你看到我们说得不错吧：构成哲学家天赋的那些品质本身如果受到坏教育或坏环境的影响，就会成为某种背离哲学研究的原因，跟所谓的美观、富裕，以及所有这类的生活福利一样？

阿：说得对。

B 苏：我的好朋友，适合于最善学问的最佳天赋——我们说过，它在任何情况下都是很难得的——其灭亡的道理就是这样，也就说这么多。对城邦和个人作大恶的人出自这一类；同样，造大福于城邦和个人的人——如果碰巧有潮流带着他朝这方向走的话——也来自这类；反之，天赋平庸的人无论对城邦还是对个人都是做不出什么大事来的。

阿：绝对正确。

C 苏：那些最配得上哲学的人就这么离弃了哲学，使她①孤独凄

---

① 把哲学比作一个妇女。

凉，他们自己也因而过着不合适的不真实的生活；与此同时那些配不上的追求者看到哲学没有亲人保护，乘虚而入，玷污了她，并使她蒙受了（如你指出的）她的反对者加给她的那些恶名——说她的配偶有些是一无用处的，多数是应对许多罪恶负责的。

阿：是的，这些话的确有人说过。

苏：这些话是很有道理的。因为还有一种小人，他们发现这个
地方没有主人，里面却满是美名和荣誉头衔，他们就像一些逃出监 D
狱进了神殿的囚徒一样，跳出了自己的技艺圈子（这些人在自己的
小手艺方面或许还是很巧的），进入了哲学的神殿。须知，哲学虽
然眼下处境不妙，但依然还保有较之其他技艺为高的声誉。许多不
具完善天赋的人就这么被吸引了过来，虽然他们的灵魂已因从事下
贱的技艺和职业而变得残废和畸形，正像他们的身体受到他们的技 E
艺和职业损坏一样。他们被哲学吸引过来不是必然的吗？

阿：是的。

苏：他们不全像一个刚从监狱中释放出来并且走了好运的癞头小铜匠吗：他洗了个澡，穿了件新外套，打扮得像个新郎，去和他主人的女儿——一个失去了照顾，处于贫穷孤独境地的姑娘——结婚？

阿：一模一样。 496

苏：这样的一对能生出什么样的后代呢？不是劣等的下贱货吗？

阿：必然是的。

苏：因此，当那些不配学习哲学的人，不相称地和哲学结合起来的时候，我们该说他们会“生出”什么样的思想和意见来呢？他们不会“生出”确实可以被恰当地叫作诡辩的，其中没有任何真实的，配得上或接近于真知的东西来吗？

阿：的确。

苏：因此，阿得曼托斯，剩下来配得上研究哲学的人就只有其 B

中微乎其微的一小部分了：他们或是出身高贵又受过良好教育的人
处于流放之中，因而没受到腐蚀，依然在真正地从事哲学；或是一
个伟大的灵魂生于一个狭小的城邦，他不屑于关注这个小国的事
务；少数人或许由于天赋优秀，脱离了他所正当藐视的其他技艺，
C 改学了哲学；还有一些人，也许是我们的朋友塞亚格斯①的缺陷束
缚了他们，须知就塞亚格斯而言，背离哲学的所有其他条件都是具
备的，但是他病弱的身体使他脱离了政治，没能背离哲学。至于我
自己的情况则完全是例外，那是神迹，是以前很少有别人遇到过
的，或者压根儿就从来不曾有任何人碰到过的。已经属于这极少数
的道中之人，他们尝到了拥有哲学的甜头和幸福，已经充分地看到
了群众的疯狂，知道在当前的城邦事务中没有什么可以说是健康
D 的，也没有一个人可以作正义战士的盟友，援助他们，使他们免于
毁灭的。这极少数的真哲学家全像一个人落入了野兽群中一样，既
不愿意参与作恶，又不能单枪匹马地对抗所有野兽，因此，大概只
好在能够对城邦或朋友有所帮助之前就对己对人都无贡献地早死
了。——由于所有这些缘故，所以哲学家都保持沉默，只注意自己
的事情。他们就像一个在暴风卷起尘土或雨雪时避于一堵墙下的人
E 一样，看别人干尽不法，但求自己得能终生不沾上不正义和罪恶，
最后怀着善良的愿望和美好的期待而逝世，也就心满意足了。

497 阿：噢，他生前的成就不算最小呀！

苏：[不是最小，但也不算最大。] 要不是碰巧生活在一个合适
的国度里，一个哲学家是不可能有最大成就的，因为只有在一个合
适的国家里，哲学家本人才能得到充分的成长，进而能以保卫自己
的和公共的利益。

XI 哲学受到非议的原因以及非议的不公正性，我觉得我已经解释

① 塞亚格斯其人另见于柏拉图的《苏格拉底的申辩》33E，及伪托的《塞亚格斯》篇对话。他是苏格拉底的学生。

得很充分了。你还有什么要说的话吗？

阿：关于这个问题我再没有什么要说的了。但是你看当今的政治制度哪一种适合于哲学呢？

苏：一个也没有。现行的政治制度我所以怨它们，正是因为其 B
中没有一种是适合哲学本性的。哲学的本性也正是由于这个缘故而
堕落变质的。正如种子被播种在异乡土地上，结果通常总是被当地
水土所克服而失去本性那样，哲学的生长也如此，在不合适的制度
下保不住自己的本性，而腐败变质了。哲学如果能找到如它本身一 C
样最善的政治制度，那时可以看得很明白，哲学确实是神物，而其
他的一切，无论天赋还是学习和工作，都不过是人事。

（柏拉图：《理想国》，Ⅵ，491A—497C，郭斌和、张竹明译，商务印书馆 1986 年版，第 239—248 页。）

（三）论人的和谐发展

1. 教育就是训练身体和陶冶心灵

苏：那么，让我们来讨论怎样教育这些护卫者的问题吧。我们不妨像讲故事那样从容不迫地来谈。

阿：我们是这样做。

苏：那么，这个教育究竟是什么呢？似乎确实很难找到比我们早已发现的那种教育更好的了。这种教育就是用体操来训练身体，用音乐①来陶冶心灵。

阿：是的。

苏：我们开始教育，要不要先教音乐后教体操？

阿：是的。

苏：你把故事包括在音乐里，对吗？

---

① 古代希腊重要的文化生活是听民间艺人弹着竖琴演说史诗故事。故“音乐”一词包括音乐、文学等义，相当现在的“文化”一词。

阿：对。

苏：故事有两种，一种是真的，另一种是假的，是吧？

阿：是的。

377 苏：我们在教育中应该两种都用，先用假的，是吗？

阿：我不理解你的意思。

苏：你不懂吗？我们对儿童先讲故事——故事从整体看是假的，但是其中也有真实。在教体操之前，我们先用故事教育孩子们。

阿：这是真的。

苏：这就是我所说的，在教体操之前先教音乐的意思。

阿：非常正确。

B 苏：你知道，凡事开头最重要。特别是生物。在幼小柔嫩的阶段，最容易接受陶冶，你要把它塑成什么形式，就能塑成什么形式。

阿：一点不错。

苏：那么，我们应不应该放任地让儿童听不相干的人讲不相干的故事，让他们的心灵接受许多我们认为他们在成年之后不应该有的那些见解呢？

阿：绝对不应该。

C 苏：那么看来，我们首先要审查故事的编者，接受他们编得好的故事，而拒绝那些编得坏的故事。我们鼓励母亲和保姆给孩子们讲那些已经审定的故事，用这些故事塑造他们的心灵，比用手去塑造他们的身体[①]还要仔细。他们现在所讲的故事大多数我们必须抛弃。

阿：你指的哪一类故事？

苏：故事也能大中见小，因为我想，故事不论大小，类型总是

① 当时托儿所里采用的一种按摩推拿之类的保育方法。

一样的，影响也总是一样的，你看是不是？ D

阿：是的，但是我不知道所谓大的故事指的是哪些？

苏：指赫西俄德和荷马以及其他诗人所讲的那些故事。须知，我们曾经听讲过，现在还在听讲着他们所编的那些假故事。

阿：你指的哪一类故事？这里面你发现了什么毛病？

苏：首先必须痛加谴责的，是丑恶的假故事。

阿：这指什么？

苏：一个人没有能用言词描绘出诸神与英雄的真正本性来，就 E
等于一个画家没有画出他所要画的对象来一样。

阿：这些是应该谴责的。但是，有什么例子可以拿出来说明问题的？

苏：首先，最荒唐莫过于把最伟大的神描写得丑恶不堪。如赫
西俄德描述的乌拉诺斯的行为，以及克罗诺斯对他的报复行为[1]， 378
还有描述克罗诺斯的所作所为和他的儿子对他的行为，这些故事都属此类。即使这些事是真的，我认为也不应该随便讲给天真单纯的年轻人听。这些故事最好闭口不谈。如果非讲不可的话，也只能许可极少数人听，并须秘密宣誓，先行献牲，然后听讲，而且献的牲还不是一只猪，而是一种难以弄到的庞然大物。为的是使能听到这种故事的人尽可能地少。

阿：啊！这种故事真是难说。

苏：阿得曼托斯呀！在我们城邦里不应该多讲这类故事。一个 B
年轻人不应该听了故事得到这样一种想法：对一个大逆不道，甚至想尽方法来严惩犯了错误的父亲的人也不要大惊小怪，因为他不过是仿效了最伟大的头号天神的做法而已。

阿：天哪！我个人认为这种事情是不应该讲的。

苏：绝不该让年轻人听到诸神之间明争暗斗的事情（因为这不

① 赫西俄德《神谱》154，459。

是真的)。如果我们希望将来的保卫者，把彼此勾心斗角、耍弄阴
C 谋诡计当作奇耻大辱的话。我们更不应该把诸神或巨人之间的争
斗，把诸神与英雄们对亲友的种种怨仇作为故事和刺绣的题材。如
果我们能使年轻人相信城邦的公民之间从来没有任何争执——如果
D 有的话，便是犯罪——老爷爷、老奶奶应该对孩子们从小就这样
说，等他们长大一点还这样说，我们还必须强迫诗人按照这个意思
去写作。关于赫拉如何被儿子绑起来以及赫淮斯托斯见母亲挨打，
他去援救的时候，如何被他的父亲从天上摔到地上的话①，还有荷
马所描述的诸神间的战争等等，作为寓言来讲也罢，不作为寓言来
讲也罢，无论如何不该让它们混进我们城邦里来。因为年轻人分辨
E 不出什么是寓言，什么不是寓言。先入为主，早年接受的见解总是
根深蒂固不容易更改的。因此我们要特别注意，为了培养美德，儿
童们最初听到的应该是最优美高尚的故事。

阿：是的，很有道理。但是如果人家要我们明确说出这些故事指的哪些？我们该举出哪些来呢？

苏：我亲爱的阿得曼托斯啊！你我都不是作为诗人而是作为城
379 邦的缔造者在这里发言的。缔造者应当知道，诗人应该按照什么路
子写作他们的故事，不许他写出不合规范的东西，但不要求自己动
手写作。

阿：很对。但，就是这个东西——故事里描写诸神的正确的路子或标准应该是什么样的呢？

苏：大致是这样的：应该写出神之所以为神，即神的本质来。无论在史诗、抒情诗，或悲剧诗里，都应该这样描写。

阿：是的，应该这样描写。

B 苏：神不肯定是实在善的吗？故事不应该永远把他们描写成善的吗？

---

①《伊利亚特》Ⅰ 586以下。

阿：当然应该。

苏：其次，没有任何善的东西是有害的，是吧？

阿：我想是的。

苏：无害的东西会干什么坏事吗？

阿：啊，不会的。

苏：不干坏事的东西会作恶吗？

阿：绝对不会。

苏：不作恶的东西会成为任何恶的原因吗？

阿：那怎么会呢？

苏：好，那么善的东西是有益的？

阿：是的。

苏：因此是好事的原因吗？

阿：是的。

苏：因此，善者并不是一切事物的原因，只是好的事物的原因，不是坏的事物的原因。 C

阿：完全是这样。

苏：因此，神既然是善者，它也就不会是一切事物的原因——像许多人所说的那样。对人类来说，神只是少数几种事物的原因，而不是多数事物的原因。我们人世上好的事物比坏的事物少得多，而好事物的原因只能是神。至于坏事物的原因，我们必须到别处去找，不能在神那儿找。

阿：你说的话，在我看来再正确不过了。

苏：那么我们就不能接受荷马或其他诗人关于诸神的那种错误说法了。例如荷马在下面的诗里说：① D

宙斯大堂上，并立两铜壶。

壶中盛命运，吉凶各悬殊。

---

①《伊利亚特》XXIV 527—532。这里引文与现行史诗原文略有出入。

宙斯混吉凶，随意赐凡夫。

当宙斯把混合的命运赐给哪个人，那个人就——

时而遭灾难，时而得幸福。

当宙斯不把吉凶相混，单赐坏运给一个人时，就——

饥饿逼其人，漂泊无尽途。

E 我们也不要去相信那种宙斯支配命运的说法：

祸福变万端，宙斯实主之。

如果有人说，潘德罗斯违背誓言[1]，破坏停战，是由于雅典娜和宙斯的怂恿，我决不能同意。我们也不能同意诸神之间的争执和分裂是由于宙斯和泰米斯[2]作弄的说法。我们也不能让年轻人听到像埃斯库洛斯所说的[3]：

380 天欲毁巨室，降灾群氓间。

如果诗人们描写尼俄珀的悲痛——埃斯库洛斯曾用抑扬格诗描写过——或者描写佩洛匹达的故事、特洛伊战争的事迹，以及别的传说，我们一定要禁止他们把这些痛苦说成是神的意旨。如果要这么说，一定要他们举出这样说的理由，像我们正在努力寻找的一
B 样——他们应该宣称神做了一件合乎正义的好事，使那些人从惩罚中得到益处。我们无论如何不能让诗人把被惩罚者的生活形容得悲惨，说是神要他们这样的。但是我们可以让诗人这样说：坏人日子难过，因为他们该受惩罚。神是为了要他们好，才惩罚他们的。假使有人说，神虽然本身是善的，可是却产生了恶。对于这种谎言，必须迎头痛击。假使这个城邦要统治得好的话，更不应该让任何
C 人，不论他是老是少，听到这种故事（不论故事是有韵的还是没有韵的）。讲这种话是渎神的，对我们有害的，并且理论上是自相矛盾的。

---

①《伊利亚特》Ⅳ 69 以下。

② 希腊神话中代表法律的女神。

③ 埃斯库洛斯，轶诗 160。

阿：我跟你一道投票赞成这条法律。我很喜欢它。

苏：很好。这将成为我们关于诸神的法律之一，若干标准之一。故事要在这个标准下说，诗要在这个标准下写——神是善的原因，而不是一切事物之因。

阿：这样说算是说到家了。

苏：那么，其次，你认为神是一个魔术师吗？他能按自己的意 D
图在不同的时间显示出不同的形相来吗？他能有时变换外貌，乔装打扮惑世欺人吗？还是说，神是单一的，始终不失他本相的呢？

阿：我一下子答不上来。

苏：那么好好想想吧。任何事物一离开它的本相，它不就要（或被自己或被其他事物）改变吗？

阿：这是必然的。 E

苏：事物处于最好的状况下，最不容易被别的事物所改变或影响，例如，身体之受饮食、劳累的影响，植物之受阳光、风、雨等等的影响——最健康、最强壮者，最不容易被改变。不是吗？

阿：怎么不是呢？

苏：心灵不也是这样的吗？最勇敢、最智慧的心灵最不容易被 381
任何外界的影响所干扰或改变。

阿：是的。

苏：依此类推，那些制成的东西也肯定是这样的了。——家具、房屋、衣服，如果做得很好很牢，也最不容易受时间或其他因素的影响。

阿：的确是这样。

苏：那么万事万物都是这样的了——任何事物处于最好状况之 B
下（不管是天然的状况最好，还是人为的状况最好，或者两种状况都最好），是最不容易被别的东西所改变的。

阿：看来是这样。

苏：神和一切属于神的事物，无论如何都肯定是处于不能再好的状态下。

阿：当然。

苏：因此看来，神是绝对不能有许多形相的。

阿：确实不可能的。

苏：但是，神能变形，即自己改变自己吗？

阿：如果他能被改变，显然是能自己改变自己的。

苏：那么他把自己变美变好呢，还是变丑变坏呢？

C 阿：如果变，他一定是变坏。因为我们定然不能说神在美和善方面是有欠缺的。

苏：你说得对极了。如果这样尽善尽美，阿得曼托斯，你想想看，无论是哪一个神或哪一个人，他会自愿把自己变坏一点点吗？

阿：不可能的。

苏：那么，一个神想要改变他自己，看来是连这样一种愿望也不可能有的了。看来还是：神和人都尽善尽美，永远停留在自己单一的既定形式之中。

阿：我认为这是一个必然的结论。

D 苏：那么，我的高明的朋友啊！不许任何诗人这样对我们说：

诸神乔装来异乡，
变形幻影访城邦。①

也不许任何人讲关于普罗图斯和塞蒂斯的谎话，也不许在任何悲剧
E 和诗篇里，把赫拉带来，扮作尼姑，为阿尔戈斯的伊纳霍斯河的赐予生命的孩子们挨门募化，我们不需要诸如此类的谎言。做母亲的也不要被这些谎言所欺骗，对孩子们讲那些荒唐故事，说什么诸神在夜里游荡，假装成远方来的异客。我们不让她们亵渎神明，还把孩子吓得胆战心惊，变成懦夫。

阿：绝不许这样。

---

①《奥德赛》XVII 485—486。

苏：既然诸神是不能改变的，难道他们能给我们幻象，让我们看到他们在光怪陆离的形式之中吗？

阿：也许如此。

苏：什么？难道神明会愿意说谎欺骗，在言行上对我们玩弄玄虚吗？

阿：我不知道。 382

苏：你难道不懂：真的谎言——如果这话能成立①——是所有的神和人都憎恶的吗？

阿：你说的是什么意思？

苏：我的意思是说：谎言乃是一种不论谁在自身最重要的部分②——在最重要的利害关系上——都最不愿意接受的东西，是不论谁都最害怕它存在在那里的。

阿：我还是不懂。

苏：这是因为你以为我的话有什么重要含义。其实，我的意思 B
只是：上当受骗，对真相一无所知，在自己心灵上一直保留着假
象——这是任何人都最不愿意最深恶痛绝的。

阿：确实如此。

苏：但是，受骗者把心灵上的无知说成是非常真的谎言（如我
刚才所做的）肯定是完全正确的。因为嘴上讲的谎言只不过是心灵
状态的一个摹本，是派生的，仅仅是形象而不是欺骗本身和真的谎
言。对吗？ C

阿：很对。

苏：那么，真的谎言是不论神还是人都深恶痛绝的。

阿：我也这么认为了。

苏：不过，语言上的谎言怎么样？什么时候可以用，对谁可

① “真”和“假”（谎言）是对立的。

② 在心灵上。

用，所以人家对它才不讨厌的？对敌人不是可用吗？在我们称之为朋友的那些人中间，当他们有人得了疯病，或者胡闹，要做坏事，

D 谎言作为一种药物不也变得有用了，可以用来防止他们作恶吗？在我们刚才的讨论中所提到的故事里，我们尽量以假乱真，是由于我们不知道古代事情的真相，要利用假的传说达到训导的目的。

阿：当然要这样。

苏：那么在什么情况下，谎言能对神有用？会不会因为他们也不知道古代的事情，因此要把假的弄得像真的一样呢？

阿：啊，这是一个荒唐的想法。

苏：那么，神之间没有一个说假话的诗人吧？

阿：我想不会有。

苏：那么他会因为害怕敌人而说假话吗？

E 阿：绝对不会。

苏：会因为朋友的疯狂和胡闹而说假话吗？

阿：不会，神是没有疯狂和胡闹的朋友的。

苏：那么，神不存在说谎的动机。

阿：不存在。

苏：因此，有一切理由说，心灵和神性都和虚伪无缘。

阿：毫无疑问。

苏：因此，神在言行方面都是单一的、真实的，他是不会改变自已，也不会白日送兆，夜间入梦，玩这些把戏来欺骗世人的。

383 阿：听你讲了以后，我自己也这样认为。

苏：那么你同意不同意这第二个标准：讲故事、写诗歌谈到神的时候，应当不把他们描写成随时变形的魔术师，在言行方面，他们不是那种用谎言引导我们走上歧途去的角色？

阿：我同意。

苏：那么，在荷马的作品里，虽然许多东西值得我们赞美，可

是有一件事是我们不能称赞的，这就是宙斯托梦给阿加门农的说
法[1]；我们也不能赞美埃斯库洛斯的一段诗，他说，塞蒂斯[2]告诉 B
大家，在伊结婚时，阿波罗曾唱过如下的歌：

多福多寿，子孙昌盛。
敬畏命运，大亨以正。
当众宣告，胜利功成。

她曾对大家说：

出于阿波罗之神口，预言谆谆。
不欺不诈，信以为真。
孰知杀吾儿者，竟是此神。
神而若此，天道宁论。

任何诗人说这种话诽谤诸神，我们都将生气，不让他们组织歌舞队 C
演出，也不让学校教师用他们的诗来教育年轻人，如果要使未来的
城邦护卫者在人性许可的范围内，成为敬畏神明的人的话。

阿：无论如何要这样。我同意你这两个标准，我愿意把它们当作法律。

（柏拉图：《理想国》，Ⅱ，376E—383C，郭斌和、张竹明译，商务印书馆1986年版，第71—81页。）

2. 从小训练心灵上和身体上的和谐美

苏：那么，问题只在诗人身上了？我们要不要监督他们，强迫 B
他们在诗篇里塑造良好品格的形象，否则我们宁可不要有什么诗
篇？我们要不要同样地监督其他的艺人，阻止他们不论在绘画或雕
塑作品里，还是建筑或任何艺术作品里描绘邪恶、放荡、卑鄙、龌
龊的坏精神？哪个艺人不肯服从，就不让他在我们中间存在下去，
否则我们的护卫者从小就接触罪恶的形象，耳濡目染，有如牛羊卧 C

① 《伊利亚特》Ⅱ，1—34。
② 埃斯库洛斯，残诗350。

在毒草中咀嚼反刍，近墨者黑，不知不觉间心灵上便铸成大错了。
因此我们必须寻找一些艺人巨匠，用其大才美德，开辟一条道路，
使我们的年轻人由此而进，如入健康之乡；眼睛所看到的，耳朵所
D 听到的，艺术作品，随处都是；使他们如坐春风如沾化雨，潜移默
化，不知不觉之间受到熏陶，从童年时，就和优美、理智融合
为一。

格：对于他们，这可说是最好的教育。

苏：亲爱的格劳孔啊！也就是因为这个缘故，所以儿童阶段文
艺教育最关紧要。一个儿童从小受了好的教育，节奏与和谐浸入了
他的心灵深处，在那里牢牢地生了根，他就会变得温文有礼；如果
E 受了坏的教育，结果就会相反。再者，一个受过适当教育的儿童，
对于人工作品或自然物的缺点也最敏感，因而对丑恶的东西会非常
402 反感，对优美的东西会非常赞赏，感受其鼓舞，并从中吸取营养，
使自己的心灵成长得既美且善。对任何丑恶的东西，他能如嫌恶臭
不自觉地加以谴责，虽然他还年幼，还知其然而不知其所以然。等
到长大成人，理智来临，他会似曾相识，向前欢迎，因为他所受的
教养，使他同气相求，这是很自然的嘛。

格：至少在我看来，这是幼年时期为什么要注重音乐文艺教育的理由。

苏：这正如在我们认字的时候那样，只有在我们认识了全部字
B 母①——它们为数是很少的——时我们才放心地认为自己是识字
了。不论字大字小②我们都不敢轻忽其组成元素，不论何处我们都
热心急切地去认识它们，否则，我们总觉得就不能算是真正识
字了。

格：你说得很对。

---

① 柏拉图常常使用字母或元素（στοιχεῖα）来说明知识的获得、元素和化合物的关系、分类原则和理念论。

② 柏拉图的基本原则之一认为，真实与事物的大小等看上去似乎重要的特性无关。

苏：同样，比如有字母显影在水中或镜里。如果不是先认识了字母本身，我们是不会认识这些映像的。因为认识这两者属于同一技能同一学习。

格：确是如此。

苏：因此，真的，根据同样的道理，我们和我们要加以教育的护卫者们，在能以认识节制、勇敢、大度、高尚等等美德以及与此 C
相反的诸邪恶的本相，也能认识包含它们在内的一切组合形式，亦即，无论它们出现在哪里，我们都能辨别出它们本身及其映象，无论在大事物中还是在小事物中都不忽视它们，深信认识它们本身及其映象这两者属于同一技能同一学习　在能以做到这样之前我们和我们的护卫者是不能算是有音乐文艺教养的人的。不是吗？

格：确实是的。

苏：那么如果有一个人，在心灵里有内在的精神状态的美，在 D
有形的体态举止上也有同一种与之相应的调和的美，——这样一个兼美者，在一个能够沉思的鉴赏家眼中岂不是一个最美的景观？

格：那是最美的了。

苏：再说，最美的总是最可爱的。

格：当然。

苏：那么，真正受过乐的教育的人，对于同道，气味相投，一见如故；但对于浑身不和谐的人，他避之唯恐不远。

格：对于心灵上有缺点的人，他当然厌恶；但对于身体有缺点
的人，他还是可以爱慕的。 E

苏：听你话的意思，我猜想你有这样的好朋友，不过我也赞成你作这样的区别。只是请你告诉我：放纵与节制能够并行不悖吗？

格：怎么能够？过分的快乐有如过分的痛苦可以使人失态忘形。

苏：放纵能和别的任何德行并行不悖吗？

格：不能。 403

苏：能和横暴与放肆并行不悖吗？

格：当然。

苏：还有什么快乐比色欲更大更强烈的吗？

格：没有，没有比这个更疯狂的了。

苏：正确的爱难道不是对于美的有秩序的事物的一种有节制的和谐的爱吗？

格：我完全同意。

苏：那么，正确的爱能让任何近乎疯狂与近乎放纵的东西同它接近吗？

格：不能。

B 苏：那么，正确的爱与放纵任性，泾渭分明。真正的爱者与被爱者决不与淫荡之徒同其臭味。

格：真的，苏格拉底，它们之间断无相似之处。

苏：这样很好，在我们正要建立的城邦里，我们似乎可以规定这样一条法律：一个爱者可以亲吻、昵近、抚摸被爱者，像父亲对
C 儿子一样；如要求被爱者做什么也一定是出于正意。在与被爱者的其他形式的接触中，他也永远不许有任何越此轨道的举动，否则要谴责他低级趣味，没有真正的音乐文艺教养。

格：诚然。

苏：那么，你也同意我们关于音乐教育的讨论可以到此结束了吧？据我看来，这样结束是很恰当的。音乐教育的最后目的在于达到对美的爱。

格：我同意。

苏：音乐教育之后，年轻人应该接受体育锻炼。

格：当然。

苏：体育方面，我们的护卫者也必须从童年起就接受严格的训
D 练以至一生。我所见如此，不知你以为如何？因为我觉得凭一个好的身体，不一定就能造就好的心灵好的品格。相反，有了好的心灵

和品格就能使天赋的体质达到最好，你说对不对？

格：我的想法同你完全一样。

苏：倘使我们对于心灵充分加以训练，然后将保养身体的细节
交它负责，我们仅仅指出标准，不啰唆，你看这样行不行？ E

格：行。

苏：我们说过护卫者必须戒除酗酒，他们是世界上最不应该闹酒的人，人一闹酒就糊涂了。

格：一个护卫者要另外一个护卫者去护卫他，天下哪有这样荒唐的事？

苏：关于食物应该怎样？我们的护卫者都是最大竞赛中的斗士，不是吗？

格：是的。

苏：我们目前所看到的那些斗士，他们保养身体的习惯能适应 404
这一任务吗？

格：也许可以凑合。

苏：啊，他们爱睡，这是一种于健康很危险的习惯。你有没有注意到，他们一生几乎都在睡眠中度过，稍一偏离规定的饮食作息的生活方式，他们就要害严重的疾病吗？

格：我注意到了这种情况。

苏：那么，战争中的斗士应该需要更多样的锻炼。他们有必要
像终宵不眠的警犬；视觉和听觉都要极端敏锐；他们在战斗的生活
中，各种饮水各种食物都能下咽；烈日骄阳狂风暴雨都能安之 B
若素。

格：很对。

苏：那么，最好的体育与我们刚才所描述的音乐文艺教育难道不是很相近相合吗？

格：你指的什么意思？

苏：这是指一种简单而灵活的体育，尤其是指为了备战而进行

的那种体育锻炼。

格：请问具体办法。

苏：办法可以从荷马诗里学得。你知道在战争生活中英雄们会餐时，荷马从不给他们鱼吃，虽然队伍就驻扎在靠近赫勒斯滂特海
C 岸那里[①]；他也从不给他们炖肉吃，只给烤肉，因为这东西战士最容易搞，只要找到火就行了，什么地方都可以，不必随身带许多坛坛罐罐。

格：确是如此。

苏：据我所知，荷马也从未提到过甜食。这不是每一个从事锻炼的战士都可以理解的事情吗？——要把他们的身体练好，这种东西是一定要戒掉的。

格：他们懂得这个道理，并且把这种东西戒除了。他们做得对。

D 苏：那么，我的朋友，既然你觉得这是对的，你当然就不会赞成叙拉古的宴会和西西里的菜肴了。

格：我不会赞成的。

苏：你也不会让一个男子弄一个科林斯女郎来做他的情妇吧，如果要他把身体保养好的话。

格：当然不会。

苏：你也不会赞成有名的雅典糕点的吧？

格：一定不会。

E 苏：因为我认为所有这种混杂的饮食很像多音调多节奏的诗歌作品。

格：诚然。

苏：复杂的音乐产生放纵；复杂的食品产生疾病。至于朴质的音乐文艺教育则能产生心灵方面的节制，朴质的体育锻炼产生身体

---

① 黑海通地中海的海峡口，现达达尼尔海峡。

的健康。

格：极是。

苏：一旦放纵与疾病在城邦内泛滥横溢，岂不要法庭药铺到处 405
皆是，讼师医生趾高气扬，虽多数自由人也将不得不对他们鞠躬敬
礼了。

格：这是势所必至的。

苏：奇货可居的医生、法官，不仅为一般老百姓和手艺人所需
要，也为受过自由人类型教育的人们所需要。你们能看到还有什么
更足以证明一个城邦教育又丑又恶的呢？这些法官、医生全是舶来 B
品（因为你们自己中间缺少这种人才），你不认为这是教育丑恶可
耻到了极点的明证吗？

格：没有比这个更可耻的了。

苏：啊，还有一种情况你是不是觉得比刚才说的那种情况还要
可耻呢？一个人不仅把自己的大部分时光花在法庭上打官司，忽而
做原告，忽而做被告；而且还由于不知怎样生活更有意义，一天到
晚要滑头，颠倒是非，使用各种推论、借口、诡计、阴谋，无理也 C
要说出理来；而所有这一切努力又都不过是为了无聊的争执。因
为，他不知道抛开那些漫不经心的陪审员安排自己的生活要美好高
尚得多。

格：真的，这种比前面所讲的更可耻了。

苏：除了受伤或偶得某种季节病而外，一个人到处求医，岂不
更是可耻？由于游手好闲和我们讲过的那种好吃贪睡的生活方式， D
身子像一块沼泽地一样充满风湿水气，逼使阿斯克勒比斯[①]的子孙
们不得不创造出腹胀、痢疾之类的病名来，岂不更是可耻？

格：这确是些古怪的医学名词。

苏：我想在阿斯克勒比斯本人的时期，是没有这种东西的。我

① 特洛伊战争时希腊军中的医生。

是根据特洛亚的故事这样推想的。当欧律皮吕斯[1]在特洛亚负伤
E 时，那个妇人给他喝普拉纳酒，上面撒了大麦粉和小块乳酪，显然是一服热药。那个时候所有医生并没有说她用错了药，也没有说当
406 看护的派特罗克洛斯犯了什么错误。

格：受了伤，给他服这种药确是古怪。

苏：如果你记得在赫罗迪科斯以前医生并不用我们现在的这些药物治病的话，你就不会感到古怪了。赫罗迪科斯是一个教练员，因为他有病，他把体操和医术混而为一，结果先主要折磨了自己，
B 然后又折磨了许多后来人。

格：怎么会的？

苏：他身患不治之症，靠了长年不断的细心照料自己，居然活了好多年。但他的痼疾始终没能治好。就这么着，他一生除了医疗自己外，什么事都没干，一天到晚就是发愁有没有疏忽了规定的养生习惯；他靠了自己的这套医术，在痛苦的挣扎中夺得了年老而死的锦标[2]。

格：这可是对他医道的崇高奖品啊！

C 苏：他得之无愧呢。他这种人不知道，阿斯克勒比斯并不是因为不知道或不熟悉这种医道而不传给他的后代，而是因为他懂得在有秩序的城邦里，每一个人都有他应尽的职务。人们没有工夫来生病，不可能一生没完没了地治病。我们在工人中间看到这种情况会觉得荒唐不经的，可是在有钱的人和所谓有福的人中间看到这种情况就视若无睹了。

格：怎么会这样的？

D 苏：一个木工当他病了要医生给他药吃，把病呕吐出来，或者

---

① 柏拉图大概是凭自己记忆引用荷马史诗的。这里的说法与现行史诗所记有出入。《伊利亚特》Ⅺ 624 处说是赫卡墨得把酒调给马卡昂和涅斯托尔喝的。

② 柏拉图是不赞成这样对待疾病的。揶揄讥讽的口气跃然纸上。

把病下泻出来，或者用烧灼法或者动手术。但是，如果医生叫他长
期疗养搞满头包包扎扎的那一套，他会立刻回答，说他没有工夫生
病，一天到晚想着病痛，把当前工作搁置一旁，过这种日子没有意
思。他就要同医生说声再会，回家仍去干他原来的活儿去了。他也 E
许身体居然变好了，活下去照常工作，也许身体吃不消，抛弃一切
麻烦，死了算了。

格：这种人可称为善于利用医道的人。

苏：是不是因为他有一种工作要做，如果做不了，他就不值得 407
活下去？

格：显然是这样。

苏：可是我们并不说一个有钱的人也有这种规定的工作要做，不做他就觉得不值得活下去。

格：据我所知，不是这样。

苏：哎呀！你有没有听到过福库利得斯说的话“吃饱饭以后①应该讲道德。”

格：我想吃饱饭以前也应该讲道德。

苏：好，让我们不要和他在那一点上争吵。让我们先弄清这一
点：有钱人②要不要讲道德？如果不要讲，活了是不是有意思？一 B
天到晚当心身体，对他们遵从福库利得斯的劝告，有没有妨碍？虽
然对于专搞木工以及其他工艺的人无疑是一大障碍。

格：的确，在体育锻炼之外再过分当心身体③，对这方面是一个最大的妨碍。

苏：这样对于家务管理、军事服役、上班办公都造成了不少累
赘。最坏的是使任何学习、思考或沉思冥想都变得困难。白朝至暮 C
老是疑心着头痛目眩、神经紧张，而且把这些都委过于哲学研究，

① 或译为“有了钱以后……”

② 有钱人自然是“吃饱饭以后……”

③② 在《高尔吉亚》篇（464B)，医术被认为就是体操。

说它是总的起因。这样便使人老觉得身上有这种那种的不舒服，老是烦恼。这对于学习、沉思这类的道德实践和锻炼简直是一块绊脚石。

格：当然会这样的。

苏：那么，我们可以说阿斯克勒比斯是早已知道这个道理了；对于那些体质好生活习惯健康，仅只有些局部疾病的人，他教给了
D 医疗方法，用药物或外科手术将病治好，然后吩咐他们照常生活，不妨碍各人尽公民的义务。至于内部有严重全身性疾病的人，他不想用规定饮食以及用逐渐抽出或注入的方法来给他们以医疗，让他痛苦地继续活下去，让他再产生体质同样糟糕的后代。对于体质不
E 合一般标准的病人，他则认为不值得去医治他，因为这种人对自己对国家都没有什么用处。

格：照你说来，阿斯克勒比斯真是一个最有政治头脑的人呀！

苏：显然是的。他的孩子们也是这样的人，在特洛伊战场上都
408 是好战士，又是好医生，他们[①]就是用我上面所讲的那种医疗方法给人治伤的。——这你知道吗？墨涅拉俄斯被潘达洛斯射了一箭，受了伤，

他们[②]把瘀血吸出，敷上了些缓解草药。

他们并没有给他规定饮食，同从前对欧律皮吕斯一样，他们以为对于那些在受伤以前体质原来很好，生活简朴的人，受伤以后敷这么
B 一层草药就够了，虽然偶然也喝一种奶酒。但是对于那些先天体弱又无节制的人，他们则认为这种人活了于己于人都无用处，他们的医道不是为这班人服务的。这种人虽富过弥达斯[③]，他们也不给他治疗。——这些故事你还记得吗？

格：让你这么一说，阿斯克勒比斯的这些孩子真了不起呀！

---

①② 柏拉图引文有出入。《伊利亚特》Ⅳ 218 处说，给墨涅拉俄斯治伤的是马卡昂。因此，这两处都应该用“他”而不是用“他们”。

③ 希腊神话中的佛里其亚国王。他贪恋财富，曾祈求神明赐他点物成金的法术。

苏：他们确是这样。但是悲剧家们和诗人品达的说法和我们的原则有分歧。他们说阿斯克勒比斯是阿波罗神的儿子，他受了贿去
医治一个要死的富人，因此被闪电打死。根据前面我们讲过的原 C
则，我们不相信悲剧家和品达的说法。我们认为，如果他是神的儿子，肯定他是不贪心的，如果他是贪心的，他就不是神的儿子。

格：就此为止，你说得再对不过了。但是苏格拉底，我有一个问题，看你怎么答复？我们在城邦里要不要有好的医生？是不是最
好的医生应当是医治过最大多数病人的（包括天赋健全的与不健全 D
的）？同样，最好的法官是否应该是同各色各样品格的人都打过交道的？

苏：无疑我们要好的医生和好的法官。但是你知道我所谓"好的"是什么意思吗？

格：我不知道，除非你告诉我。

苏：好，让我来试试看。我说你把两样不同的事情混在一个问题里了。

格：什么意思？

苏：医生假使从小就学医，对各色各样的病人都有接触，对各
种疾病还有过切身的体验（如果他们自己体质并不太好的话），那 E
么这样的医生确实可能成为极有本领的医生。因为我想，他们并不是以身体医治身体，如果是以身体医治身体，我们就不应该让他们的身体有病或者继续有病。他们是用心灵医治身体，如果心灵原来是坏的或者变坏了的，他们就不可能很好地医病了。

格：你说得对。

苏：至于法官，我的朋友，那是以心治心。心灵决不可以从小 409
就与坏的心灵厮混在一起，更不可犯罪作恶去获得第一手经验以便判案时可以很快地推测犯罪的过程，好像医生诊断病人一样。相反，如果要做法官的人心灵确实美好公正，判决正确，那么他们的心灵年轻时起就应该对于坏人坏事毫不沾边，毫无往还。不过这样

B 一来，好人在年轻时便显得比较天真，容易受骗，因为他们心里没
有坏人心里的那种原型。

格：他们的确有此体验。

苏：正因为这样，所以一个好的法官一定不是年轻人，而是年
纪大的人。他们是多年后年龄大了学习了才知道不正义是怎么回事
的。他们懂得不正义，并不是把它作为自己心灵里的东西来认识
的，而是经过长久的观察，学会把它当作别人心灵里的别人的东西
C 来认识的，是仅仅通过知识，而不是通过本人的体验认识清楚不正
义是多么大的一个邪恶的。

格：这样的法官将被认为是一个最高贵的法官。

苏：并且是一个好的法官。你的问题的要旨就在“好的”这两
个字上，因为有好心灵的人是“好的”。而那种敏于怀疑的狡诈之
徒，以及那种自己干过许多坏事的人和认为自己手段高明瞒得过人
的人，当他和同类人打交道时，他注视着自己心灵里的原型，便显
得聪明能干，但是当他和好人或老一辈的人相处时，他便显得很蠢
D 笨了，因为，不当怀疑的他也怀疑。见了好人，他也不认识，因为
他心里没有好的原型。可是，因为他碰到的坏人比好人多得多，所
以无论他自己还是别人就都觉得他似乎是一个聪明人而不是一个笨
蛋了。

格：的确是这样。

苏：因此，好而明察的理想法官绝不是这后一种人，而是前一
种人。因为邪恶决不能理解德性和邪恶本身，但天赋的德性通过教
育最终能理解邪恶和德性本身。因此据我看来，不是那种坏人而是
E 这种好人，才能做一个明察的法官。

格：我同意。

苏：那么，你要不要在城邦里把我们所说过的医疗之术以及司
410 法之术制定为法律呢？这两种法律都对那些天赋健全的公民的身体
和心灵抱有好意；而对那些身体不健全的，城邦就让其死去；那些

心灵天赋邪恶且不可救药的人，城邦就毫不姑息处之以死。

格：这样做已被证明对被处理者个人和城邦都是最好的事情。

苏：这样，年轻人接受了我们说过的那种简单的音乐文艺教育的陶冶，养成了节制的良好习惯，他们显然就能自己监督自己，不需要打官司了。

格：是的。

苏：这种受过音乐教育的青年，运用体育锻炼（如果他愿意的 B
话），通过同样苦练的过程，他会变得根本不需要什么医术，除非万不得已。

格：我也这样想。

苏：再说，在不畏艰辛苦练身体的过程中，他的目的主要在锻炼他心灵的激情部分，不是仅仅为了增加体力，他同一般运动员不一样，一般运动员只注意进规定的饮食，使他们力气大臂膀粗而已。

格：你说得对极了。

苏：因此，把我们的教育建立在音乐和体育上的那些立法家， C
其目的并不像有些人所想象的那样，在于用音乐照顾心灵，用体育照顾身体。格劳孔，我可以这样说吗？

格：为什么不可以？

苏：他们规定要教音乐和体育主要是为了心灵。

格：怎么会的？

苏：你有没有注意到一生专搞体育运动而忽略音乐文艺教育对于心灵的影响是怎样的？反之，专搞音乐文艺而忽略体育运动的影响又是怎样的？

格：你指的是什么？

苏：我指的一是野蛮与残暴，另一是软弱与柔顺。 D

格：啊，很对。我注意到那些专搞体育锻炼的人往往变得过度粗暴，那些专搞音乐文艺的人又不免变得过度软弱。

苏：天性中的激情部分的确会产生野蛮；如果加以适当训练就可能成为勇敢，如果搞得过了头，就会变成严酷粗暴。

格：我也这样看法。

E 苏：再说，温文是不是人性中爱智部分的一种性质？是不是这种性质过度发展便会变为过分软弱，如培养适当就能变得温文而秩序井然？是不是这样？

格：确是这样。

苏：但是我们说我们的护卫者需要两种品质兼而有之。

格：他们应该这样。

苏：那么这两种品质要彼此和谐吗？

格：当然要。

411 苏：有这种品质和谐存在的人，他的心灵便既温文而又勇敢。

格：诚然。

苏：没有这种和谐存在的人便既怯懦而又粗野。

格：的确这样。

苏：好：假定一个人纵情乐曲，让各种曲调唱腔，甜的、软的、哭哭啼啼的（像我们刚才所讲过的那些），醍醐灌顶似的，把耳朵当作漏斗，注入心灵深处，假使他全部时间都沉溺于丝弦杂奏
B 歌声婉转之间，初则激情部分（如果有的话），像铁似的由粗硬变得柔软，可以制成有用的器具。倘若他这样继续下去，像着了魔似的，不能适可而止，他就开始融化了，液化了，分解了。结果就会激情烟消云散，使他萎靡不振，成为一个“软弱的战士”。①

格：极是。

苏：如果②他一开始就不是一个天性刚强的人，这种萎靡不振的
C 恶果很快就会出现。如果③原来是一个刚强的人，经过刺激情绪

---

①《伊利亚特》XVII 588。

②③ 都包括一个大前提：全部时间只搞音乐文艺，不搞体育锻炼。

就会变得不稳定，容易生气，也容易平静。结果便成了一个爱同人吵架爱发脾气的喜怒无常性情乖张的人。

格：确实如此。

苏：再说，如果一个人全副精神致力于身体的锻炼，胃口好食量大，又从来不学文艺和哲学，起初他会变得身强力壮，心灵充满自信，整个人变得比原来更勇敢。你看他会这样吗？

格：他真会这个样子的。

苏：不过，要是他除了搞体操训练外，别无用心，怕见文艺之
神，结果会怎么样呢？对于学习科研从来没有尝过一点滋味，对于 D
辩证推理更是一窍不通，他心灵深处可能存在的爱智之火光难道不会变得暗淡微弱吗？由于心灵没有得到启发和培育，感觉接受能力没有得到磨炼，他会变得耳不聪目不明。不是吗？

格：诚然。

苏：结果，我以为这种人会成为一个厌恶理论不知文艺的人，
他不用论证说服别人，而是像一只野兽般地用暴力与蛮干达到自己 E
的一切目的。在粗野无知中过一种不和谐的无礼貌的生活。

格：完全是这样。

苏：为这两者，似乎有两种技术——音乐和体育（我要说这是某一位神赐给我们人类的）——服务于人的两个部分——爱智部分和激情部分。这不是为了心灵和身体（虽然附带也为了心灵和身
体），而是为了使爱智和激情这两部分张弛得宜配合适当，达到 *412*
和谐。

格：看来如此。

苏：因此，那种能把音乐和体育配合得最好，能最为比例适当地把两者应用到心灵上的人，我们称他们为最完美最和谐的音乐家应该是最适当的，远比称一般仅知和弦弹琴的人为音乐家更适当。

（柏拉图：《理想国》，Ⅲ，402B—412A，郭斌和、张竹明译，商务印书馆1986年版，第107—123页。）

3. 给妇女以同样的训练和教育

苏：那么现在我们必须回过头来把那些按照应有的顺序也许早
C 就应该讲了的东西讲一讲。男子表演过了后，让妇女登台，这可能是一个好办法，尤其是因为你们急着要听我讲。对于像我们在前面说过的那样成长和教育出来的男子说来，我认为他们保有与使用孩子和妇女的唯一正确的方式应像我们在当初开始讨论男子问题时建议的那样①。你还记得那时我们曾竭力论证他们应作羊群的护卫者吗？

格：是的。

D 苏：让我们保持这个比喻，给妇女以同样的培养和训练，看这样说适当不适当。

格：怎么个培养训练法？

苏：这样。我们要不要指望母犬帮助公犬一起在外追寻搜索，参加一切警卫工作？或者还是让母犬躲在窝里，只管生育小犬，抚育小犬，让公犬独任警卫羊群的工作呢？

E 格：我们除了把母的警犬看作较弱者，公的看作较强者以外，应当一切工作大家同干。

苏：对于一种兽类如果你不给以同样的饲养同样的训练，你能不分彼此地使用它们吗？

格：不能。

苏：那么，如果我们不分彼此地使用女子，照使用男子那样，
452 我们一定先要给女子以同样的教育。

格：是的。

苏：我们一向是用音乐和体操教育男子的。

格：是的。

---

① 用动物作比方。见 375—376，422D，466D，467B，491D—E，537A，546A—B，564A。

苏：那么，为了同样地使用女子，我们一定要同样地用两门功课来教育女子，并且还要给她们军事教育。

格：根据你说的看来似乎有理。

苏：好，我们刚才所提的许多建议，要是付诸实施的话，由于违反当前的风俗习惯，我怕或许会让人觉得好笑的。

格：的确。

苏：你看其中最可笑的是什么？难道不显然是女子在健身房 B
里赤身裸体[1]地和男子一起锻炼吗？不仅年轻女子这样做，还有年纪大的女人，也像健身房里的老头儿一样，皱纹满面的，看上去很不顺眼，可是她们还在那儿坚持锻炼呢。这不是再可笑没有了吗？

格：啊呀！在目前情况下，似乎有些可笑。

苏：关于女子体育和文艺教育的改革，尤其是关于女子要受军事训练，如携带兵器和骑马等等方面的问题，我们既然开始讨论
了，就得坚持下去。文人雅士们的俏皮话、挖苦话我们是必定会听 C
到的，千万不要怕。

格：你说得很对。

苏：我们既然出发了，在立法征途上虽然遇到困难，也决不能后退。我们请求那些批评家们暂时抛弃轻薄故态，严肃一些；请他们回顾一下希腊人，在并不太久以前，还像现在大多数野蛮人那样，认为男子给人家看到赤身裸体也是可羞可笑的呢。当最初克里
特人和后来斯巴达人开始裸体操练时，你知道不是也让那个时候的 D
才子派的喜剧家们用来开过玩笑吗？

格：确是如此。

苏：但是，既然（我认为）经验证明，让所有的这类事物赤裸

---

① 古代希腊男子操练时都是裸体。“健身房”一词（γυμνάσιον）原意便是“裸体操练的地方”。

裸的比遮遮掩掩的要好，又，眼睛看来可笑的事物在理性认为最善
的事物面前往往会变得不可笑。那么，这也就说明了下述这种人
E 的话乃是一派胡言：他们不认为邪恶是可笑的，倒认为别的都是
可笑的；他们不去讽刺愚昧和邪恶，却眼睛盯着别的现象加以讥
讽；他们一本正经地努力建立某种别的美的标准，却不以善为美
的标准。

格：你说得完全对。

苏：我们要取得一致意见的第一件事就是，这些建议是否行得
通。是吧？因为无论发言人是在开玩笑，还是认认真真的，我们
都一定要准备提出这个问题：女子按其天性能胜任男子的一切职
453 务吗，或者还是什么都干不了，或者只能干其中有限的几种？如
果说能干其中的几种，战争是不是包括在内？我们这样开始讨
论，由此逐渐深入，可以得到最美满的结论。这样不是最好的方
法吗？

格：这是极好的方法。

苏：那么我们要不要替我们的假想论敌，向我们自己提出诘难，以免因没有人替他们辩护，只听到我们的一面之词呢？

B 格：你完全可以这样做。

苏：那么，要不要让我们替他们说句话："我的亲爱的苏格拉底、格劳孔呀！实在没有必要让别人来批评你们。你们自己在开始讨论建立你们国家的时候，早已同意一个原则，即每个人应该做天然适宜于自己的工作。"

格：我想，我们的确是同意过的，不是吗？

苏：他们会这样问：男子与女子之间不是天然就有很大的差别
吗？当我们承认有之后，他们会问我们要不要给男子女子不同的工
C 作，来照顾这些天然的差别？当我们说要的，他们会再问下去：既
说男女应该有同样的职业，又说他们之间有很大的自然差别，这岂
不是在犯自相矛盾的错误吗？那怎么办？你聪明人能够答复这个问

题吗？

格：要我立刻答复这样突然的问题，实在不容易。我只有请求你替我们这方面答辩一下，话随你怎么说。

苏：亲爱的格劳孔，这些困难，还有别的许多类似的困难都是我早就看到的，因此我怕触及妇女儿童如何公有、如何教育方面的 D
立法问题。

格：真的，这不像是一件容易的事情。真不容易。

苏：当然不容易。但是既然跌到水里了，那就不管是在小池里还是在大海里，我们义无反顾，只好游泳了。

格：极是。

苏：那么，我们也只好游下去，希望安然渡过这场辩论。但愿音乐家阿里安的海豚[①]把我们驮走，或者还有其他什么急救的办法。

格：看来如此。

苏：好，让我们来看看能不能找到一条出路。我们承认过不同 E
的禀赋应该有不同的职业，男子与女子有不同的禀赋。可是现在我们又说不同禀赋的人应该有同样的职业，这岂不是对我们自己的一种反驳吗？

格：一点不错。

苏：亲爱的格劳孔，争论艺术的力量真了不起呀！

格：怎么回事？ 454

苏：因为我看到许多人甚至不由自主地跌到这个陷阱中去，他们以为是在辩论，实际上不过在吵架而已。因为他们不懂得在研究一句话的时候怎样去辨别其不同的含义，只知道在字面上寻找矛盾之处。他们咬文嚼字，互相顶嘴，并不是在作辩证式的讨论。

---

① 见希罗多德《历史》第一卷第二十四节。

格：是的，许多场合都有这种情况，不过你认为我们这里也是这样吗？

B 苏：绝对是的。无论如何，我担心我们在这里有不知不觉陷入一场文字争吵的危险。

格：怎么会这样的？

苏：不同样的禀赋不应该从事于同样的职业。我们对于这个原则，在字面上鼓足勇气，斤斤计较，可是我们从来没有停下来考虑
C 考虑，不同样的禀赋究竟是什么意思，同样的禀赋究竟是什么意思，对不同样的禀赋给以不同样的职业，对同样的禀赋给以同样的职业，究竟是什么意思？

格：我们确实没有考虑过。

苏：看来，根据这个原则，我们就可以问我们自己：秃头的人们和长头发的人们是同样的还是异样的禀赋；要是我们同意他们是异样的禀赋，我们就禁止长头发的人做鞋匠而不禁止秃头的人做鞋匠，或者，禁止秃头的人做鞋匠而不禁止长头发的人做鞋匠。

格：这可笑到极点。

苏：可笑的原因在于，我们所说禀赋的异同，绝不是绝对的，
D 无限制的，而只是关联到行业的同异。例如一个男子和一个女人都有医疗的本领，就有同样的禀赋。你觉得对不对？

格：对的。

苏：但是一个男医生和一个男木工的禀赋就不同。

格：确是不同。

苏：那么，如果在男性和女性之间，发现男性或女性更加适宜于某一种职业，我们就可以把某一种职业分配给男性或女性。但
E 是，如果我们发现两性之间，唯一的区别不过是生理上的区别，阴性受精生子，阳性射精生子，我们不能据此就得出结论说，男女之间应有我们所讲那种职业的区别；我们还是相信，我们的护卫者和

他们的妻子应该担任同样的职业为是。

格：你说得很对。

苏：其次，我们要请那些唱反调的人，告诉我们，对建设国家有贡献的技术和职业，哪些仅仅适宜于女性，哪些仅仅适宜于男性呢? 455

格：这你无论如何是问得公道合理的。

苏：也许有人会像你刚才所说的那样说：一下子不容易找到令人满意的答复，只要给他们时间想一想，这也并不太难的。

格：他也许会这么说。

苏：那么，我们可不可以请求反对我们的人一直跟着我们，以
便我们或许能够向他证明，在治理一个国家方面没有一件事是只有 B
男子配担任女人担任不了的?

格：当然可以。

苏：那么，让我们来请他答复这个问题。“当你说一个人对某件事有天赋的才能另一个人没有天赋的才能，是根据什么呢?是因为一个人学习起来容易另一个人学习起来困难，对吗?是不是因为有的人一学就懂，懂了就能类推，举一反三；有的人学习了好久，甚至还不记得所学的是什么东西?是不是因为有的人身
体能充分地为心灵服务，有的人身体反而阻碍心灵的发展呢?你 C
还有什么别的东西可用来作为每一问题上区分有好天赋与没有好天赋的依据的吗?”

格：没有人能找到别的东西来作为区分的根据的了。

苏：那么，有没有一种人们的活动，从上述任何方面看，男性都不胜于女性?我们要不要详细列举这种活动，像织布、烹饪、做
糕点等等，女人以专家自命，要是男人胜了，她们觉得害羞，怕成 D
为笑柄的?

格：你说得对。我们可以说，一种性别在一切事情上都远不如另一性别。虽然在许多事物上，许多女人的确比许多男人更为擅

长，但是总的看来，情况是像你所说的那样。

苏：那么，我的朋友，没有任何一项管理国家的工作，因为女人在干而专属于女性，或者因为男人在干而专属于男性。各种的天赋才能同样分布于男女两性。根据自然，各种职务，不
E 论男的女的都可以参加，只是总的说来，女的比男的弱一些罢了。

格：很对。

苏：那么，我们要不要把一切职务都分配给男人而丝毫不分配给女人？

格：啊，那怎么行？

苏：我想我们还是这样说的好：有的女人有搞医药的天赋，有的没有，有的女人有音乐天赋，有的没有。

格：诚然。

456 苏：我们能不能说：有的女人有运动天赋，爱好战斗，有的女人天性不爱战斗，不爱运动？

格：能说。

苏：同样我们能不能说有的爱智，有的厌智，有的刚烈，有的懦弱？

格：也能这么说。

苏：因此，有的女人具有担任护卫者的才能，有的没有这种才能；至于，男人难道我们不能根据同样的禀赋来选择男的保卫者吗？

格：是这样。

苏：那么，女人男人可以有同样的才能适宜于担任国家保卫者的职务，分别只在于女人弱些男人强些罢了。

格：显然是如此。

B 苏：因此应该挑选这种女子和这种男子住在一起同负护卫者的职责，既然女的男的才能相似禀赋相似。

格：当然。

苏：同样的禀赋应该给同样职务，不是吗？

格：是的。

苏：话又说回到前面。我们同意给护卫者的妻子们以音乐和体育上的锻炼，并不违背自然。

格：毫无疑问。 C

苏：因此我们的立法并不是不切实际的空想，既然我们提出的法律是合乎自然的。看来倒是目下流行的做法是不自然的。

格：似乎如此。

苏：那么，我们所要考虑的问题是：我们的建议是否行得通？如果行得通的话，它们是不是最好？

格：是这个问题。

苏：我们已经同意是行得通的，不是吗？

格：是的。

苏：那么，我们要取得一致意见的次一个问题是：我们建议的是不是最好？

格：显然是的。

苏：好，为了培养护卫者，我们对女子和男子并不用两种不同的教育方法，尤其是因为不论女性男性，我们所提供的天然禀赋是一样的。

格：应该是同样的教育。 D

（柏拉图：《理想国》，Ⅴ，451C—456D，郭斌和、张竹明译，商务印书馆1986年版，第180—188页。）

（四）论理想的国家统治者及其教育

1. 政治家必须同时是哲学家

苏：除非哲学家成为我们这些国家的国王，或者我们目前称之为国王和统治者的那些人物，能严肃认真地追求智慧，使政治权力 D

与聪明才智合而为一；那些顾此失彼，不能兼有的庸庸碌碌之徒，
必须排除出去。否则的话，我亲爱的格劳孔，对国家甚至我想对全
E 人类都将祸害无穷，永无宁日。我们前面描述的那种法律体制，都
只能是海客谈瀛，永远只能是空中楼阁而已。这就是我一再踌躇不
肯说出来的缘故，因为我知道，一旦说出来人们就会说我是在发怪
论。因为一般人不容易认识到：除了这个办法之外，其他的办法是
不可能给个人给公众以幸福的。

（柏拉图：《理想国》，Ⅴ，473C—473D，郭斌和、张竹明译，商务印书馆1986年版，第214—215页。）

阿：既然我们[①]一致认为哲学家对城邦无用，那么“在哲学家统治城邦之前城邦不能摆脱邪恶”——你的这个论断又怎能成立呢？

苏：你的这个问题须用比喻来解答。

阿：啊，我想，你诚然不是惯于用比喻说话的呀！

Ⅳ 苏：你已把我置于如此进退维谷的辩论境地，现在又来讥笑我
了。不过，还得请你听我的比喻，然后你可以更清楚地看到，我是
488 比喻得多么吃力了。因为，最优秀的人物他们在和城邦关系方面的
感受是很不愉快的，并且世界上没有任何一种单一的事物和这种感
受相像，因此为了比喻得像，以达到替他们辩护的目的，需要把许
多东西凑到一起来拼成一个东西，像画家们画鹿羊之类怪物时进行
拼合那样。好，请设想有一队船或一只船，船上发生这样的事情：
B 船上有一个船长，他身高力大超过船上所有船员，但是耳朵有点
聋，眼睛不怎么好使，他的航海知识也不太高明。船上水手们都争
吵着要替代他做船长，都说自己有权掌舵，虽然他们从没学过航海
C 术，都说不出自己在何时跟谁学过航海术。而且，他们还断言，航
海术是根本无法教的，谁要是说可以教，他们就准备把他碎尸万

① 指对话者双方。

段。同时，他们围住船长强求他，甚至不择手段地骗他把舵交给自
己；有时他们失败了，别人被船长同意代为指挥，他们就杀死别人
或把别人逐出船去，然后用麻醉药或酒之类的东西把高贵的船长困
住；他们夺得了船只的领导权，于是尽出船上库存，吃喝玩乐，他
们就照自己希望的这么航行着。不仅如此，凡是曾经参与阴谋，狡 D
猾地帮助过他们从船长手里夺取权力的人，不论是出过主意的还是
出过力的，都被授以航海家、领航、船老大等等荣誉称号，对不同
伙的人，他们就骂是废物。其实，真正的航海家必须注意年、季
节、天空、星辰、风云，以及一切与航海有关的事情，如果他要成
为船只的真正当权者的话；并且，不管别人赞成不赞成，这样的人 E
是必定会成为航海家的。如果不是事实如此的话，那些人大概连想
都没想到过，在学会航海学的同时精通和实践这一技术是有可能
的。你再说说看，在发生过这种变故之后的船上，一个真正的航海 489
家在这些篡了权的水手中会被怎样看待呢？他们不会把他叫作唠叨
鬼、看星迷或大废物吗？

阿：正是的。

苏：那么我想你是不再需要听我来解释这个比喻了，因为你已经明白了，我是用它来说明一个真正的哲学家在城邦中的处境的。

阿：的确。

苏：那么，你碰到谁对哲学家在我们这些城邦里不受尊重的状
况感到惊讶，就请你首先把这个比喻说给他听一听，再努力使他相 B
信，要是哲学家受到尊重，那才更是咄咄怪事呢！

阿：行，就这么办。

苏：你还要告诉他：他说哲学家中的最优秀者对于世人无用，这话是对的；但是同时也要对他说清楚，最优秀哲学家的无用其责任不在哲学家本身，而在别人不用哲学家。因为，船长求水手们受

他管带或者智者趋赴富人门庭，① 都是不自然的。“智者们应趋富人门庭”这句俏皮话是不对的。真正合乎自然的事理应当是这样：一个人病了，不管他是穷人还是富人，应该是他趋赴医生的家门去
C 找医生，任何要求管治的人应该是他们自己登门去请有能力管治他们的人来管治他们。统治者如果真是有用的统治者，那么他去要求被统治者受他统治是不自然的。你如果把我们当前的政治统治者比作我们刚才所说的那种水手，把被他们称作废物、望星迷的哲学家比作真正的舵手，你是不会错的。

阿：绝对正确。

苏：因此，根据这些情况看来，在这样一些人当中，哲学这门
D 最可贵的学问是不大可能得到反对者尊重的；然而使哲学蒙受最为巨大最为严重毁谤的还是那些自称也是搞哲学的人——他们就是你在指出哲学的反对者说大多数搞哲学的人都是坏蛋，而其中的优秀者也是无用的时，你心里所指的那些人；我当时也曾肯定过你的话是对的。② 是这样吗？

阿：是的。

V 苏：其中的优秀者所以无用，其原因我们有没有解释清楚呢？

阿：已经解释清楚了。

苏：那么，让我们接下来指出：大多数哲学家的变坏是不可避免的，以及，如果可以做得到的话，让我们再试着证明这也不能归
E 咎于哲学。我们可以做这个了吗？

阿：可以了。

苏：让我们一问一答地，从回忆我们前面描述一个要成为美而
490 善者的人必须从小具备的天性处说起吧。如果你还记得的话，真理是他时时处处要追随的领袖，否则他就是一个和真正哲学毫无关系

① 意思是：有学问的人向没有学问的富人表示敬意。

② 见487D—E。

的江湖骗子。

阿：记得是这么说过的。

苏：这一点不是跟今人对哲学家的看法刚好相反吗？

阿：是的。

苏：我们不是很有理由用如下的话为他辩护吗：追求真实存在
是真正爱知者的天性；他不会停留在意见所能达到的多样的个别事 B
物上的，他会继续追求，爱的锋芒不会变钝，爱的热情不会降低，直至他心灵中的那个能把握真实的，即与真实相亲近的部分接触到了每一事物真正的实体，并且通过心灵的这个部分与事物真实的接近，交合，生出了理性和真理，他才有了真知，才真实地活着成长着；到那时，也只有到那时，他才停止自己艰苦的追求过程？

阿：理由不能再充分了。

苏：这种人会爱虚假吗？或者正相反，他会恨它呢？

阿：他会恨它的。 C

苏：真理带路，我想我们大概可以说，不会有任何邪恶跟在这个队伍里的。

阿：怎么可能呢？

苏：真理的队伍里倒是有一个健康的和正义的心，由节制伴随着。

阿：对。

苏：没有必要从头再来证明一遍哲学家所应具的天性了吧？因为，你一定还记得，勇敢、大度、聪敏、强记是这种天赋所必具的
品质。你曾提出反对意见说，虽然大家都不得不同意我们的话，但 D
是，只要抛开言词，把注意力集中到言词所说到的那些人身上，大家就会说，他们所看到的实际是：那些人里有些是无用的，大多数人则是干尽了坏事的。于是我们开始研究名声坏的原因，这方面现

在我们已经走到了这一步①：下面要研究，为什么其中大多数人变坏了的？为此我们重新提出了真正哲学家的天性问题并且确定了它必须是什么。

阿：是这样。

（柏拉图：《理想国》，Ⅵ，487E—490E，郭斌和、张竹明译，商务印书馆1986年版，第234—249页。）

2. 掌握能引领思想的学问

苏：你的记忆再准确不过了。因为事实上其中没有这类的因素。但是，啊呀，格劳孔，那么我们寻求的这种学问是什么呢？因为手工技艺似乎又全是有点低贱的。

格：确实是的。可是除去音乐、体操和手艺，剩下的还有什么别的学问呢？

苏：这样吧，如果我们除此之外再想不出什么别的了，我们就来举出一个全都要用到的东西吧。

C 格：那是什么？

苏：嗯，例如一个共同的东西——它是一切技术的、思想的和科学的知识都要用到的，它是大家都必须学习的最重要的东西之一。

格：什么东西？

苏：一个平常的东西，即分别"一""二""三"，总的说，就是数数和计算。一切技术和科学都必须做这些，事实不是这样吗？

格：是这样。

苏：战术不也要做这些吗？

格：必定的。

D 苏：因此巴拉米德斯每次在舞台上出现就使阿伽门农成了一个

① 意思是：有些学哲学的人于世无用的问题已经讨论过了。

极可笑的将军。巴拉米德斯宣称，他发明了数目之后组织排列了在特洛伊的大军中的各支部队，点数了船只和其他一切；仿佛在这之前它们都没有被数过，而在阿伽门农看来也不知道自己有多少步兵，既然他不会数数。你是否注意过这些？还有，在那种情况下，你认为阿伽门农是一个什么样的将军呢？

格：我看他是一个荒谬可笑的将军，如果那是真的话。

苏：那么，我们要不要把能计算和数数定为一个军人的必不可 ⅦE
少的本领呢？

格：这是最不可少的本领，如果他要能够指挥军队，甚至只是为了要做好一个普通人。

苏：那么，你是不是同我一样想的是这门学问呢？

格：哪一门学问？

苏：它似乎就是我们正在寻找的那些本性能引领思想的学问之 523
一。但是没有一个人在正确地使用它，虽然它确实能引导灵魂到达实在。

格：你说的是什么意思？

苏：我将努力把我心里的想法解释给你听，我将告诉你，我是如何在自己心里区分两种事物的——有我所指的那种牵引力的事物和没有那种牵引力的事物的。如果你愿和我一起继续讨论下去，并且告诉我，你同意什么不同意什么，那时我们就会更清楚，我的想法对不对了。

格：请说吧。

苏：好，你知道感觉中的东西有些是不需要求助于理性思考 B
的，因为感官就能胜任判断了。但是还有一些是需要求助于理性的，因为感官对它们不能作出可靠的判断。

格：你显然是指的远处的东西或画中的东西。

苏：你完全没有领会我的意思。

格：那么，你说的是什么意思呢？

苏：不需要理性思考的东西我指的是不同时引起相反感觉的东
C 西，需要理性帮助的东西我指的是那些能同时引起相反感觉的东西
(这时感官无法作出明确的判断)，与距离的远近无关。我作了如下
说明之后，你就更明白了。例如这里有三个手指头：小指、无名
指、中指。

格：好。

苏：我举手指为例，请你别忘了我是把它们当作近处可见的东西。但是关于它们我还要你注意一点。

格：哪一点？

D 苏：每一个指头看上去都一样是一个指头，在这方面无论它是
中间的那个还是两边上的某一个，是白的还是黑的，是粗的还是细
的，等等，都无所谓。因为这里没有什么东西要迫使平常人的灵魂
再提出什么问题或思考究竟什么是手指的问题了，因为视觉官能从
未同时向心灵发出信号，说手指也是手指的相反者。

格：是的。

苏：这种感觉当然是不会要求或引起理性思考的。

E 格：当然。

苏：但是手指的大和小怎么样呢？区别它们是大还是小，视觉
能胜任吗？哪一个手指在中间、哪一个在边上对视觉有什么分别
吗？同样，触觉能区分粗和细、软和硬吗？在认识这一类性质时，
524 不是事实上所有的感觉都有缺陷吗？它们是像下述这样起作用的：
首先例如触觉，既关系着硬，就必定也关系着软，因此它给灵魂传
去的信号是：它觉得同一物体既是硬的又是软的。不是这样吗？

格：是这样。

苏：如果触觉告诉灵魂，同一物体是硬的也是软的，心灵在这
种情况下一定要问，触觉所说的硬是什么意思，不是吗？或者，如
B 果有关的感觉说，重的东西是轻的，或轻的东西是重的，它所说的
轻或重是什么意思？

格：的确，这些信息是心灵所迷惑不解的，是需要加以研究的。

苏：因此，在这种情况下，灵魂首先召集计算能力和理性，努力研究，传来信息的东西是一个还是两个。

格：当然。

苏：如果答案说是两个，那么其中的每一个都是不同的一个吗？

格：是的。

苏：因此，如果各是一个，共是两个，那么，在理性看来它们是分开的两个；因为，如果它们不是分离的，它就不会把它们想作两个，而想作一个了。

格：对的。 C

苏：我们说过，视觉也看见大和小，但两者不是分离的而是合在一起的。是吧？

格：是的。

苏：为了弄清楚这一点，理性“看”大和小，不得不采取和感觉相反的方法，把它们分离开来看，而不是合在一起看。

格：真的。

苏：接着我们不是要首先面临这样一个问题吗：大和小究竟是什么？

格：一定的。

苏：这就是我们所以使用“可知事物”和“可见事物”这两名称的原因。

格：太对了。 D

苏：我刚才说有的事物要求思考有的事物不要求思考，并且把 VIII
那些同时给感官以相反刺激的事物定义为要求理性思考的事物，把那些不同时造成相反刺激的事物定义为不要求理性思考的事物。我说这些话正是在努力解释这个意思。

格：现在我明白了，并且跟你的看法一致了。

苏：那么，你认为数和“一”属于这两种事物中的哪一种呢？

格：我不知道。

苏：那你就根据我们已说过的话进行推理吧。因为，如果
E “一”本身就是视觉所能完全看清楚的，或能被别的感觉所把握的，
它就不能牵引心灵去把握实在了，像我们在以手指为例时所解释的
那样。但是，如果常常有相反者与之同时被看到，以至虽然它显得
是一个，但同时相反者也一样地显得是一个，那么，就会立刻需要
一个东西对它们作出判断，灵魂就会因而迷惑不解，而要求研究，
525 并在自身内引起思考时，询问这种“一”究竟是什么。这样一来，
对“一”的研究便会把心灵引导到或转向到对实在的注视上去了。

格：关于“一”的视觉确实最有这种特点，因为我们能看见同一事物是一，同时又是无限多。

苏：如果这个原理关于“一”是真的，那么也就关于所有的数都是真的，不是吗？

格：当然。

苏：还有，算术和算学全是关于数的。

格：当然。

B 苏：这个学科看来能把灵魂引导到真理。

格：是的。它超过任何学科。

苏：因此，这个学科看来应包括在我们所寻求的学科之中。因为军人必须学会它，以便统率他的军队；哲学家也应学会它，因为他们必须脱离可变世界，把握真理，否则他们就永远不会成为真正的计算者。

格：是的。

苏：我们的护卫者既是军人又是哲学家。

格：当然。

苏：因此，格劳孔，算学这门学问看来有资格被用法律规定下

来；我们应当劝说那些将来要在城邦里身居要津的人学习算术，而
且要他们不是马马虎虎地学，是深入下去学，直到用自己的纯粹理 C
性看到了数的本质，要他们学习算术不是为了做买卖，仿佛在准备
做商人或小贩似的，而是为了用于战争以及便于将灵魂从变化世界
转向真理和实在。

格：你说得太好了。

苏：而且，既然提到了学习算术的问题，我觉得，如果人们学
习它不是为了做买卖而是为了知识的话，那么它是一种精巧的对达
到我们目的有许多用处的工具。 D

格：为什么？

苏：正如我们刚刚说的，它用力将灵魂向上拉，并迫使灵魂讨论纯数本身；如果有人要它讨论属于可见物体或可触物体的数，它是永远不会苟同的。因为你一定知道，精于算术的人，如果有人企图在理论上分割“一”本身，他们一定会讥笑这个人，并且不承认的，但是，如果你要用除法把“一”分成部分，他们就要一步不放地使用乘法对付你，不让“一”有任何时候显得不是“一”而是由许多个部分合成的。

格：你的话极对。

苏：格劳孔，假如有人问他们：“我的好朋友，你们正在论述 526
的是哪一种数呀？——既然其中‘一’是像你们所主张的那样，每
个‘一’都和所有别的‘一’相等，而且没有一点不同，‘一’内
部也不分部分。”你认为怎么样？你认为他们会怎么答复？

格：我认为他们会说，他们所说的数只能用理性去把握，别的任何方法都不行。

苏：因此，我的朋友，你看见了，这门学问看来确是我们所不
可或缺的呢，既然它明摆着能迫使灵魂使用纯粹理性①通向真理 B

① 或“理性本身”。

本身。

格：它确实很能这样。

苏：再说，你有没有注意到，那些天性擅长算术的人，往往也敏于学习其他一切学科；而那些反应迟缓的人，如果受了算术的训练，他们的反应也总会有所改善，变得快些的，即使不谈别的方面的受益?

格：是这样的。

C 苏：其次，我认为，我们不容易发现有什么学科学习起来比算术更难的，像它一样难的也不多。

格：确实如此。

苏：因所有这些缘故，我们一定不要疏忽了这门学问，要用它来教育我们的那些天赋最高的公民。

格：我赞成。

Ⅸ 苏：那么，这门功课就定下来了算是一门。下面让我们再来考虑接在它后面的一门功课，看它对我们是否有用。

格：哪一门功课？你是说的几何学吗?

苏：正是它。

D 格：它在军事上有用是很明显的。因为，事关安营扎寨，划分地段，以及作战和行军中排列纵队、横队以及其他各种队形，指挥官有没有学过几何学是大不一样的。

苏：不过，为满足军事方面的需要，一小部分几何学和算术知
E 识也就够了。这里需要我们考虑的问题是，几何学中占大部分的较为高深的东西是否能帮助人们较为容易地把握善的理念。我们认为每一门迫使灵魂转向真实之这一最神圣部分——它是灵魂一定要努力看的——所在的学科都有这种作用。

格：你说得对。

苏：如果它迫使灵魂看实在，它就有用。如果它迫使灵魂看产

生世界①，它就无用。

格：我们也这样认为。

苏：于是几何学的作用正好和它的行家们使用的语言中表现出 527
来的完全相反——这一点即使那些对几何学只有粗浅了解的人也是
不会持异议的。

格：怎么的？

苏：他们的话再可笑不过，虽然也不得不这么说。例如他们谈
论关于“化方”“作图”“延长”等等时，都仿佛是正在做着什么
事，他们的全部推理也都为了实用。而事实上这门科学的真正目的
是纯粹为了知识。 B

格：绝对正确。

苏：关于下述这一点我们还能一定有一致意见吗？

格：哪一点？

苏：几何学的对象乃是永恒事物，而不是某种有时产生和灭亡的事物。

格：这是没有疑问的：几何学是认识永恒事物的。

苏：因此，我的好朋友，几何学大概能把灵魂引向真理，并且或许能使哲学家的灵魂转向上面，而不是转向下面，像我们如今错做的那样了。

格：一定能如此。

苏：因此，你一定得要求贵理想国的公民重视几何学。而且它 C
还有重要的附带好处呢。

格：什么附带的好处？

苏：它对战争有用，这你已经说过了。我们也知道，它对学习一切其他功课还有一定的好处，学过几何学的人和没有学过几何学的人在学习别的学科时是大不同的。

---

① 或“生灭世界”“可变世界”。

格：真的，非常不同。

苏：那么，让我们定下来吧：几何学作为青年必学的第二门功课。可以吗？

格：定下来吧。

XD 苏：我们把天文学定为第三门功课，你意下如何？

格：我当然赞同。对年、月、四季有较敏锐的理解，不仅对于农事、航海有用，而且对于行军作战也一样是有用的。

苏：真有趣，你显然担心众人会以为你正在建议一些无用的学科。但是这的确不是件容易事：相信每个人的灵魂里有一个知识的
E 器官，它能够在被习惯毁坏了迷盲了之后重新被建议的这些学习除去尘垢，恢复明亮。（维护这个器官比维护一万只眼睛还重要，因为它是唯一能看得见真理的器官。）和我们一起相信这一点的那些人，他们会认为你的话是绝顶正确的，但是那些对此茫无所知的
528 人，他们自然会认为你说的尽是废话，因为他们看不到这些学习能带来任何值得挂齿的益处。现在请你自己决定和哪一方面讨论吧。或者不和任何一方面讨论，你作这些论证主要只是为了你自己，虽然无意反对任何别人也从中得到益处。

格：我宁肯这样，我论述、我提问、我回答主要为我自己。

苏：那么，你得稍微退回去一点，因为我们在讨论了几何学之后接着讨论刚才那个科目选得不对。

格：怎么选得不对？

苏：我们讨论过了平面之后，还没有讨论立体本身，便直接去
B 讨论有运动的立体事物了。正确的做法应从第二维依次进到第三维。我认为，第三维乃是立方体和一切具有厚度的事物所具有的。

格：是这样。但是，苏格拉底啊，这个学科似乎还没有得到很好的发展。

苏：没有得到发展的原因有二。第一，没有一个城邦重视它，再加上它本身难度大，因此人们不愿意去研习它。第二，研习者须

有人指导，否则不能成功；而导师首先是难得，其次，即使找到
了，按照当前的时风，这方面的研习者也不见得能虚心接受指导。 C
但是，如果整个城邦一起来管理提倡这项事业，研习者就会听从劝告了；持久奋发的研究工作就能使立体几何这个学科的许多课题被研究清楚。虽则现在许多人轻视它，研习者也因不了解它的真正作用而不能正确对待它，因而影响了它的发展，但它仍然以自己固有的魅力，克服了种种障碍，得到了一定的进步，甚至即使它被研究
清楚了，我们也不以为怪。 D

格：它的确很有趣味很有魅力。但是请你把刚才的话说得更清楚些，你刚才说几何学是研究平面的。

苏：是的。

格：然后，你接着先是谈天文学，后来又退了回来。

苏：须知，我这是欲速不达呀。本来在平面几何之后应当接着谈立体几何的，但由于它还欠发达，我在匆忙中忽视了它，而谈了天文学；天文学是讨论运动中的立体的。

格：是的，你是那样做的。 E

苏：那么，让我们把天文学作为第四门学习科目吧，假定被忽略了未加讨论的那门科学在城邦管理下有作用的话。

格：这很好。另外，苏格拉底，你刚才抨击我，说我评论天文学动机不高尚，有功利主义，我现在不这样做啦，我要用你的原则
来赞美它。我想，大家都知道，这个学科一定是迫使心灵向上看， 529
引导心灵离开这里的事物去看高处事物的。

苏：或许大家都知道，只是我除外，因为我不这样认为。

格：你认为怎样呢？

苏：像引导我们掌握哲学的人目前那样地讨论天文学，我认为，天文学只能使灵魂的视力大大地向下转。

格：为什么？

苏：我觉得，你对于“学习上面的事物”理解不低级；你或许

B 认为，凡是抬起头来仰望天花板藻井的，都是在用灵魂而非用眼睛学习。或许你是对的，我是无知的。因为除了研究实在和不可见者外我想不出任何别的学习能使灵魂的视力向上。如果有人想研究可见事物，无论是张开嘴巴向上望①还是眨巴着眼睛向下看，我都不会认为他是在真正学习（因为任何这类的事物都不可能包含有真正
C 的知识），我也不会认为他的灵魂是在向上看。即使他仰卧着学习（在陆上或海上），我还是认为他是在向下看。

XI 格：我错了，你批评得对。你认为学习天文学不应该像如今这样学，那么你主张怎么个学法呢，如果为达到我们的目的必须学习它？

苏：我说，这些天体装饰着天空，虽然我们把它们视为可见事
D 物中最美最准确者是对的，但由于它们是可见者，所以是远不及真实者，亦即具有真实的数和一切真实图形的，真正的快者和慢者的既相关着又托载着的运动的。真实者是仅能被理性和思考所把握，用眼睛是看不见的。你或许有不同的想法吧？

格：不，完全没有。

苏：因此，我们必须把天空的图画只用作帮助我们学习其实在
E 的说明图，就像一个人碰巧看见了戴达罗斯或某一别的画家或画匠特别细心地画出来的设计图时那样。因为任何具有几何学知识的人，看到这种图画虽然都会称羡画工的巧妙，但是，如果见到别人信以为真，想从图画上找到关于相等、成倍或其他比例之绝对真
530 理，他们也会认为这是荒谬的。

格：怎能不荒谬呢？

苏：一个真正的天文学家在举目观察天体运动时，你不认为他会有同样的感觉吗？他会认为天的制造者已经把天和天里面的星体造得不能再好了，但是，他如果看到有人认为，有一种恒常的绝对

---

① 借阿里斯托芬措辞。见喜剧《云》17a。

不变的比例关系存在于日与夜之间、日与月或月与年之间，或还有
其他星体的周期与日、月、年之间以及其他星体周期相互之间，他 B
也会认为这种想法是荒谬的。它们全都是物质性的可见的，在其中
寻求真实是荒谬的。

格：现在听你这么一说，我赞成你的话了。

苏：因此，如果我们要真正研究天文学，并且正确地使用灵魂
中的天赋理智的话，我们就也应该像研究几何学那样来研究天文 C
学，提出问题解决问题，而不去管天空中的那些可见的事物。

格：你这是要将研究天文学的工作搞得比现在繁难好多倍呀！

苏：我想，如果我们要起作为立法者的任何作用的话，我们就
还要再提出其他一些类似的要求。你有什么别的合适的学科要建议 Ⅻ
的吗？

格：我一下子说不上来。

苏：照我看，运动不是只有一种而是有多种。列举所有运动种 D
类这或许是哲人的事情，但即使是我们，也能说出其中两种来。

格：哪两种？

苏：一是刚才说的这个天文学，另一是和它成对的东西。

格：是什么呢？

苏：我认为我们可以说，正如眼睛是为天文学而造的那样，我们的耳朵是为和谐的声音而造的；这两个学科，正如毕达哥拉斯派所主张，我们也赞同的那样，格劳孔，它们是兄弟学科。对吗？

格：对。

苏：既然事关重大，那么我们要不要去问一问毕达哥拉斯派学 E
者们，看他们对此有何高见，以及此外还有什么别的主张？不过，
这里我们还是要始终注意我们自己的事情。

格：什么事情？

苏：让我们的学生不要企图学习任何不符合我们目标的，结果总是不能达到那个应为任何事物之目的的东西，像我们刚才讨论天

531 文学时说的那样。或者，你还不知道，他们研究和声问题时在重复研究天文学时的毛病呢。他们像天文学者一样，白白花了许多辛苦去听音，并把可听音加以比量。

格：真是这样。他们也真荒谬。他们谈论音程，并仔细认真地听，好像听隔壁邻居的谈话一样。有的说自己能分辨出两个音之间的另一个音来，它是一个最小的音程，是计量单位。而另一些人则
B 坚持说这些音没什么不同。他们全都宁愿用耳朵而不愿用心灵。

苏：你是在讲那些名人，他们拷打琴弦，把它们绞在弦柱上想拷问出真话来；我本可以继续比喻下去，说关于这些音乐家对琴弦的敲打，他们对琴弦的指控以及琴弦的无耻抵赖，但是我还是要丢开这个比喻，因为我对这些人没有像对毕达哥拉斯派（我们刚才说要问他们关于和声问题的）那么重视。因为他们正是做的天文学家
C 们做的那种事情：他们寻求可闻音之间数的关系，从不深入到说明问题，考察什么样数的关系是和谐的，什么样数的关系是不和谐的，各是为什么。

格：须知，这不是一般人办得到的。

苏：如果目的是为了寻求美者和善者，我说这门学问还是有益的，如果是为了别的目的，我说它是无益的。

格：这是很可能的。

XIII 苏：我还认为，如果研究这些学科深入到能够弄清它们之间的
D 相互联系和亲缘关系，并且得出总的认识，那时我们对这些学科的一番辛勤研究才有一个结果，才有助于达到我们的既定目标，否则就是白辛苦。

格：我也这样认为。但是，苏格拉底，这意味着大量的工作呀！

苏：你是指的序言①，对不对？你不知道吗，所有这些学习不

---

① 像法律正文之前有序文一样，学习辩证法要先学数学、天文学等科学。

过是我们要学习的法律正文前面的一个序言？我想你是不会把精通
上述学科的人当作就是辩证法家的。 E

格：的确不会的，除了极少数我碰到过的例外。

苏：一个人如果不能对自己的观点作出逻辑的论证，那么他能获得我们主张他们应当具备的任何知识吗？

格：是不能的。 532

苏：到此，格劳孔，这不已经是辩证法订立的法律正文了吗？
它虽然属于可知世界，但是我们可以在前面说过的那个视觉能力变
化过程中看到它的摹本：从看见阴影到企图看见真的动物，然后能
看得见星星，最后看得见太阳。与此类似，当一个人企图靠辩证法
通过推理而不管感官的知觉，以求达到每一事物的本质，并且一直
坚持到靠思想本身理解到善者的本质时，他就达到了可理知事物的 B
顶峰了，正如我们比喻中的那个人达到可见世界的顶峰一样。

格：的确是的。

苏：那么怎么样？你不想把这个思想的过程叫作辩证的过程吗？

格：当然想。

苏：一个人从桎梏中解放出来，从阴影转向投射阴影的影像①
再转向火光，然后从洞穴里上升到阳光下，这时他还不能直接看动
物、植物和阳光，只能看见水中的神创幻影和真实事物的阴影（不 C
是那个不及太阳真实的火光所投射的影像② 的阴影）。我们考察的
这些科学技术的全部这一学习研究过程能够引导灵魂的最善部分上
升到看见实在的最善部分，正如在我们的那个比喻中人身上最明亮
的东西被转向而看见可见物质世界中最明亮的东西那样。③ D

格：我同意这个说法。虽然我觉得一方面很难完全赞同，但另

①② “影像”，指比喻中物体。

③ 前者指眼睛，后者指太阳。

一方面又很难不赞同。不管怎么说——既然我们不是只许听这一次，而是以后还要多次重复听讲的——让我们假定这些事就像刚才说的那样吧，让我们往下进至讨论法律正文，并且像讨论序文一样
E 地来讨论它吧。那么请告诉我们，辩证法有何种能力？它分哪几种？各用什么方法？因为这些问题的答案看来或可把我们带到休息地，达到旅程的终点。

533 苏：亲爱的格劳孔，你不能跟着我再一道前进了，这倒不是因为我这方面不愿意如此，而是因为现在我要你看的将不再是我们用作比喻的影像了，而是事物的实在本身了，当然是尽它让我看见的——虽然我们不能断定我们所看见的这东西正好就是实在，但是可以肯定，我们必须要看见的实在就是某一这类的东西。你说是吗？

格：当然是的。

苏：我们是否还可以宣布，只有辩证法有能力让人看到实在，也只让学习过我们所列举的那些学科的人看到它，别的途径是没有的，对吗？

格：这个论断我们也可以肯定是对的。

B 苏：这一点无论如何是不会有人和我们唱反调，认为还有任何别的研究途径，可以做到系统地在一切情况下确定每一事物的真实本质的。而一切其他的技术科学则完全或是为了人的意见和欲望，或是为了事物的产生和制造，或是为了在这些事物产生出来或制造出来之后照料它们；至于我们提到过的其余科学，即几何学和与之
C 相关的各学科，虽然对实在有某种认识，但是我们可以看到，它们也只是梦似的看见实在，只要它们还在原封不动地使用它们所用的假设而不能给予任何说明，它们就还不能清醒地看见实在。因为，如果前提是不知道的东西，结论和达到结论的中间步骤就也是由不知道的东西组成的，这种情况下结果的一致又怎能变成真正的知识呢？

格：是无论如何也不能的。

苏：因此，辩证法是唯一的这种研究方法，能够不用假设而一 XIV
直上升到第一原理本身，以便在那里找到可靠根据的。当灵魂的眼
睛真的陷入了无知的泥沼时，辩证法能轻轻地把它拉出来，引导它 D
向上，同时用我们所列举的那些学习科目帮助完成这个转变过程。
这些学科我们常常根据习惯称它们为一门一门的知识，实际上我们
需要一个另外的名称，一个表明它比意见明确些又比知识模糊些的
名称。我们在前面用过“理智”这个名称。但是我觉得，在有如此 E
重大的课题放在我们面前需要讨论的情况下，我们不必为了一个字
而去辩论了。

格：是的。

苏：那么让我们满足于前面用过的那些个名称吧，① 把第一部
分叫作知识，第二部分叫作理智，第三部分叫作信念，第四部分叫 *534*
作想象；又把第三部分和第四部分合称意见，把第一部分和第二部分合称理性；意见是关于产生世界的，理性是关于实在的；理性和意见的关系就像实在和产生世界的关系，知识和信念的关系、理智和想象的关系也像理性和意见的关系。至于和这些灵魂状态对应的事物之间的关系，以及它们再各细分为两部分，能意见的部分和能理知的部分。这些问题，格劳孔，我们还是别去碰它们吧，免得我们被卷进一场更长时间的辩论中去。

格：行，在我能跟着你的范围内，我赞同你关于其余部分的 B
看法。

苏：一个能正确论证每一事物的真实存在的人你不赞成把他叫作辩证法家吗？一个不能这样做，即不能对自己和别人作出正确论证的人，你不赞成说他没有理性，不知道事物的实在吗？

格：我怎能不赞成呢？

---

① 见前面 511 D—E。

苏：这个说法关于善者不也同样合适吗？一个人如果不能用论证把善者的理念和其他一切事物区分开来并给它作出定义，不能像
C 在战场上经受攻击那样经受得住各种考验，并竭力用实在而不是用意见考察一切事物，在正确的方向上将论证进行到底而不出现失误，他如果缺乏这种能力，你就会说他并不真的知道善本身和任何特殊的善者；但是如果他触及它的大概轮廓，他便对它只有意见而
D 没有知识，他这一辈子便都是在打瞌睡做迷梦，在还没醒过来之前便已进入阴曹地府，长眠地下了。是这样吗？

格：真的，我完全赞成你的说法。

苏：但是，如果你竟然事实上教育起目前你还只是在口头上教育的你们的那些孩子，我想你一定不会容许他们来统治国家决定国家大事的，既然他们像几何学上的无理线那样的无理性。

格：当然不会容许的。

苏：因此你得用法律规定他们要特别注意训练培养自己能用最科学的方法提问和回答问题的能力。

E 格：我要照你的意思制定这样的法令。

苏：那么，你是不是同意，辩证法像墙头石一样，被放在我们教育体制的最上头，再不能有任何别的学习科目放在它的上面是正
535 确的了，而我们的学习课程到辩证法也就完成了？

格：我同意。

（柏拉图：《理想国》，Ⅶ，522B—535A，郭斌和、张竹明译，商务印书馆1986年版，第283—302页。）

3. 严格挑选，终身学习

XV 苏：那么，现在剩下来还要你去做的事情就是选定谁去研习这些功课，如何选法。

格：显然是的。

苏：那么，你记不记得，我们前面在选择统治者时选的那种人？

格：当然记得。

苏：那么，就大多数方面而言，你得认为，我们必须挑选那些
具有同样天赋品质的人。必须挑选出最坚定、最勇敢、在可能范围
内也最有风度的人。此外，我们还得要求他们不仅性格高贵严肃而
且还要具有适合这类教育的天赋。 B

格：你想指出哪些天赋呢？

苏：我的朋友啊，他们首先必须热爱学习，还要学起来不感到困难。因为灵魂对学习中的艰苦比对体力活动中的艰苦是更为害怕得多的，因为这种劳苦更接近灵魂，是灵魂所专受的，而不是和肉体共受的。

格：对。

苏：我们还要他们强于记忆。百折不挠、喜爱一切意义上的劳 C
苦。否则你怎能想象，他们有人肯忍受肉体上的一切劳苦并完成如
此巨大的学习和训练课程呢？

格：除了天赋极好的人外，是没有人能这样的。

苏：我们当前的错误以及由此而产生的对哲学的轻蔑，如我前面说过的，在于它的伙伴和追求者不配做它的伙伴和追求者。他们不应当是螟蛉而应当是真子。

格：我不明白。

苏：首先，有志于哲学者对待劳苦一定不能持瘸子走路式的心 D
态，不能半个人爱劳动，半个人怕劳动。假如一个人喜爱打猎、角
斗和各种体力劳动，却不爱学习、听讲、研究和各种诸如此类智力
劳动，就是如此。以相反的方式只喜爱智力劳动的也是像瘸子
走路。

格：你的话再正确不过了。

苏：关于真实，我们不也要把下述这种人的灵魂同样看作是残
废的吗？他嫌恶有意的虚假，不能容忍它存在于自己身上，看到别 E
人有这种毛病更是非常生气，但却心甘情愿地接受无意的虚假，当

他暴露出自己缺乏知识时却并不着急，若无其事地对待自己的无知，像一头猪在泥水中打滚一样。

536 格：完全应该把这种人的灵魂看作残废。

苏：关于节制、勇敢、宽宏大量以及所有各种美德，我们也必须一样警惕地注意假的和真的。因为，如果个人或国家缺乏这种辨别真假所必需的知识，他就会无意中错用一个跛子或假好人做他个人的朋友或国家的统治者。

格：是会这样的。

B 苏：我们必须留心避免一切这类的错误。如果我们挑出了身心健全的人并且让他们受到我们长期的教导和训练，正义本身就不会怪罪我们了，我们就是维护了我们的城邦和社会制度。如果我们挑选了另一种人，结果就会完全相反，我们就将使哲学遭到更大的嘲弄。

格：那的确将是一件可耻的事情。

苏：事情虽然的确如此，但是我认为这会儿我正在使自己显得有点可笑。

格：为什么？

C 苏：我忘了我们不过是在说着笑话玩儿，我竟这么态度严肃认真起来了。须知，我在说话的过程中一眼瞥见了哲学，当我看到它受到不应有的毁谤时，产生了反感，在谈到那些应对此负责的人时，我说话太严肃了，好像在发怒了。

格：但是说真话，我听起来并不觉得过分严肃。

苏：但是，作为说话的人，我自己觉得太严肃了。然而我们一定不能忘了，我们从前总是选举老年人，但是这里不行。梭伦曾说
D 人老了能学很多东西。我们一定不要相信他这话。人老了不能多奔跑，更不能多学习。一切繁重劳累的事情只有年轻时能胜任。

格：这有一定的道理。

XVI 苏：那么，算学、几何学以及一切凡是在学习辩证法之前必须

先行学习的预备性科目，必须趁他们还年轻时教给他们，当然不是采用强迫方式。

格：为什么？

苏：因为一个自由人是不应该被迫地进行任何学习的。因为， E
身体上的被迫劳累对身体无害，但，被迫进行的学习却是不能在心
灵上生根的。

格：真的。

苏：因此，我的朋友，请不要强迫孩子们学习，要用做游戏的 537
方法。你可以在游戏中更好地了解到他们每个人的天性。

格：你的话很有道理。

苏：你有没有忘了，我们也曾说过，我们必须让我们的孩子骑着马到战场上去看看打仗，在安全的地方则让他们靠近前沿，像小野兽那样尝尝血腥味？

格：我还记得。

苏：在所有这些劳苦的身体锻炼、学习和战争恐怖中总是表现得最能干的那些孩子，应当被挑选出来。

格：在几岁上？ B

苏：在必要的体育训练一过去的时候。因为这段时间里——或两年或三年——他们是不能干别的事的。极度的疲劳和长时间的睡眠是学习的敌人，加之，考察他们每个人在体操方面的表现也是对他们整个考察的一个很重要的组成部分。

格：当然。

苏：这段时间过去之后，从二十岁起，被挑选出来的那些青年
将得到比别人更多的荣誉，他们将被要求把小时候分散学习的各种 C
课程内容加以综合，研究它们相互间的联系以及它们和事物本质的
关系。

格：这是能获得永久知识的唯一途径。

苏：这也是有无辩证法天赋的最主要的试金石。因为能在联系

中看事物的就是一个辩证法者，不然就不是一个辩证法者。

格：我同意。

D 苏：你应当把这些天赋上的条件牢记在心，在第一次挑选出来的那些在学习、战争以及履行其他义务中表现得坚定不移的青年里再作第二次挑选，选出其中最富这些天赋条件的青年，在他们年满三十岁的时候，给他们以更高的荣誉，并且用辩证法测试他们，看他们哪些人能不用眼睛和其他的感官，跟随着真理达到纯实在本身。只是在这里，我的朋友啊，你必须多加小心才好。

格：为什么这里必须特别小心呢？

E 苏：你有没有注意到，当前在搞辩证法上所引起的恶果？

格：什么恶果？

苏：搞辩证法的人违反法律。

格：确有其事。

苏：你认为他们这种心灵状态有什么可惊奇的地方，并且认为这是不可原谅的吗？

格：什么意思？

苏：可以打个比方。譬如有个养子养于一富裕的人口众多的大
538 家庭之中，周围有许多逢迎阿谀的人侍候着他。到成年时他知道了，原来自称是他父母的人并不是他的父母，但他又找不到自己的亲生父母。你想想看，他在知道这个真情之前和之后，对那些逢迎之徒和假父母将有什么想法呢？也许，你是不是想听听我的推测？

格：我愿意。

苏：我的推测如下。在他还不知道真情的时候，比之对周围的
XVII 谄媚之徒，他会更多地尊重他所谓的父亲、母亲以及其他的亲属，
B 更多地关心他们的需要，更少想对他们做什么非法的事说什么非法的话，或在重大的事情上不听从他们的劝告。

格：很可能是这样的。

苏：但是，在他发现了真情之后，我推测，他对父母亲人的尊

重和忠心将变得日益减退，转而关心起那些谄媚之徒来。他将比以
前更注意后者，并从此开始按他们的规矩生活，和他们公开结合， C
同时对养父和收养他的其他亲人变得完全不关心了。除非他的天性
特别正，才不会这样。

格：你说的这一切是很可能发生的。但是这个比喻如何和从事哲学辩证的人联系起来呢？

苏：兹说明如下。什么是正义的？什么是光荣的？我们从小就已有了对这些问题的观念。我们就在这种观念中长大，好像在父母哺育下长大成人一样。我们服从它们，尊重它们。

格：是的。 D

苏：但是还另有与此相反的习惯风尚。它们由于能给人快乐而对人的灵魂具有蛊惑力和吸引力，虽然它不能征服任何正派的人，正派人仍然尊重和服从父亲的教诲。

格：确有这种习惯和风尚。

苏：那么，“什么是光荣？”当一个人遇到了这样的问题，并且
根据从立法者那里学得的道理回答时，他在辩论中遭到反驳；当他
多次被驳倒并且在许多地方被驳倒时，他的信念就会动摇，他会变 E
得相信，光荣的东西并不比可耻的东西更光荣；而当他在关于正
义、善以及一切他们主要尊重的东西方面都有了同样的感受时，你
试想，此后在尊重和服从这些传统方面他会怎样行事呢？

格：他一定不会还跟以前一样地尊重和服从了。

苏：当他已经不再觉得以前的这些信条，必须受到尊重和恪
守，但真理又尚未找到时，他会转而采取哪一种生活呢？他不去采 539
取那种能蛊惑他的生活吗？

格：会的。

苏：于是我们将看到他由一个守法者变成一个违法者。

格：必然的。

苏：然而所有这一切乃是这样地从事哲学辩论的一个自然的结

果，并且，如我刚才说过的，又是很可原谅的。是吗？

格：是的。并且也是很可怜的。

苏：为了你可以不必可怜你的那些三十岁的学生，在你如何引导他们进行这种辩论的问题上必须非常谨慎。是吗？

格：是的。

B 苏：不让他们年纪轻轻就去尝试辩论，这不是一个很重要的预防办法吗？我认为你一定已经注意到了，年轻人一开始尝试辩论，由于觉得好玩，便喜欢到处跟人辩论，并且模仿别人的互驳，自己也来反驳别人。他们就像小狗喜欢拖咬所有走近的人一样，喜欢用言辞咬人。

格：完全是这样。

苏：当他们许多次地驳倒别人，自己又许多次地被别人驳倒

C 时，便很快陷入了对从前以为正确的一切的强烈怀疑。结果是损害了自己和整个哲学事业在世人心目中的信誉。

格：再正确不过了。

苏：但是一个年龄大些的人就不会这样疯狂，他宁可效法那些为寻找真理而进行辩驳的人，而不会效法那些只是为了要嘴皮子玩儿的人。因此他本人会是一个有分寸的人。他能使他所研究的哲学

D 信誉提高而不是降低。

格：对。

苏：上面所有这些话我们说出来正是为了预防这一点。我们要求被允许参与这种讨论的人必须是具有适度和坚定品格的人，而不能是随便什么不合格的人，像现在那样。是这样吗？

格：完全是的。

XVIII 苏：那么，像在相应的体操训练中一样，坚持不断地专心致志

E 地学习辩证法，用两倍于体操训练的时间够不够呢？

格：你是说用六年或者四年？

苏：嗯，定为五年吧。因为，在这之后你还得派他再下到地洞

里去，强迫他们负责指挥战争或其他适合青年人干的公务，让他们
可以在实际经验方面不低于别人，还必须让他们在这些公务中接受
考验，看他们是否能在各种诱惑面前坚定不移，或者，看他们是否
会畏缩、出轨。 540

格：这个阶段你给多长时间？

苏：十五年。到五十岁上，那些在实际工作和知识学习的一切
方面都以优异成绩通过了考试的人必须接受最后的考验。我们将要
求他们把灵魂的目光转向上方，注视着照亮一切事物的光源。在这
样地看见了善本身的时候，他们得用它作为原型，管理好国家、公
民个人和他们自己。在剩下的岁月里他们得用大部分时间来研究哲 B
学；但是在轮到值班时，他们每个人都要不辞辛苦管理烦冗的政治
事务，为了城邦而走上统治者的岗位——不是为了光荣而是考虑到
必要。因此，当他们已经培养出了像他们那样的继承人，可以取代
他们充任卫国者的时候，他们就可以辞去职务，进入乐土，在那里
定居下来了。国家将为他们建立纪念碑，像祭神那样地祭祀他们，
如果庇西亚的神示能同意的话。否则也得以神一般的伟人规格祭祀 C
他们。

格：啊，苏格拉底，你已经像一个雕塑师那样最完美地结束了你塑造统治者形象的工作了。

苏：格劳孔啊，这里谈的统治者也包括妇女在内。你必须认为，我所说的关于男人的那些话一样适用于出身于他们中间的妇女们，只要她们具备必要的天赋。

（柏拉图：《理想国》，Ⅶ，535A—540C，郭斌和、张竹明译，商务印书馆1986年版，第302—310页。）

二、《法　律》

（一）论正确教育的原则

爱[①]：让我再次提起我们关于正确教育的原则，假如我没有错，它是依适当的欢乐交往的规则而定的。

克[②]：你说的相当重要。

爱：我认为快乐与痛苦是儿童最先的知觉，这些也就是善与恶对他们最初呈现的形式。至于智慧、真理和卓见，一个人如果能够获得它们，即使在垂暮之年，也是愉快的。凡是能够掌握这些，并且因此而产生了各种幸福，那便是一个完人。现在且听我说，我所谓的教育，就是指对儿童适当的习惯给予善端的培养；——当把欢乐、友谊、痛苦和憎恨都适当地植根于儿童心灵中的时候，他们对这些性质固然还不能明白，但一旦获致了理性，就会发现这些都是互相谐和的。这心灵的和谐达到完善的境地时，即是道德；而那种依于欢乐和痛苦的特殊训练——它从始至终总在引导着你去恨你所应该恨的，爱你所应该爱的——是可以分开来的；我看这可以正确地称为教育。

克：我认为你过去和现在关于教育所说的一切都是相当正确的。

爱：听到你同意我的看法我很高兴；因为，实际上，快乐与痛苦的正确训练（当它们调节得适当时是教育的一个原理），在人类的生活中常被忽视与误用。上帝由于怜悯人类生后必须忍耐着去做种种苦工而创造了神圣的节日，以便使人们得以休息来暂代劳动。

---

① 爱德曼，又译阿得曼托斯。

② 克劳康，又译格劳孔。

又给人们以缪斯和她们的领导者阿波罗，以及第奥尼西阿斯，做人们欢宴时的伴侣，使得他们在诸神的节日里借助神的帮助，来改进他们所具有的教育。我想知道俗话是否合乎事实。人们说一切生物当其幼小的时候，不论在身体或声音方面都是不能静下来的；他们总是要动、要喊，忽而跳跃，看见一种事物就非常欢喜，尽情玩乐，又忽而叫出各种声音来。其他动物的动作没有秩序，即对于所谓节奏与和谐，无所感觉；而对于我们人类，上帝既给了我们歌舞中的伴侣，又赋予我们和谐与节奏的快感。因此他们鼓动我们，使我们活泼起来，我们跟随着他们，相互携手，载歌载舞；这，人们称为合奏或合唱，这名词自然表现了欢悦。我们是否应该承认教育最先是由阿波罗和缪斯神所赋予的呢？你的意见怎样？

克：我同意。

爱：那么缺乏教育的人就是没有在合奏中受过训练的，而受过教育的就是曾经很好地受过训练的？

克：当然。

爱：所谓合奏兼有两方面，即舞与歌？

克：对的。

爱：那么曾经很好地受过教育的人，也就是能够很好地歌与舞的？

克：我想是的。

爱：让我们想想，我们是在讲些什么呢？

克：什么？

爱：受过教育的人能歌善舞；我们还应强调他能唱好听的歌，跳好看的舞吧？

克：让我们加上这个条件吧。

爱：我们可以推测出他们能认识好的就是好的，坏的就是坏的，而且能区别地使用它们。一种人能够按照正确的形式去活动他的肢体，使用他的声音，但对好的不知喜爱，对恶的不知憎恶；另一种人虽然没有正确的姿态与声音，但是有正当的好恶，欢迎好的，厌恶恶的，你想，这两种人谁是在歌舞上受到更优良的训练的呢？

克：这两种教育之间，确有甚大的区别。

爱：如果我们知道哪些是好的歌与舞，那么我们也能知道谁受了正确的教育，谁没有受正确的教育。不然，我们一定不能知道教育的确实保证何在，也不知道到底有没有确实保证。

克：真的。

爱：让我们像猎狗一般提高嗅觉，去寻求形态旋律、歌曲与舞蹈之美。如果我们脱离了这些，那还有什么真正的教育可说，不管它是希腊的还是域外的？

克：是的。

爱：什么是形体之美或美的旋律呢？当一个壮士与一个懦夫同陷入困境之中，他们会用相同的体态、姿势或相同的声音来表现自己吗？

克：怎么会呢？他们脸上神色原来也是不同的。

爱：好，我的朋友；可是我愿顺便说到，音乐里确实有形象，也有旋律：音乐是关于和声与节奏的艺术，因此你可以说一种旋律或形象是有节奏或和声的，这种说法是完全正确的。可是你若说合奏团的大师们能用暗喻来说明一种旋律或形象的“颜色”，那就不对了。不过，你却能够说到勇士或懦夫的旋律与形象，并分别予以褒贬。不要厌烦，凡能够表现出身心的美德或者美德的映像的形象或旋律，无例外地一定是好的；反之，凡表现着邪恶的便是好的反面了。

克：你要我们作那样的区分，你是对的。

…………

爱：到此为止，我和多数人意见相同，就是音乐的价值要根据它所能给予人们的快乐来衡量的。可是这快乐不应当是随便什么人的快乐；最好的音乐能够使最好的与受过最好教育的人，特别是那些有最好的道德与修养的人感到愉快。因此评判者必须具有道德——他们必须有智慧，也必须有勇气；因为真实的审判不应当从戏场中去学习，不应当震慑于群众的叫嚣与顾虑自己的无能，也不应当明知道真理，却由于畏葸与懦弱随便下一个违心的判断，而且出于一个下判断以前曾向上帝宣过誓的人之口。他坐着这把评判的交椅，不是作为观众的追随者，而是恰当地作为他们的指导者，凡一切讨好观众的乐趣的做法，他都应予以仇视。希腊的一般旧俗，现在在意大利与西西里还通行着，由观众来作判断，他们用举手的方式来判定谁是优胜者。可是这种习俗导致诗人们堕落，——因为他们习惯于对评判人的低劣的情趣的阿谀取悦，结果听众们自己教育自己，于是剧院每况愈下；——其实观众们需要有比他们自己情趣高尚的人的指引，从而得享受更高级的快乐。但那种办法则使他们江河日下。从以上这段很长的话里，可以抽绎出什么意义来呢？是否让我来告诉你呢？

克：什么呢？

爱：我们现在得出第三个推断或第四个推断：教育是约束和指导青少年，培养他们正当的理智的，这种理智是由法律固定了的，而且是年高德劭的人经验过，认为确实正当的。要让儿童的心灵不会因习惯而使其喜乐忧戚与法律或守法者牴牾，而使其顺从法律并与老前辈共感受。——我是说，为了产生这样的影响，于是创制出音乐歌曲，它的效力有如神力，目的在于培养我们所说的和谐。可是，因为孩子的心还不能经受严格的训练，所以它们被称为游戏或歌曲，而且以游戏的精神去从事；这就仿佛人们有了病，身体不适，看护者以可口的饮食作他们的滋养食品，也用不合口味的东西给予不合营养的食物，使他们（这也是他们应该的）逐渐知道，爱其一而恶其他。同样真正的立法家要恳切劝告（如果不能恳切劝告就强迫）诗人像他所应该做的那样，用美好与高尚的语言在他的韵诗中去表现人物，在他的音律中去表现有节制的、美好的乐曲，以及用各种方法去表现善良的人……这全部合奏的艺术在我们看来也就是全部的教育；而在这种艺术里，节奏与和声因与声音有关，也就成为它的一部分。

克：是的。

爱：身体的运动和声音的运动有一共同的形式便是节奏。它们的不同之处是前者在姿态方面，后者在乐歌方面。

克：十分对的。

爱：发出的声音入于人的心灵，对它起了一种教育作用，我们敢于称这为音乐。

克：对的。

爱：人们作为娱乐的身体运动，我们称为舞蹈；而为增强体质去进行的运动，就可以称为体育。

克：很对。

爱：音乐占着合奏艺术的一半，我们几乎完全讨论过了。我们是否应讲到另外的一半？你喜欢怎样？

克：我的良友，你既然是在和一个克里特人与一个斯巴达人谈话，而我们已经谈过了音乐，却还没有谈到体育，那么我们两人中任何一人会给你什么回答呢？

爱：你的发问差不多就是答复，我理解并且接受你这种既是答复也作为命令的话，我接下去谈谈体育。

克：你很了解我，请你就照做罢。

爱：我就照做。和你们谈这样的题材并不难，你们两人对体育比对音乐要熟悉得多。

克：这是真的。

爱：一切动物都有快速行动的倾向，我意体育就源于此，不是吗？像我们上面所说的，人由于有一种节奏的感觉，创造了与发明了舞蹈；和声引起了和激发了节奏，两者联合起来便成了合奏的艺术。

克：完全正确。

（柏拉图：《法律》，摘自郑晓沧译：《柏拉图论教育》，人民教育出版社 1958 年版，第 70—75 页。）

（二）论正确教育的实施

爱：在三周岁以前，不管男孩或女孩，如果一个人严格执行了以上的这些规条，又把这些作为主要目的，那么对于这些年轻人是大有益处的。可是到了三、四、五、六岁时，孩子的本性是需要游戏的。在这些时候，要克服他的顽固执拗的性情，要惩罚他，但不要使他感到失去体面。正像我们上面说的对于奴隶一样，我们不应该暴怒地责罚他们，或者激怒他们，但也不应该放任不罚，使他们长久顽固执拗下去。现在，我们对自由的公民们应遵守类似的规则。孩子们到了那种年龄有一些自然的娱乐方式，当他们遇见的时候自然会发现的。还有，所有三岁到六岁的孩子应该把他们会集在村庄的寺庙里，一个村子里几家的孩子们应总是在一个地方会集。乳母们要注意使孩子们行为适当且有秩序，乳母们和她们的所有的同伴由我们上面说的法律的监护者每年从她们中间委派的十二人当中的一人管理督率，以时巡察和整顿每一个团。这十二个人是由具有管理婚姻大权的妇人们从每一族里委任的，年龄应该相等。她被任命以后，要每天到寺庙里行使职责，取得公仆们的帮助，去责罚一切违反规则的人，不问男女，不问是奴隶或是外来人。如果有人对责罚有抗辩，就把他送到城邦的典狱司那里；如果没有抗辩，让她自己责罚他就行了。六岁以后，男女须分开：男孩和男孩生活，女孩和女孩生活。这时他们应开始学习：男孩应向骑师请教，学习怎样用弓箭、标枪和掷弹。女孩们，如果她们不反对，即使不去练习，也应该去学习；首先她们应当知道使用手臂，因为我看到现在一般流行的习惯，实由于愚昧的缘故。

克：在哪一方面呢？

爱：人们以为使用左右手时是有所不同的，可是人们使用两脚与下肢时就不感到有任何区别；在使用两手时，仿佛我们有点缺陷似的，其实是由于母亲和乳母的无知。我们的上肢间或下肢间原来是平衡的，可是由于人类的坏习惯，却使他们蹊跷了。有些时候，这样做也没关系，例如左手抱琴，右手使用琴拨；可是在别的场合，要作同样的区别，真是极大的愚蠢。斯萨哀新人的习惯证明了我们的错误，因为他们不仅用左手张弓，用右手支箭，而且也可用任何一只手去做这两件事。此外在御车以及其他的事情上同样的例子也不少，因此我们可以知道认为左手不如右手实是违反本性的。区别应用左、右手对于使用只是角制的琴拨与其他类似的乐器，如我说过的，是没有重要关系的，可是对于一个要使用铁制武器、弓箭和标枪以及其他相类的东西的战士，那是大有分别，而且也许是具有很大的意义的。首先穿着重铠甲的也要对穿重铠甲的人战斗。这里若有一方是学过的，而另一方没有学过，或是一方是在武术上受过训练的，而另一方没有，这中间自然有极大的不同。因为如果对角斗、拳击有充分训练的人，便能袭击对手的左方，当对方使他不得不调换位置时，他也不至惊惶无措。因此在装甲搏斗以及其他一切方面，如果他的看法是正确的，相似的原则还是适用的——就是凡对攻或守具有双重能力的人，无论如何不应舍弃其一而不用，或不予以训练；如果一个人具有古尔盈或布利亚鲁斯 般的天赋，他就应该用他的百手来放弓箭。现在的统治者们、不论男女，都应当注意这一切；凡管理儿童哺育和娱乐的妇女以及负责儿童教育的男人都应当尽心使所有男孩女孩四肢健全无病，而且要尽量不要以坏习惯损坏了自然的赋予。

教育有两件事：一件是体育，是为身体的；另一件是音乐，是求心灵美善的。体育再分两部分：舞蹈与角斗。舞蹈按着音乐的节奏，目的在于保持体态与活泼，另外还使得身体和四肢健康、灵活与美好，使得每一部分都屈伸自如，形成舞蹈中的和谐的动作。至于角斗，像有些人……为着虚巧取胜而施的计策都无益于战事，不值得多说；而以挺身的姿态去角力，则颈部、手臂要非常灵活，精力要充沛，要冷静、有耐力，而又是为了达到健康的目的，——这些原则一直是有用的，不应忽视。我们在立法上涉及这方面时，要提醒教者和学者注意，要教者做到诲人不倦，学者感到受益匪浅。我们在舞蹈中也不应当废弃对于战争中动作的适当的模仿；这些舞蹈游戏，你们国里都有实例。还有我们的处女之神，虽然也爱舞蹈，却以为徒手舞蹈是不适宜的，她必定要全副武装才去跳舞。男女青年每一方面都应以她为榜样，尊重这女神，为了战争的实际需要，也为了燕乐祈赛而进行的欢娱。男青年没有达到实行出征的年龄以前也应当戎装骏马，参加敬神的祈祷，参加快步或缓慢的跳舞，向天神祷告，或者参加竞赛或预赛；这些练习对和平与战争都是有用的，并且对国家和私人都是有益的。至于其他工作、游戏和对身体过度的训练，对自由人来说是不合适的，两位朋友呀！

我现在已经把我开始时所说的该谈的那种体育，完全谈过了，如果你们认识更好，请你们谈出来好吗？

克：关于体育，我想把这些原则放置一边去另外谈些更好的见解，这不是容易的吧？

爱：接下去我们应该谈谈缪斯神和亚普罗所主宰的才智。前些时我们以为一切都说过，只剩下体育了；但是现在我们又清楚地看到这些是被忽略了的，而它们本应当是首先说的。现在让我们开始谈吧。

克：一定请你开始讲下去。

爱：请听我再重复一遍，虽然你们以前听我说过了：就是发表一些稀奇或不寻常的意见时，讲者与听者双方都应特别小心。我现在所要说的就是不少人所不敢说的，可是我有一种自信迫着我来说。

克：那么你究竟有什么要说的呢？

爱：我认为在一般邦国里，没有人觉察到儿童的游戏同政法的稳定与否是很有关系的。因为如果给儿童安排同样的游戏，采用同样的游戏方式，使其爱好相同的玩具，那么邦国的庄严的制度就会稳固并且保持下去，不致被破坏。可是如果游戏时常被破坏，时常有新的变化，不论在体态或服装方面，年轻人不觉得他们具有共同的爱好，而对于款式颜色等新奇的创造却被人特别尊重——这种情形，我们可以老实地说，是一个国家最大的危机了；因为凡是改变游戏的实在是暗中改变年轻人的生活方式，使他们厌旧喜新。我敢说这样的言论与思想对于任何国家的危害是最大的。你愿意知道，我对这危害性的估计有多大吗？

（柏拉图：《法律》，摘自郑晓沧译：《柏拉图论教育》，人民教育出版社 1958 年版，第 75—79 页。）

三、《泰阿泰德》

论 知 识

（一）知识是什么

泰：那么我想，凡从德奥多罗所学的便是知识，如几何学，以
D 及你方才所提的种种；此外，如织缕之艺与其他手工艺，这些无论统称单举，莫非知识。

苏：既豪爽又慷慨，我的朋友；求一而与多，问简而答繁。

泰：此言何谓，苏格拉底？

苏：也许无所谓；且把我所想的告诉你。你说织缕之艺，无非指织缕的知识吧？

泰：无非指此。

苏：说木工的手艺呢？无非指制造木器的知识？ E

泰：也不外乎指此。

苏：此二例岂不是分别表示此二艺为何物的知识，为此两种知识划清其对象的界线？

泰：是的。 146

苏：然而，泰阿泰德，所问并不在此：不在于知识为何物的知识，也不在于知识有几多种。问题不在于历数知识的门类，在于知识本身之为何。我的话是否无谓？

泰：不，说得很对。

苏：且考虑这一点：若有人举浅近的一物问我们，譬如关于 147
泥，问泥是什么；我们答复他，泥是瓷工的泥、炉灶夫的泥、砖瓦匠的泥，这岂不是笑话？

泰：也许。

苏：第一步就可笑：以为我们的答案能解问者之惑；问泥是什 C
么，仍用“泥”字答复，只加“塑工的”或其他“某某匠人的”字 D
样。你想，不知一物之为何，能解其名称吗？

泰：绝不能。

苏：那么，不知知识之为何者不解所谓“织屦的知识”。

泰：不解。

苏：昧于知识之为何者不解所谓“织屦之艺”，并亦不解任何所谓某艺。

泰：是如此。

苏：因此，举某艺的名称答复“知识为何”的问题，答案是可
笑的；这是举某物的知识为答，所答非所问，——所问不是“知识 C
为何物的知识”，是“知识本身为何”。

泰：似乎如此。

苏：其次：有简易的答案可提，却绕途而举其所不胜举者。关
于“泥是什么”的问题，简易的答案是“泥者和水之土”，管它是 147

谁的。

泰：问题如此刻提法，却显得容易了，苏格拉底。你所提的似
D 乎与我们最近所讨论的同类；——我和与你同名的此君，谈话时发
现一个问题。

苏：什么问题，泰阿泰德？

泰：在座的德奥多罗为我们画图表明方数的根，如三方尺和五
方尺的方形，指出其边或根以整尺的单位量不尽；逐一举例，直到
E 十七方尺的方形为止。于是我们想出主意：根之为数既是无穷，设
法以一名称概括所有的根。

苏：你们得到此种名称吗？

泰：我想得到了；你看如何。

苏：说罢。

泰：我们把所有的数分为两类：其一，凡同数相乘而生者，用正方形代表，谓之正方形数或等边方形数。

苏：很好。

148 泰：其二，介于此类之间的数，如三、五，与凡不能生于同数
相乘、而生于小乘大或大乘小，如形之有长短边者，我们以长方形
代表，谓之长方形数。

苏：好极了。其次呢？

泰：凡代表等边方形数之正方形的四等边，我们名之曰长
度。凡面积大小等于长方形数之正方形的四等边，我们名之曰不
B 尽根①。此两种正方形的边异名，因后者与前者，不能在边的长
短上，只能在面积的大小上，以共同单位量尽。关于立体亦复
如此。

苏：再好没有，童子们。我想德奥多罗不至于被控诬证之

① 盖即数学上所谓无理数（irrational number）。无理数是泰阿泰德发现的，为当时希腊三大发现之一。（参阅《数学简史》，斯特洛伊克著，关娴译，科学出版社 1956 年版）。

罪了。

泰：苏格拉底，关于长度与根，我们的答案如此，对你所提的知识问题，我却无能为力；然而料到你是欲得类乎此的答案。所以德奥多罗对我仍是溢美、言过其实。

苏：何以见得？假若他称道你善跑为年少中所仅见者，后来却 C
被年壮举步如飞的健手赛输了，你想他的称道会因此而减低其真实性吗？

泰：我想不会。

苏：关于知识，如我方才所提的研究问题，你想微末不足道、不是第一流人物的事业吗？

泰：我的上帝！我想是第一流人物的事业。

苏：那么，鼓起自信心，承认德奥多罗的话并非无稽之谈，尽其能事求得知识为何的界说，对其他事物亦复如此。 D

泰：苏格拉底，努力有济于事，则所求可得。

苏：来罢，你方才指点得很对：解决“根”的问题，把众“根”统归一类；现在如法炮制，试以一个界说包括种种知识。

泰：苏格拉底，你可晓得，我耳闻到你所提的问题，时常试加 E
研究；然而既不能自信有圆满的答案，也不曾听人提出如你所要求的答案；却又不能不关心。

苏：可爱的泰阿泰德，你正困于分娩，因为有胎。

泰：我不知道，苏格拉底；我只是说出一向的苦闷。

苏：孺子可笑，你难道不曾听说，我是一位尊贵而庄严的产 149
婆——费纳类太士——之子？

泰：听说过。

苏：可也曾闻我行此术？

泰：从未曾闻。

苏：让你知道，切莫告人。朋友，我怀此术，众所不知；因其不知，未曾传说，只道我奇怪不过，吹毛求疵，令人困恼。你可也听见？

B 泰：听见过。

苏：要我把原因告诉你吧？

泰：当然要。

苏：想想有关产婆的一切，容易了解我的意见。你知道，尚能怀胎生子者绝不为人接生，已经不能生育者才行此术。

泰：当然。

C 苏：据说原因在于阿登密士，无子而阄分到管理生育的女神。她不许不能生育者接生，因为人性熟才生巧，己所不娴无能为役；也为抬高自己同流的身价，以此职务委派已过生育年龄的妇人。

泰：似乎如此。

苏：辨别有孕与否，莫过于产婆，这是理所当然而势所必然的吧？

泰：无疑。

D 苏：产婆也能随意以药剂与符咒，引起或减轻生产的痛苦，使难产者顺产、宜于小产者小产？

149 泰：是如此。

苏：你还理会到她们的这一点：同时也是最能干的媒婆，确知何种女子与何种男人配合而生子最优？

泰：这一点全未理会到。

E 苏：可要晓得，关于这一点，她们比对剪脐带的技术还要自豪。你想，何等土壤宜于何种树木或种子，这一类的知识与培养收成等，属于同一技术，或者属于不同技术？

泰：属于同一技术。

苏：那么，朋友，你想女子择配属于一门技术、生子属于另一门技术？

泰：似乎不然。

150 苏：不然。只为社会上有一种违法悖理的男女撮合，谓之“诱淫”；产婆们持身端谨，恐犯鸨母的嫌疑，甚至避免做媒。其实唯有真正的产婆堪作正当合理的男女撮合。

泰：似乎如此。

苏：产婆的责任如此，尚且不如我的重大。女人不会有时生真 B
子、有时生假儿，令人难于辨别。如有此情，产婆最伟大而高贵的
工作在于辨别真假。你想是不是？

泰：我想是的。

苏：我的接生术与她们的在其他方面相同，只是我术施于男、
不施于女，同应生育之心、不同应生育之身。我术最伟大处，能从
各方面检验少年心思，究竟生产幻想错觉，还是真知灼见。如她们 C
之不生子，我是智慧上不生育的；众人责备我尽发问题，自己却因
智慧贫乏，向无答案提出，——责备得对啊。原因在此：上帝督责 150
我接生，禁止我生育。因此，自己绝不是有智慧的人，并无创获可
称心灵的子息；然而，凡与我盘桓者，或其初毫无所知，与我相处 D
日久，个个蒙上帝启示，有惊人的进步，自己与他人都觉得。显
然，他们不曾从我学到什么，自己内心发现许多好东西，生育许多
好子息。上帝与我只为他们负责接生。证明在此：以往许多人不知 E
此情，藐视我，以为一切成就于己，或出于自动，或受人怂恿，未
及成熟就离开我；离开以后，因伴侣不良，胎儿流产，且因抚养不
当，我所接生的并遭夭折。其人视邪说伪道重于真理，以致愚妄昭
彰，非但自惭形秽，且为众目所睹。其中之一是吕信麻恪士之子阿 151
历士太底士，还有许多别人。他们回头恳切求我复与为侣，降临我
心的神或许我或不许我复与往还，其许我复与往还者复得进步。与
我盘桓者和生育的女子同感日夜苦痛，且远甚焉；吾术也能引痛而
止痛。大致情形如此。复次，泰阿泰德，有时我认为无孕而不我需 B
者，便慨然为之作伐；借上帝之灵，都猜准他们与谁结合有利。我
介绍许多给普洛迪恪士及其他智慧如神的大师。最优秀的童子，话
说长了，因为我怀疑，如你所自知，你受着内心有胎的苦恼。请光 C

顾，我是产婆之子，自己也能接生；尽你能事，答复我的问题。检验后认为你所提某点幻而非真、悄然取而弃之，千万莫恼，如妇人失其头胎爱子。以往许多人如此对我，因我剔除其愚妄之见，恨不
D 得咬我一口；他们不想我此举出于好心，更不知神绝无恶意对人之理，我又焉得包存祸心来行此事，无非不应袒护伪道、委曲真理而已。泰阿泰德，从头试说知识究竟为何。莫以不能为辞；只要上帝指点、你有胆量，何患不能。

（柏拉图：《泰阿泰德》，146D—150D，《泰阿泰德·智术之师》，严群译，商务印书馆 1963 年版，第 30—36 页。）

（二）知识无非知觉

151 泰：苏格拉底，你既如此鼓励，任何人都不好意思不尽其能事
E 一吐其所怀。我想，知一物者觉其所知，据此观点，知识无非知觉。

苏：童子，爽快而说得好！是要如此抒其所见。来，共同检验这句话，真胎、还是一团气。你说，知识是知觉？

泰：是的。

152 苏：关于知识，你恰巧提出非同小可的理论，而且普罗塔哥拉也提过的。他只用另一方式讲同样道理。在某书上写着："个人是一切事物的权衡；存在者之存在、不存在者之不存在，标准并存于个人。"你读过吧？

泰：读过多次。

苏：其意岂不是如此：你我既是人；一物于我显得如何，对我便是如何，于你显得如何，对你便是如何？

泰：其意是如此。

B 苏：有智慧者不至于说无谓的话，我们且来求解其义。有时对同一阵风，你觉得寒，我不觉得寒；我感微寒，你感酷寒；是否

如此？

泰：诚然。

苏：我们认为此风本身寒或不寒；或同意普罗塔哥拉，认为对感寒者寒，对不感寒者不寒？

泰：似乎要同意他。

苏：此风是否对你我个人，各显得寒、各显得不寒？

泰：是的。

苏：对人“显得”即是其人“觉得”？

泰：是。

苏：那么，关于寒热与一切类似者，物之“显现”与人的“知觉”相同，因此等物于各个人显得如何正如其人觉得如何。

泰：似乎如此。

苏：知觉总是对于真实存在之物的知觉，而且不会虚假，因其等于知识。

泰：显然。

（柏拉图：《泰阿泰德》，146D—150D，《泰阿泰德·智术之师》，严群译，商务印书馆 1963 年版，第 30—36 页。）

（三）知识在于思维

苏：心灵不是通过触官而后知觉刚者之刚性、柔者之柔性吗？

泰：是的。

苏：刚性柔性二者之存在与存在性、其彼此之相反与相反性，心灵自己从事思量排比、而加以判断。

泰：确然。

苏：凡通过身体而后及于心灵者，人与兽并有与生俱来天赋之能，以感受而知觉之；至于对此等感受之存在与作用的思量，却需时苦练，并加以教育，才能达其所能达者。是否如此？ 186

泰：毫无疑问。

苏：不能达物之“存在”，还能达物之理否？

泰：不能。

苏：不能达物之理，于物能有所知否？

D 泰：焉能，苏格拉底？

苏：然则知识不在于对事物的感受中，却在于对所感受而起的思维中；显然，由思维能达事物之“存在”与事物之理，由感受则不能。

泰：显然。

苏：彼此既有偌大差别，尚能赋以同一名称吗？

泰：确是不妥。

苏：视、听、嗅、冷感、热感，此类应有何名？

E 泰：舍知觉别有何名。

苏：统称之为知觉？

泰：必然。

苏：我们说，由此不能达事物之理，因由此不能达事物的“存在”。

泰：不能。

苏：便也不能达事物的知识。

泰：也不能。

苏：然则，泰阿泰德，知觉与知识断非同物。

泰：断非，苏格拉底。知识异于知觉，今已十分明确。

177 苏：我们讨论的初衷不在于求知识之非何，乃在于求知识之为何。然而却达到这一步：晓得知识不在知觉上求、在心灵本身应事接物的作用上求——不论此作用的名称为何。

泰：苏格拉底，我想此作用谓之思议或论断。

苏：你想得对，朋友。今请尽弃前言，从头考虑，据此已达的

B 一步，所见是否益加明确。再说，知识究竟为何。

泰：苏格拉底，不能说所有论断尽是知识，因其有虚假者；也许论断之真实者为知识。以此暂作我的答案。随后若不以为然，设法再提其他答案。

苏：应该如此，泰阿泰德，今之侃侃而谈胜于前者之将言而嗫
嚅。如此行事，二者必居其一：或得其所求，或庶几免于以所不知 C
为知；即此收获已非小可。足下于意云何？是否说，论断有真实与
虚假两种，其真实者定为知识？

泰：是，这是我目前的看法。

苏：是否还值得重提有关论断的问题？

泰：你指什么问题？

苏：某问题目前与往时时常搅扰我，使我于己于人并有许多莫 D
名其妙的经验。此经验为何、由何而起，我真说不出。

泰：什么经验？

苏：作虚假的论断。我考虑着：或存而不论，或换个方法研究，至今游移不决。

泰：苏格拉底，问题若非莫须有，为何存而不论？方才你和德奥多罗对时间的运用说得不错，讨论此类问题不可急躁。

苏：提醒得好。也许此刻回溯原题还算及时。小有成胜于大 E
不就。

泰：可不是？

苏：如之何？何所云？是否说，论断每有虚假，有人思议虚假 187
的物，有人思议真实的物，一若其本质原是如此。

泰：是如此云云。

苏：在一般与个别情形下，于物岂不只能或知或不知？学习与 188
遗忘等中间阶段，暂且不论，因其与目前问题无关。

泰：不计学而复忘，则知或不知以外，确无其他可能。

苏：然则，有所思议者，必然思议其所知或所不知的物？

泰：必然。

B 苏：不可能不知其所知或知其所不知。

泰：焉能？

苏：思议假事物者是否指鹿为马，于其所知者不以此为此而为彼；是否并知彼此而不省识彼此？

泰：然而不可能，苏格拉底。

苏：是否于其所不知者以此为彼？这是否可能：与泰阿泰德及苏格拉底素不相识，心目中却以苏格拉底为泰阿泰德，或泰阿泰德为苏格拉底？

C 泰：焉能？

苏：任何人绝不至于认为，其所知者即其所不知者、其所不知者即其所知者。

泰：倘其如此，岂不离奇！

苏：然则焉能作虚假的论断？一切既不出于知或不知二途，此外便无作论断之可能，此内亦无作虚假的论断之余地。

泰：对极了。

188 苏：我们所探讨的，是否有须改途易辙，改“知或不知”之途，易以“存在或不存在”之辙？

D 泰：你的话何所谓？

苏：这是简明的事实：关于任何东西，思议其所无有或不存在者，所思议无非虚幻之物，且莫问其他方面运思的情况如何。

泰：似乎如此，苏格拉底。

苏：泰阿泰德，设有人质问：“公等所云是否可能；无论关于相依而存之物或独立自在之体，是否有人能思议其所无有或不存在
E 者？”我等将何以为辞？似乎要答：“可能，若对不真实者起念。”你以为如何？

泰：是要以此为答。

苏：同类情况在其他方面是否可能？

泰：什么情况？

苏：如见某物而所见却是无物。

泰：如何可能？

苏：见某一物，所见必是存在之物；或者你以为“成一者”能归于不存在者之列？

泰：我不以为。

苏：那么，见某一物，即见某物之存在者。

泰：显然。

苏：闻某物，即闻某一物，并闻物之存在者。 189

泰：然。

苏：同样，触某物，即触某一物；触某一物，即触物之存在者。

泰：亦然。

苏：有所思议或论断者岂不是思议或论断某一物？ 189

泰：必然。

苏：思议某一物者岂不是思议存在的某物？

泰：是，我同意。

苏：思议不存在之物是思议无物。

泰：显然是思议无物。

苏：思议无物等于一无思议。

泰：似乎了然。

苏：然则，无论关于相依而存之物或独立自在之体，不可能思议其所无有或不存在者。 B

泰：显然不可能。

苏：那么，思议假事物异于思议不存在之物。

泰：似乎各异。

苏：所以，无论由此途辙或由方才的途辙，都不能发见有虚假的论断。

泰：确实不能发见。

苏：我们所谓虚假的论断是否如此产生的？

泰：如何产生的？

C 苏：心目中指鹿为马，把实在之物以此为彼，此种混淆的论断，我们认为虚假的论断。思议总是有关存在的事物，然而以彼易此；唯其思议不中鹄，所作论断应谓之虚假的论断。

泰：我想你此刻的话最正确。若以丑为美或以美为丑，便是思议真的假事物。

苏：咄，泰阿泰德，你居然不我畏而我欺矣。

189 泰：你为何出此言？

D 苏：我想，你以为我不会吹求你“真的假”的语病，不问你：“快的慢”或“重的轻”是否可能，或任何矛盾能否矛不为矛而为盾、盾不为盾而为矛，双方不各依己性而依对方之性起作用。且放过此语病，以免你扫兴。据你说，你满意于以虚假的论断为混淆的论断？

泰：满意。

苏：据你的意思，心官可能不以此为此而为彼。

泰：可能。

E 苏：心官以此为彼时，岂不必然兼思彼此或独思其一？

泰：必然；或同时兼思彼此，或先后独思其一。

苏：妙极了。你对思议的解释与我同否？

泰：你如何解释？

苏：解释为心灵考虑事物时的自言自语。我对你阐明此理，自己并不知其所以然。我觉得心之运思无非自言自语——自问自答，
190 自立自破。问答立破得一致的结论，不问得之徐徐或得之豁然，只要自信无疑，便是我们所谓心的论断。如此，我把思议谓之自言自语，论断谓之所言所语，默然无声对己而不对人。你如何解释？

泰：我也如此解释。

苏：那么，把一物断为他物者，其人当时仿佛对己说，此物即

彼物。

泰：诚然。 B

苏：请回忆，你曾否对己说，确实美是丑、不义是义。总括一
句，请检查，你曾否企图说服自己，一物确是他物；或者适得其 190
反，甚至梦中也未曾敢对己说，奇确是偶，或类似的话。

泰：你说得对，我不曾。

苏：你想，曾有任何人，无论醒或醉，悍然自语、诚然自信， C
牛必是马、二必是一？

泰：对着上帝说，我不作此想。

苏：思议若是自言自语，则心兼摄二物、自语而作论断，绝不
至于语为断为其一即是其他。莫在字眼上取巧，因二物之一并称
“其一”，而把此一与彼一混同。吾意乃在于此：绝无其人作以丑为
美之类的论断。 D

泰：苏格拉底，我不在字眼上取巧，并同意你的话。

苏：然则，思议兼及二物，不可能以此一断为彼一。

泰：似乎如此。

苏：思议仅及其一而毫不及其他，更不至于以其一断为其他。

泰：对；倘有此情，则必至于思议毫未涉及之物，竟能摄之于心。

苏：然则，思议无论兼及二物或仅及一物，都不至于混淆彼
此，以一物断为他物。因此，把混淆的论断定为虚假的论断，此定 E
义等于徒然。足见由此途径或由前之途径，都不能发见有虚假的
论断。

泰：似乎不能。

苏：然而，泰阿泰德，如果不能发见有虚假的论断，势必承认许多离奇现象。

泰：何种离奇现象？

苏：未把问题面面考虑周到，暂且不告诉你。迷离恍惚中勉强 191

承认此等现象，我为吾辈耻之。倘得路而出迷网，便能以局外人地位指摘他人堕入迷网；否则唯有低声下气，若晕船者之一息如缕，任辩口波涛澎湃汩没，而无可奈何。且听我如何再接再厉为我们的问题求出路。

泰：请说。

B 苏：我们以前同意，不可能以所知为所不知，因此而作虚假的论断。现在我不以为然，料其在某种情况下却也可能。

泰：你指的是我当时所怀疑的吧？我们说其不可能时，我怀疑着：譬如我识得苏格拉底，有时远处望见所不识的人，却以为是相识的苏格拉底；——在此情况下，你所指的虚假论断便产生了。

苏：我们岂不已弃此说，因其竟持同时又知又不知其所知的谬论？

泰：已弃。

C 苏：且把问题转个方向，困难或者减轻，或者适得其反。然而我们的处境是要面面尝试，把所有论点通盘检查，看我是否言之有物：前所不知，能否学而知之？

泰：必能。

苏：能否学知一件又一件？

泰：为何不能。①

（柏拉图：《泰阿泰德》，《泰阿泰德·智术之师》，严群译，商务印书馆1963年版，第80—88页。）

（四）“蜡版”说

苏：为便于讨论，假设我们心灵中有块蜡版，或较大较小，或
191 较刚较柔，或较纯较驳，或各方面适宜。

D 泰：假设。

① 此二句娄卜本译文遗漏。

苏：我们说，这是诸穆萨[1]之母氏——穆内穆颂内[2]——所赐 E
予的。我们所见所闻，或念之在心者，若要记住，便将此版置于知
觉意念前，把知觉意念刻于其上，如打印一般。痕迹尚存，所刻能 E
忆能知；刻后磨灭，或刻不成者，便弗忆弗知。

泰：假设如此。

苏：倘其如此而知事物、而思议所见或所闻之某一事物，请看能否在此情况下作虚假的论断。

泰：在何情况下？

苏：把所知者，有时认为另所知者，有时认为所不知者。我们以前同意这不可能，其实不然。

泰：今则云何？

苏：讨论此问题，必须先把可能者与不可能者界线划清如下： 192
（一）知二物而记其印象在心，其物虽不在目前知觉中，却不可能
以此为彼；不可能以所知者为所不知而无印象在心者；亦不可能以
所不知者为另一所不知者，以所不知者为所知者。（二）不可能以
所知觉者为另一所知觉者，以所知觉者为所不知觉者，亦不可能以
所不知觉者为另一所不知觉者、以所不知觉者为所知觉者。（三）所 B
知二物在目前知觉中、其在心印象亦与目前知觉相符，更不可能以
此为彼；所知一物在目前知觉中、其在心印象亦与目前知觉相符，
不可能以此物为另一所知而不在目前知觉中者，或为另一在目前知 192
觉中而非所知者。所不知亦不在目前知觉中之二物，不可能以此为 C
彼；所不知亦不在目前知觉中之一物，不可能以此物为另一所不知
而在目前知觉中者，或为另一所不知亦不在目前知觉中者。对以上

① 希腊神话中司文艺美术音乐等之九女神。

② 希腊神话中司记忆的女神。

种种绝不可能作虚假的论断；如有可能余地，只在此等情况下。①

泰：在什么情况下？也许由此较易领会，目前却跟不上你的意思。

苏：在此等情况下：以所知者为另一所知并在目前知觉中者，
D 或为所不知却在目前知觉中者；或以所知并在目前知觉中之一物，
为所知并在目前知觉中之他物。

泰：我更茫然不知所谓了。

苏：如此这般再听一遍：我认识德奥多罗与泰阿泰德，心里记
其为何如人。有时见其貌、闻其声、触其躯体，或由其他感官知觉
192 二位，有时则否；然而心里岂不依然记而知之？

E 泰：当然。

苏：这是我要你明白的第一点：所知可能在目前知觉中、可能不在目前知觉中。

泰：诚然。

苏：至于所不知者，岂不时常可能是知觉所不及者，或知觉所仅及者？

---

① 苏氏这段话，头绪纷纭，极其费解；兹转译康复尔德的注释，以资参考："苏格拉底这段话列举不可能混淆二物的一切事例。他把二物之（甲）已知并当前记得或（乙）完全未知者、（丙）当前知觉所及或（丁）当前知觉所不及者，作种种可能的组合；结果只有在三种组合中，二物可能彼此混淆。苏氏的话，读者或与泰氏同感费解，而欢迎简要的说明过于字句的翻译。最简便的方法是，以'相识者'代表所认识或所知悉并记其印象于心头之一人或一物，以'不相识者'代表素不认识或向不知悉之一人或一物。在以下情况，不可能混淆二物：（一）二人俱非当前知觉所及，不会以其一相识者误为其他相识者，或混淆一个相识者与一个不相识者，或混淆两个不相识者。（此等情况，苏氏在下文193A—B重复举例说明。）（二）如只有关当前知觉，则不会混淆当前所见之二物，也不会混淆当前所见之一物与当前所不见之他物，并也不会混淆当前所不见之二物。（三）知识及当前知觉俱有关，则不会混淆当前所见并省记之两个相识者；当前所见并省记之一个相识者，与当前所不见之一个不相识者，或与当前所见之一个不相识者，也不至于混淆。（依康氏自注，省记是指：以往对一物的知觉在记忆中所留印象，与当前对同此一物的新知觉，能相符合；按即所谓认得。）无论当前眼见其一与否，两个全不相识者不会混淆。"（康本第122页）。

泰：这也可能。

苏：且看你此刻是否较跟得上我的意思：苏格拉底识得德奥多 *193*
罗与泰阿泰德；不相见、亦无关于二位的当前知觉，则心中绝不会
思议曰，泰阿泰德是德奥多罗。我说得有理无理？

泰：有理。

苏：这是我前之所云不可能作虚假论断的第一例。

泰：是。

苏：第二，只识得一位，而并对二位无当前的知觉，也绝不可能以所识者为所不识者。

泰：对。

苏：第三，二位都不识得，并对二位无当前的知觉，也不可能 B
以其一所不识者为其他所不识者。前者所云不可能作虚假论断的其
他各例，你姑且当作逐一重听一遍；在那些情况下，我绝不会对你
们二位作虚假的论断，无论认识二位与否，或只认识一位；当前的
知觉方面亦复如此。跟得上我的意思吧。

泰：跟得上。

苏：只在如此情况下，有作虚假论断的余地：例如我认识你和
德奥多罗，二位的容貌举止铭于我心的蜡版上，如印之留迹；远处 *193*
恍惚望见你们二位，急将铭于心版的印象与呈于视官的知觉各相配 C
合，如足复践其迹，以唤起对二位各别的认识。配合失之彼此倒
置，如左履纳于右足、右履纳于左足，又如视线与镜中物影反射的 D

光线相接、而见物之左右易位[①]；——如此，便致错误，而作彼此

193 倒置或虚假的论断。

泰：似乎如此，苏格拉底；虚假论断产生的情况，你说得淋漓尽致。

苏：此外还有一个情况：认识二位、并对一位有当前的知觉，而对此一位素所认识与当前所知觉不符。我前之所云如此，你当时不了解。

泰：我当时不了解。

苏：我曾如此云云：认识二人并对他们有当前的知觉，而且所

E 认识与所知觉相符，绝不会以其一为其他。所云是否如此？

泰：是。

---

① 柏拉图把镜中视影或镜中映影解释为：发自眼睛的光线（即视线）在镜面与发自人体或物体之光线（即形与色）相合并。所谓左右易位，康复尔德有图说明，兹转摹于下：

B

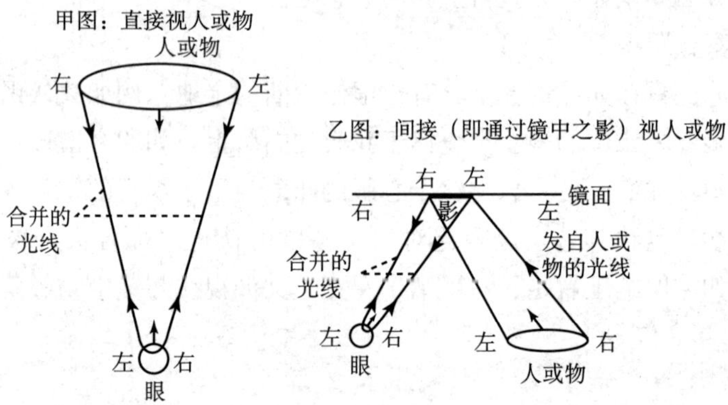

上方甲图表示直接视人或物：所视对象的左右边对着视者每一眼的右左边，这是正

C 常的情况。乙图表示间接（即通过镜中之影）视人或物：发自视者之眼的光线与发自所视对象的光线在镜面相合并，此合并的光线由镜面折回视者之眼。对象的左右边对着镜的右左边，镜中对象之影的左右边对着视者每一眼的右左边；镜面合并的光线折回视者之眼，则对象本身的左右边对着视者每一眼的左右边。例如，以镜照西文书一页，则见其字翻转，非原来正面字由左到右的横行，却成反面字由右到左的横行；——此即所谓见物之左右易位。

苏：以前遗漏了此刻正要说明的情况，在此情况下产生虚假的
论断，例如：认识二人、会见，或有其他感官上的接触，而对二人 194
所铭于心版上的个别印象与所呈于感官上的个别知觉不能各相符
合，如不善射者之不中鹄；——此之谓虚妄谬误。

泰：有理。

苏：其一印象有当前知觉与之配合、其他印象无有，却把其他
移置于与其一配合的当前知觉上；——凡在此等情况下，心之运思
便起谬误。总而言之，我们方才的话若是可靠，关于所不知并知觉 B
所未曾及的事物，似乎不能致误、而起虚假的论断；倒是关于所知
并知觉所及者，论断有转移出入，或真实或虚假，——譬如印与印
迹，各相符合才是真实，参差枘凿便是虚假。

泰：苏格拉底，所云岂不妙哉？

苏：再听下文，更会称妙。论断真实是可贵的事，否则可耻。 C

泰：岂不是？

苏：人说论断真实与否的关键在此：如荷马以蜡版比方心
地[①]，心地宽厚平坦、刚柔适度，则人自感官者铭于其上为印象， D
淳深而耐久。此等人，一则易学，再则强记，三则由感官所得印象
不致混淆，而论断真实；因如此明晰条达的印迹易与原印——即所
谓实物——相勘合。此等人谓之智者。你以为然否？

泰：甚以为然。

苏：有时如彼全智诗人所讽刺，心有茅塞，若蜡版之不净不 E
淳、过脆过坚：脆者易学速忘，坚者适得其反。凡心被茅塞、笨如
顽石、杂如粪土者，只得模棱的印象；如蜡版之坚者与脆者所得印 195
象并皆模棱，坚者因其不能深入，脆者因其化成一团而莫辨彼此。
心地猥屑褊小，则印象拥挤重叠，愈益模棱。凡作虚假论断者皆此

① 希腊文心（κῆρ）字读如“恺尔”，蜡（κηρός）字读如“恺尔洛士”。荷马因此二字音相近，故以相比。

等人。他们有所见闻思议，不能速将其物与各该印象一一勘合；迟钝糊涂，以致见闻思虑诸多谬误。此等人谓之不辨实物、不学无术。

E 泰：苏格拉底，所云极其正确，举世莫能道也。

苏：然则要承认有虚假的论断？

D 泰：决要承认。

苏：也有真实的论断？

泰：也有。

苏：我们是否已经充分相信、同意确有此二种论断？

泰：绝无疑问。

195 苏：泰阿泰德，多言者真是可厌而可憎。

泰：如何？为何出此言？

C 苏：懊恼我自己鲁而多言。在几个论点上往复循环，既不能通晓，又不肯割舍；如此者，不谓之鲁而多言而谓何？

泰：为何懊恼？

苏：岂但懊恼，且恐不知所答，如有人问："苏格拉底，你已经发现了，虚假论断不存于知觉与知觉之间，也不存于思想上，却
D 存于知觉与思想的配合？"我想，要答"发现了"；而且自鸣得意，以为得未曾有。

泰：苏格拉底，此刻所指出的这一点似乎未可藐忽。

苏：他还要问："然则是否亦云，仅涉想所及而不见的人，绝不至于想象为仅涉想所及而不见、不触、不缘其他感官所知觉的马？"我想要答，"亦如此云云"。

泰：答得对。

E 苏：他又要说："据此，仅涉想所及的十一，绝不至于想象为仅涉想所及的十二？"来，请你答复。

泰：我要答复：可能以所见所触的十一个错认为十二个，却不至于把意想中的十一误断为意想中的十二。

苏：你想，曾否有人，虽不当前眼见五个与七个人或物，却胸 196
中默念所谓铭于心版而不致引起虚假论断的五与七，计议此二数本身，自问自答其和为几？胸中如此自问自答，是否有人答为十一、有人答为十二，抑人人答为十二？

泰：对着上帝说，不至人人答为十二，答为十一者大有人在。 B
计议较大的数，愈易致误。我想你指一般的数，不仅指五与七。 196

苏：你想得对。请考虑，如此岂非把铭于心版的十二本身想象为十一？

泰：似然。

苏：这岂不是又回到起初的论点？如此致误者是把所知之一物 C
想象为所知之他物。我们以前曾斥其不可能，据此而确证虚假的论断必不存在，以免强说，同一人同时亦知亦不知同一物。

泰：千真万确。

苏：然则必须指出，作虚假的论断并非以心之所思混为感官之所知觉，而是其他勾当；如其然，则不至于在思维本身上犯错误。然则二者必居其一：或虚假的论断无存，或可能不知其所知。二者何所择？

泰：半斤八两，不知所择，苏格拉底。

苏：然而二说不能并立。且不顾一切而恧颜从事。 D

泰：如何？

苏：决心去说明知究竟是什么。

泰：焉至于恧颜？

苏：你似乎不注意，我们一场话自始就是研究知识，因不知其为何。

泰：何尝不注意。

苏：不知知识为何，却要说明知是什么，岂不难为情？泰阿泰 E
德，我们讨论中的言语一向模棱。无数次用过“知”“不知”“有知识”“无知识”等字眼，一若虽不解知识为何、而彼此能解此等字

196 眼。你若情愿，我们此刻仍用“解”与“不解”二辞，虽茫然于知识之为何，而恬不为怪。

泰：苏格拉底，避免这些字眼，如何能交谈？

197 苏：夫我则不能。我若是雄辩家，或此刻有雄辩家在座，一定要避免这些字眼，严厉指摘我们的言语。然而我们只是凡夫，还要不要我大胆说明知是什么？我想或者不无小补。

泰：对着上帝说，尽管大胆。不避免这些字眼，大可原谅。

苏：你可领教过时下之以知为何？

B 泰：也许领教过，只是目前记不得。

苏：他们说，知是“操知识”。

泰：诚然。

苏：我们且下一转语，说知是“有知识”。

泰：你说，此与彼何别？

苏：也许无别。且听我的意见，然后与我共同审查。

泰：如果我做得到。

苏：“操”与“有”于我显得不同。譬如有人买了一件斗篷、归其所有，却不随身披着；我们说，他对此斗篷，有而不操。

泰：说得对。

C 苏：请看，知识能否同样有而不操。譬如有人捉了若干野鸽之类的鸟，在家养于笼中；一方面可说，他恒操此鸟，因其有之。可否说？

泰：可说。

苏：然而另一方面亦可说，他不操此鸟，而有驾驭此鸟之权，
D 因其笼之于家，听其处置；——随意随时想如何便如何，或捉而操之掌上，或纵而置之笼中。

泰：是如此。

198 （柏拉图：《泰阿泰德》，《泰阿泰德·智术之师》，
严群译，商务印书馆 1963 年版，第 88—98 页。）

（五）“鸟笼”说

苏：正如前者比方心灵中设一蜡版，今再比方心灵中置一鸟 197
笼，养各种鸟——或分别成群，或三五结伴，或独栖而随处飞跃。

泰：即便如此比方。其次呢？ E

苏：意中以各项知识代替各种鸟。孩提无识无知，好比鸟笼尚空；随后得某项知识、蓄之笼中，便是学而晓此项知识有关的事物。即此是知。

泰：设其如此。

苏：随意重捉一项知识，或操之在手，或复置笼中； 你想 198
须用何字形容，形容当初获得与以后重捉，用相同的字眼，或用不同的字眼？如此这般，更能明白我的意思：你说算术是技术吧？

泰：是。

苏：认定算术是从事所有奇数与偶数的知识。

泰：认定。

苏：我想，是以此术驾驭数的知识，并将此知识传授于人。 B

泰：是的。

苏：授，谓之教；受，谓之学；获而有之于笼中，谓之知。

泰：很对。

苏：注意以下的话：极其精通的算术家岂不尽知一切数，因一切数的知识尽在其胸中？

泰：岂不尽知？

苏：他有时计算胸中的数本身，有时计算外在事物之有数可 C
计者？ 198

泰：可不计算？

苏：我们说，计算无非求知某某数为几何。

泰：是如此。

苏：所谓尽知一切数者尚且求知某某数为几何，如此，似乎既知而求知其所知犹所不知。你有时领教过此等辩难吧。

泰：领教过。

D 苏：再以捉鸽与有鸽为喻。我们说，捉有两种：一是未有、捉而有之，一是既有、捉其所有而操之在手。同样，以往学而晓事所得之事物的各项知识，虽日久不在心头，亦可一一索之胸中而操之目前，以温寻旧事旧物，使其如指诸掌。

E 泰：诚然。

苏：这是我方才的问题：算术家从事计算数目、文字家从事辨识文字，应以何字形容其所为？其所为岂不是既知而自己重学其所已知？

泰：这也怪，苏格拉底。

苏：我们既许其知一切数、一切字，能否说，他们是计算、辨识其所不知？

199 泰：也不合理。

苏：然则，你想我们是否可说：字眼无关紧要，尽管有人在“知”与“学”字面上取巧；然而我们既把“有知识”与“操知识”分为二事，便肯定，所有不能无有，而所知绝不至于不知，只是关
B 于所知可能拈出虚假的论断？可能此物的知识不操于心头，而以他项知识代之，因各项知识错综于胸中，如各种鸟踉跄在笼里，捉笼
199 里某鸟有时误得他鸟，索胸中某项知识有时误得他项。据此，以十一为十二，是探索胸中数的知识、而误以十一为十二，正如捉鸽而得鸠。

泰：有理。

苏：探索而得其所欲得者，便无错误，便是对真事物作论断。
C 可见真实与虚假的论断并皆存在，我们以前的难题岂不迎刃而解？你同意吧，或者未必？

泰：同意。

苏：我们已经消除不知其所知的矛盾，因为，不论对何事物致

误与否，无有其所有总是绝无其事。然而另一更大的难题似乎又来了。

泰：什么难题？

苏：各项知识彼此移置有时能致虚假的论断。

泰：如何？

苏：一则，操一物的知识，而不省识此物，非因不知此物，却 D
缘自己对此物的知识；再则，此物断为彼物、彼物断为此物；——这岂不是荒谬绝伦：一项知识现于心头，却毫不知晓、全不省识？据此，现于心头的知识能致不知，则现前的不知能致知、现前的不见能致见①。

泰：苏格拉底，以各种鸟专比各项知识，或不恰当；应以兼比 199
各项非知识，同在心笼中踉跄飞跃。探心笼有时捉得一项知识、有 E
时捉得一项非知识，对于同一事物，根据非知识而作虚假的论断，

① 此段言语费解，兹释之如下：“操一物的知识”，谓索诸胸中关于五与七二数之和的知识、有所得而操之于心头。（五与七二数之和，原已知之，并蓄之于胸中为之知识。）然而所得者十一、非十二。“不省识此物”，谓不辨十一之非十二，即不省十一之非其所欲得五与七之和。“非因不知此物”，谓非因平素不知五与七之和为十二。“自己对此物的知识”，谓自己所蓄于胸中关于五与七之和——即十二——的知识。“此物断为彼物”，谓以十一为十二，即以十一为五与七之和。“一项知识现于心头”，谓所蓄于胸中关于十一的知识现于心头。（关于十二的知识，亦是所蓄于胸中之一项知识。）“毫不知晓、全不省识”，谓不分晓不辨识十一之为十一而非十二。“现于心头的知识能致不知”，谓现于心头关于十一的知识能使素知此数者不知其为十一而非十二。总上之意，盖谓：胸中蓄有多项知识，“十一”与“十二”各为一项。今索“十二”，而误得“十一”（即所谓“一项知识现于心头”者）。误而不知其误，得“十一”而不省识其非所欲得之“十二”。致误之因，不在于平素不知十一之非十二，反之，“十一”与“十二”两项知识，平素厘然并蓄于胸中；竟至于以十一为十二，岂不荒谬？现于心头关于十一的知识能使素知此数者不知其为十一而非十二，则现前的不知能使人知、现前的不见能使人见，——其荒谬有如此者。

根据知识而作真实的论断。①

苏：泰阿泰德，不得不嘉许你；然而你的话还待商榷。姑且
200 假定如你所云。你说：探心笼而得非知识，便起虚假的论断；是不是？

泰：是。

苏：固然不会自以为作虚假的论断。

泰：怎会？

苏：却自信为作真实的论断，其心一若诚知其所误认为知者。

泰：可不是。

苏：便自以为捉后所操是一项知识，不是一项所不知者。

200 泰：显然。

B 苏：我们绕个大圈，却复困于旧围中。好辩者可要奚落我们，
说道：“妙人啊，是否有人并知一项知识与一项非知识②，而把其所知之一项认为其所知之他项；或两项俱不知，却以其所不知之一项为其所不知之他项；或仅知其一项而不知其另一项，以其所知之一项为其所不知之另一项、以其所不知之另一项为其所知之一项？你们是否要一再对我说：别有关于各项知识与各项非知识之各项知识③；有此等知识者将其蓄于或刻在另一种奇妙的心笼中或心版
C 上，一旦为其所有，一旦知之，即使未必时时刻刻现于心头？如

① “非知识”（原文 ἀνεπιστημοσύνη）指错误的知识。例如，学算术加法，误以五与七之和为十一，便将“五加七等于十一”牢记胸中，蓄为一项知识；其实此项非真知识。可见胸中所蓄知识有真有假；假者不得称为知识，故谓之“非知识”。对同一事物，例如对五与七之和：诚知其和为几者据胸中所蓄知识作论断曰：“五加七等于十二”，此论断便是真实的；非诚知其和为几者亦据胸中所蓄之非知识作论断曰：“五加七等于十一”，此论断便是虚假的。

② 并知一项知识与一项非知识之“知”，即下文所谓别有关于各项知识与各项非知识之“各项知识”。

③ 别有关于各项知识与各项非知识之各项知识，即上文所云“并知一项知识与一项非知识”的知识。

此，你们焉得不长绕旧圈、而寸步不能开展？”泰阿泰德，对这些话，我们以何作答？

泰：对着上帝说，苏格拉底，我不知应以何语相酬。

苏：童子，然则好辩者指责我们不应舍知识问题而尽先研究虚假的论断，其论点岂不洞见症结？未充分把握知识为何，不可能 D
了解虚假的论断。

泰：苏格拉底，在目前形势下，不得不依你的话着想。

苏：从头再说起，知识是什么？此时还不至于罢休的地步吧？

泰：绝不至于，除非你甘休。

苏：告诉我，为知识下定义，最好说知识是什么，才能尽量免于自相矛盾。

（柏拉图：《泰阿泰德》，《泰阿泰德·智术之师》，严群译，商务印书馆 1963 年版，第 98—102 页。）

（六）知识就是真实的论断

泰：唯有我们以前试说过的，苏格拉底；此外别无其他说法。200E

苏：试说过什么？

泰：我们试说过，知识是真实的论断；——真实的论断即是真实的意见。所见真实，则决不致误，其一切效果美而且善。

苏：泰阿泰德，诚如引人涉水者所云“涉而后知深浅”①，我们向前探求，也许当路的障碍物反而暗示所求的目标；止不向前，201
终于无所发现。

泰：你说得对；我们向前探讨罢。

苏：只需略为向前一望，便有整套技术证明真实的意见不是知识。

① 当时的谚语。

泰：何以然？什么技术？

苏：所谓说士与律师的无上智术。他们不以其术教导，以其术
驰辩而说服，使人依其意旨而成见。你想有如此高明的教师，在几
B 个滴漏的时间[1]，能把被劫财物或遭其他横暴者的真相，充分指教
当时不在场目睹的人？

泰：我想他们断不能教导，只能驰辩以说服。

苏：你想，说服人是否使人持某种意见？

泰：可不是？

苏：关于非目睹不能知的事实，审判官信服公正的诉说、采纳
C 真实的意见、凭耳闻而判决，判决虽确，毕竟非凭知识，乃由于被
正确地说服；是不是？

201 泰：完全是的。

苏：朋友，在法庭上，真实的意见若与知识为同物，第一流的审判官决不能缺知识而有真实意见以作正确判断；今则二者显得各异。

泰：啊，苏格拉底，现在我想起曾听人说而忘记的话。他说，
D 带理由的真实意见是知识，不带理由的在知识范围之外。无理可解
者不可知，有理可解者可知——其所谓“可知”一词之义如此。

苏：你提得妙。请说，他如何区别可知者与不可知者；也许你我所闻相同。

泰：未必记得起；我想，有人发其端，我能继其绪。

E 苏：听我述梦以答梦。我似乎曾闻人[2]言：构成人与物的元素
无理可解。每一元素本身可名而不可说；甚至不可说其有无，说其
有无便是附以存在不存在，而元素本身不得有所附加。凡“本身”
202 “这个”“那个”“每个”“独个”以及许多此等形容词都加不上，因

① 在希腊雅典法庭上发言，以漏壶限制时间。

② 此说是一种哲学理论，出于何人，柏拉图未指其名；然而可断其不出于苏氏或柏氏本人。持此说者应是与苏柏二公并世的人，其名不著称于当时者。近代学者多方考证，迄无定论。

其能随处移置，可附于一切物，而与所于附之物有别。即使元素可
说、有其特具之理可解，亦必无取于一切附加的词。然而任何元素 B
不可说、无理可解，但可名、仅有其名。元素构成之物是元素的复
合体，各元素的名合而成理解言说，——理解言说存于名之撮合。
由此可见，元素非知识与理解所能及，只是知觉的对象；元素的复
合体可知、可解、可摄之以真实的意念。无理解而有一物之真实的
意念，其人的心摸索到此物的真相，却不曾知此物；因其不能授受 202
理解，便是不知此物。加之以理解，则凡元素所构成者皆能知，能 C
有完备的知识。你所听的梦是否如此？

泰：完全如此。

苏：你是否满意这个说法，以带理解的真实意念为知识？

泰：十分满意。

（柏拉图：《泰阿泰德》200E—202C，《泰阿泰德·智术之师》，严群译，商务印书馆 1963 年版，第 103—105 页。）

四、《斐 德 罗》

论人是怎样认识理念的

人应当通过理性，把纷然杂陈的感官知觉集纳成一个统一体，从而认识理念。这就是一种回忆，回忆到我们的灵魂随着神灵游历时所见到的一切；那时它高瞻远瞩，超出我们误以为真实的东西，抬头望见了那真正的本体①。因此我们有理由说，只有哲学家的心灵长着翅膀，因为他时时刻刻尽可能地通过回忆与那些使神成为神的东西保持联系。一个正确地运用这种回忆的人，不断地分享着真

① 指理。

正的、完满的神秘；只有这样的人才成为真正完善的人。可是他由于漠视人间的利益，一心向往神圣的东西，不免受到世俗的非难，被目为癫狂，殊不知他是通灵的。——

这种被目为癫狂的人看到下界的美，就回忆到上界真正的美，感到自己羽翼长成，急于展翅高飞，可是又做不到，于是像一只鸟似的，引首高瞻，不顾下界的事物。——

因为一个人的灵魂本来见过那些本体，这是我们已经说过的，如果不是这样，它就不会进入人身；但是并非所有的灵魂都能轻而易举地从尘世的事物回忆到本体，那些只是匆匆瞥见过本体的灵魂办不到，那些入世以后不幸沾染了尘世的不义、忘掉自己一度见过的神圣景象的灵魂尤其办不到。所以，仍能保持适当回忆的只有少数；这些灵魂在下界见到上界事物①的影像②时，就惊喜交集，不能自制，却又不知道所以然，因为它们看不清楚。

正义、智慧以及灵魂所珍视的一切，在它们的地上摹本中是暗淡无光的，只是少数人才通过昏花的感官，艰难地端详着这些摹本，从其中认出原本来。

（柏拉图：《斐德罗》，249B—250B，摘自北京大学哲学系外国哲学史教研室编译：《西方哲学原著选读》上卷，商务印书馆1984年版，第75—76页。）

五、《斐　多》

论认识就是灵魂的回忆

克贝说："苏格拉底呀③，你喜欢说'我们的学习就是回忆'，

---

① 指理念。

② 指个体事物。

③ 这里的"苏格拉底"代表柏拉图的看法。

这话如果不错，倒也是一个补充论证，证明我们必定在以前某个时候已经学到了现在回忆起来的东西。但是，如果我们的灵魂不是在投生为人以前已经在某处存在过，这回忆就是不可能的。所以根据这个论证，也可以看出灵魂是不死的？”

“可是，克贝呀，”辛弥亚插嘴说，“回忆说的证明是怎么回事啊？你提醒我一下吧，我现在不太记得了。”

“简单说来，”克贝说，“这个很好的证明就是：当你向人提问题的时候，如果问题提得恰当，被问的人就会自己作出正确的回答。他们如果不是自己已经有了某种知识和正确的理解，是不可能这样做的。假如你让他们解决数学上的作图题之类，那就可以看得十分明显。”

“如果用那种办法不能使你信服，辛弥亚，”苏格拉底说，“你可以这样看这个问题，看看你是否同意。你是否不相信所谓学习怎么能够是回忆？”

“我不是不相信，”辛弥亚说，“我正需要做我们现在讨论的这件事：回忆。根据克贝所说的那些，我已经开始回忆，并且信服了。不过我仍然愿意听听你要说些什么。”

“我要说的就是这些，”苏格拉底说，“我想我们都同意，如果记起了什么，那必定是在以前某个时候已经知道了这个。”

“那当然。”辛弥亚说。

“那么我们是不是也同意：当知识是这样得来的时候，那就是回忆？我的意思是说，假如一个人听到、看到或者以别的方式感觉到一件东西的时候，他不仅知道了这件东西，并且也知道了另一件东西，而他对后一件东西的知识与他对前一件东西的知识并不是一样的，却是不同的，那么，我们说他回忆到了他所知道的后一件东西，是不是对呢？”

“这是什么意思啊？”

“我举一个例子吧。对于一个人的知识和对于一把竖琴的知识是不一样的。”

“那当然。”

“好！你知道，一个情人看见他所爱的人常用的竖琴、常穿的衣服或其他常用的东西时，看到了竖琴，心里也出现了这竖琴的主人——那个青年的形象，是不是？这就是回忆，正如一个人看见辛弥亚时常常想起克贝一样。这样的例子是举不胜举的。”

“可不是！”辛弥亚说。

“这样的事情不就是一种回忆吗？特别是时间过去了很久，由于疏忽，已经忘记了的时候。”

“确实如此。”他答道。

“那么，”苏格拉底说，“一个人看见一张画着马或竖琴的图画，能不能想起一个人来呢？看见一张辛弥亚的画像，能不能想起克贝呢？”

“当然能。”

“看见一张辛弥亚的画像，能不能想起辛弥亚本人呢？”

“能。”他说。

“那么，这些例子全都可以说明，回忆可以由相似的东西引起，也可以由不相似的东西引起。是不是？”

“是的。”

“一个人由于相似的东西而回忆到某物时，是不是也必然要考虑一下，这引起回忆的东西是否与回忆到的东西完全相似？”

“必然要考虑的。”他答道。

“看看是不是这样。我们说有‘一样’这么一个东西。我说的并不是一块木头跟另一块木头一样，或者一块石头跟另一块石头一样，或者其他像这一类的事情，说的是这一切以外还有另一个东西，即‘一样’本身。我们说有没有这样的东西呢？”

“我们说有，”辛弥亚说，“肯定有。”

“我们知道它是什么吗？”

“当然知道。”他说。

“我们是从哪里知道的呢？不是从刚才说的那些东西知道的吗？不是看见了相等的木块、石头或其他相等的东西之后，才知道‘一样’本身这另外一个东西吗？你不承认它是另外一个东西吗？我们这样看：一样的石头和木块，尽管没有改变，不是有时候从一边看一样，从另一边看不一样吗？”

“确实如此。”

“怎么？你觉得那些一样的东西不一样，是不是‘一样’就是‘不一样’呢？”

“不是，苏格拉底，绝不是。”

“那么，”他说，“那些一样的东西就与‘一样’本身不是一回事了。”

“应当说根本不是一回事，苏格拉底。”

“可是，”他说，“从那些与‘一样’本身不是一回事的一样的东西，你却得到了‘一样’本身的知识，对不对？”

“很对。”他答道。

“那岂不是‘一样’本身同一样的东西既相似又不相似？”

“确实如此。”

“其实相似不相似并没有关系，”他说，“只要你看见一个东西，因而想到另一个东西，不管这两个东西相似不相似，那必定是回忆。”

“确实如此。”

“那么，”他说，“我们现在说的这些一样的木块和一样的物件，在我们看来，究竟是怎么一样的？它们彼此的一样，究竟是同‘一样’本身的一样一模一样，还是差一些？”

“要差得多。”他说。

“假如有一个人看见了一件东西，心里想，‘我看见的这件东西要求同另外一件存在的东西相似，但是差得多，不能同那件东西相似，不如它，’那么，他这样想，就必定是先已经知道了那件东西，所以说他看见的这件东西与它相似，但比它差。我们是不是同意?”

“当然同意。”

“怎么样？我们看，那些一样的东西同‘一样’本身的关系岂不正是这样吗?”

“正是这样。”

“这么说，我们必定是已经有了对于‘一样’的知识，然后才能一看见一样的东西就想：这些东西都要求同‘一样’相似，却赶不上。”

“不错。”

我们是不是也同意：如果不通过视觉、触觉或其他官能，我们就得不到，也不可能得到这种知识？我认为说哪种官能都是一样。”

“是的，苏格拉底，对于我们的论证来说，全都一样。”

“那么，我们必定要通过各种官能，才知道一切感性事物都力求同‘一样’本身相似，但是赶不上它。这是我们的看法吧?”

“是的。”

“所以，我们在开始看、开始听，或者开始使用其他官能之前，必须已经在某个地方获得了‘一样’本身的知识，这样才能把我们通过官能感觉到的那些一样的东西拿来同‘一样’本身作比较，看出它们全都切望同它相似，却赶不上它。”

“这是从上面说过的那些话必然推出的结论，苏格拉底。”

“我们是一生下来就看见，就听见，就有其他的官能吗?”

“当然啰。”

“可是我们说，我们必定在有了这些官能以前，已经得到了一种关于‘一样’本身的知识。是不是?”

“是的。”

“这样看来，我们必定是在出世之前已经获得了它。”

“是啊。”

“如果我们出世以前就获得了这种知识，并且带着它生下来，那我们在出世以前和出世的时刻就不仅知道‘一样’‘大些’‘小些’，而且知道一切‘本身’。是不是？因为我们这个论证既适用于‘一样’，也同样适用于‘美’‘善’‘公正’‘神圣’，总之，适用于我们在问答辩证过程中标上‘本身’印记的一切；所以我们必定是在出世以前已经获得了关于这一切的知识。”

“对。”

“如果我们获得以后一样都没有忘记，那就必定是生下来就一直知道这些东西，并且终身知道。因为知道的意思就是获得了知识，并且把它保持下来不丢掉，而丢掉知识就是我们所谓忘记的意思。是不是这样，辛弥亚？”

“确实如此，苏格拉底。”他说。

“我想，如果是我们在出世前获得了知识，出世时把它丢了，后来又通过使用各种感觉官能重新得到了原来具有的知识，那么，我们称为学习的这个过程，实际上不就是恢复我们固有的知识吗？我们把它称为回忆对不对呢？”

“完全对。”

“既然我们已经发现，用视觉、听觉或者其他官能感觉到一件东西的时候，可以由这个感觉在心中唤起另一个已经忘了的、与这件东西有联系的东西，不管它们相似不相似，所以我说，要么是我们全都生下来就知道这些东西，并且终身知道，要么是那些所谓学习的人后来只不过在回忆，而学习只不过是回忆。”

“那是毫无疑义的，苏格拉底。”

“那你选择哪一项呢，辛弥亚？是我们生下来就有知识，还是后来才回忆起我们出世前已经获得的知识？”

“此刻我还不能选择，苏格拉底。”

“换一个问题怎么样？这是你能够选择的，你对它有看法的：一个有知识的人，能不能给他所知道的东西说出个所以然呢？”

“当然能够，苏格拉底。”

“你认为每个人都能给我们刚才讨论的问题说出个所以然？”

“我很希望，”辛弥亚说，“可是我恐怕明天这时候就没有一个活着的人能够说得妥帖了。”①

“那么，辛弥亚，你认为不是所有的人都能知道这些东西？”

“绝不是。”

“那么，他们是回忆起自己曾经学会的东西的？”

“那是必然的。”

“我们的灵魂是在什么时候获得这些东西的知识的？当然不是在投生为人之后啰。”

“当然不是。”

“那就是在以前。”

“对了。”

“那么，辛弥亚，灵魂在取得人形以前，就早已在肉体以外存在着，并且具备知识。”

“除非是，苏格拉底啊，我们在出世的时候获得这些知识；因为还有那个时候。”

“说得好，朋友。可是我们又在什么别的时候把它们丢了呢？因为我们当然不是生下来就知道的，这一点我们刚才已经同意了。难道我们就在得到它们的那个时候把它们丢了吗？你还能提出什么别的时候吗？”

“提不出别的时候了，苏格拉底，我没想到自己说了荒唐话。”

“那么，辛弥亚，”他说，“情形是不是这样：如果像我们常说的那样，‘美’‘善’以及这一类的其他实体是存在的，如果我们发现这类实体早就存在，现在又在我们心里，就把我们的一切感觉都归到这类实体上，并且与这类实体作比较，那是不是必然要推论

① 这是苏格拉底临刑前的谈话。意思是说，苏格拉底死后就没有人能说得妥帖了。

出：既然这些实体存在，我们灵魂就在我们出世以前存在过；如果这些实体不存在，我们的论证就无效了？岂不正是这样吗？如果这些实体存在，我们的灵魂就也在我们出世前存在；如果这些实体不存在，我们的灵魂就也不存在：这两个推论岂不是同样必然的吗？”

“妙极了，苏格拉底，”辛弥亚说，“我觉得是同样必然的。我们的论证得到了出色的结论：我们的灵魂在我们出世以前就存在，你所说的那些实体也存在。因为我觉得这是再明白不过的：所有的这类东西，像‘美’‘善’以及你刚才说的其他一切实体，是具有最真实的存在的。我想这是充分证明了的。”

（柏拉图：《斐多》，72E—77A，摘自北京大学哲学系外国哲学史教研室编译：《西方哲学原著选读》上卷，商务印书馆 1984 年版，第 76—83 页。）

六、《美　诺》

论“知识就是回忆”

美诺：苏格拉底，你怎样去研究你根本不知道的东西呢？在这些你所不知道的东西中，你提出什么来作为你所研究的对象呢？即使你侥幸碰上了这种东西，你怎么样会知道你所不知道的这种东西就是你所要研究的东西呢？

苏格拉底：我知道你的意思了。但是你知道你所提出来的论证是一种似是而非的诡辩吗？你的论证是说一个人既不能研究他所知道的东西，也不能研究他所不知道的东西，因为如果他所研究的是他所已经知道了的东西，他就没有必要去研究；而如果他所研究的是他所不知道的东西，他就不能去研究，因为他根本不知道他所要研究的是什么。

美诺：苏格拉底，你说得很好，你觉得我的这个论证对吗？

苏格拉底：我想是不对的。

美诺：为什么不对呢？

苏格拉底：让我来告诉你为什么不对。我曾经听到一些讲神异的聪明人士说过——

美诺：他们说过什么？

苏格拉底：我想，他们说过一条值得令人赞叹的真理。

美诺：他们说的是什么呀？说话的人是谁呀？

苏格拉底：他们之中有一些是男女祭司，这些人都曾经研究过怎样来给他们的职业作出合理的说明。品达和许多其他具有灵感的诗人也说过这点，他们说——现在注意看看你认为他们的话对不对——人的灵魂是不死的。它在一个时候有一个终结称为死，在另一个时候又再生出来，但是永远也不会消灭……

既然心灵是不死的，并且已经投生了好多次，既然它已经看到了阳间和阴间的一切东西，因此它获得了所有一切事物的知识。因此人的灵魂能够把它以前所得到的关于美德及其他事物的知识回忆起来，是不足为奇的。因为既然一切东西都是血脉相通的，而灵魂也已经学会了一切，因此就没有理由说我们不能够通过对于一件事情的记忆——这个记忆我们称为学习——来发现一切其他的事物，只要我们有足够的勇气和在研究中不昏乱的话。因为一切研究，一切学习都只不过是回忆罢了。

（柏拉图：《美诺》，80E—82D，摘自北京大学哲学系外国哲学史教研室编译：《古希腊罗马哲学》，生活·读书·新知三联书店1957年版，第190—191页。）

七、《会　饮》

论爱美教育

（一）爱情与美和善

苏：亲爱的阿伽通，你的颂辞开端就声明先要说明爱神的本质，然后再陈述他的功劳，这的确很妥当。你的这段开端我十分钦佩。你把爱神的本质说得非常美妙高华，我还想请问你一句：爱是有对象，还是没有对象呢？我的意思并非要问爱情是否就是对父亲或母亲的爱，这样问题当然很荒谬可笑。但是假如关于父亲，我提出这样一个问题：一个父亲还是某某人的父亲，还是不是什么人的父亲呢？这问题倒和我刚才所提出的那个问题相类似。如果你想答得妥当，你当然会说：父亲是儿女的父亲。是不是？

阿：当然。

苏：母亲也是儿女的母亲？

阿：是。

苏：那么，再请回答几个问题，好使你把我的意思懂得更清楚一点。假如我这样问你：一个弟兄，就其为弟兄而言，他是不是某某人的弟兄？比如说，弟或妹的兄？

阿：不错。

苏：现在就请你把这道理应用到爱情上：爱情还是某某对象的爱，还是不是什么对象的爱呢？

阿：它当然是某某对象的爱。

苏：请谨记着这一点，爱情的对象是什么。现在暂请问：钟爱者对于所爱的对象有没有欲望呢？（是否想他呢？）

阿：无疑地有欲望。

苏：在爱他想他的时候，钟爱者是否已经得到了（占有了）那个对象？

阿：大概说来，他还没有得到那个对象。

苏：不是什么“大概”，要的是确定不移。请想一想，一个人在想一个东西，是否就必然还没有那个东西，有了它是否就必然不再想它？在我看，这是确定不移的。阿伽通，你看如何？

阿：我和你的看法是一致的。

苏：很好。已经大的人就不再想大，已经强的人就不再想强，是不是？

阿：就我们已经承认的话来说，这是不可能的。

苏：我想这是因为他既然有了这类品质，就不再需要它们。

阿：你说的对。

苏：假如强者还想强，捷者还想捷，健康者还想健康……也许有人会说，凡是已经有了某某品质的人还是可以想有那些品质。为了免得受他们的蒙混，阿伽通，我得这样说：请你想一想，这些人既然有了这些品质，这“有”是必然的，无论他们愿不愿有它们，他们都必得有，他们怎样还能想有他们所已有的呢？假如有人向我们说：“我本来康健，可是还在想康健；我本来富有，可是还在想富有；我就是想有我所已有的。”我们就该这样回答他：“我的好人，你现在想富有，想康健，想强壮，是为了将来而想它们，现在你不管想不想它们，你都已经有它们了。你说：‘我想有我所已有的，’请想一想，你这句话是不是说，‘现在我所已有的东西，我想将来仍旧有它？’”阿伽通，他会不会承认这话呢？

阿：他该承认。

苏：爱情不恰恰也是这样？一个人既然爱一件东西，就还没有那件东西；他想它，就是想现在有它，或是将来永久有它。

阿：当然。

苏：所以总结起来，在这个情形和在一般情形之下，所想的对象，对于想的人来说，是他所缺乏的，还没有到手的，总之，还不是他所占有的。就是这种东西才是他的欲望和爱情的对象。

阿：的确如此。

苏：现在我们且回看一下上文所说的话，看我们在哪几点上已经得到一致的意见。头一层，爱情是针对着某某对象的；其次，这种对象是现在还没有得到的。是不是？

阿：是。

苏：既然如此，就请你回想一下在你的颂辞里，你把哪些东西看作爱情的对象。我可以提醒你，你所说的大致是这样：由于对于美的事物的爱，神们才在他们的世界里奠定了秩序，丑的事物不是爱情的对象。你是否是这样说的？

阿：不错，我说的确是这样。

苏：你说得很妥当，朋友。既然如此，爱情的对象就该是美而不是丑了？

阿：对。

苏：我们不是也承认过：一个人所爱的是他所缺乏的，现在还没有的吗？

阿：不错。

苏：那么，美就是爱情所缺乏的，还没有得到的？

阿：这是必然的。

苏：缺乏美的，还没有美的东西你能叫它美吗？

阿：当然不能。

苏：既然如此，你还能说爱神是美的吗？

阿：苏格拉底，恐怕当初我只是信口开河，对于所说的那一套道理根本没有懂得。

苏：你的辞藻却是实在美丽，阿伽通；但是我还要请问一点：你是否以为善的东西同时也是美的？

阿：对，我是这样想。

苏：爱神既然缺乏美的东西，而善的东西既然同时也是美的，他也就该缺乏善的东西了。

阿：我看不出有什么方法可以反驳你，苏格拉底，就承认它是像你所说的吧。

苏：亲爱的阿伽通，你所不能反驳的是真理而不是苏格拉底，反驳苏格拉底倒是很容易的事。

好，我现在不再麻烦你了，且谈一谈我从前从一位曼提尼亚国的女人，叫作第俄提玛的，所听来的关于爱情的一番话。这位女人对爱情问题，对许多其他问题，都有真知灼见。就是她，从前劝过雅典人祭神禳疫，因此把那场瘟疫延迟了十年；也就是她，传授给我许多关于爱情的道理。我现在就按照刚才阿伽通和我所已达到协议的论点，尽我的能力，把她教给我的话重述一番。阿伽通，就依你的办法，我先说爱神的本质，然后再说他的功劳。我看最好的办法就是按照那位异方女人怎样考问我的次序来谈。当时我向第俄提玛所说的话也正和阿伽通今晚向我所说的一模一样，我说过爱神是一位伟大的神，说他的对象是美。她反驳我的话也正和我反驳阿伽通的一样，说爱神既不美，又不善。往下我就和她作如下的对话：

苏：你这话怎样讲，第俄提玛，爱神是丑的恶的吗？

第：别说谩神的话！你以为凡是不美的就必然丑吗？

苏：当然。

第：凡是没有真知的人就必然无知吗？真知与无知之中有一个中间情况，你没有想到吗？

苏：那是什么？

第：有正确见解而不能说出道理，知其然而不知其所以然，这还不能算是真知，因为未经推理的认识怎么能算是真知呢？但是也不能算是无知，因为碰巧看得很正确，怎么能算是无知呢？所以我以为像正确见解就是介乎真知与无知之中的一种东西。

苏：你说得很对。

第：那么，你就不能硬说凡是不美的就必然是丑的，凡是不善的就必然是恶的。爱神也是如此，你既然承认了他不善不美，别就以为他必恶必丑，他是介乎二者之间的。

苏：可是每个人都承认爱神是一个伟大的神呀！

第：每个人？每个有知的人，还是每个无知的人？

苏：都在一起，全世界的每个人。

第：（笑）苏格拉底，他们既然不承认他是一个神，怎么能承认他是一个伟大的神呢？

苏：你所说的“他们”是谁？

第：你是其中之一，我也是其中之一。

苏：这话怎样可以证明？

第：容易得很。请问：你不是说凡是神都是美的，有福分的？你敢否认任何一个神的美和福分吗？

苏：凭老天爷，我不敢否认！

第：凡是人只要具有美的事物和善的事物，你就认为他们有福分，是不是？

苏：一点不错。

第：但是你也承认过：爱神因为缺乏善的事物和美的事物，才想有他所没有的那些事物？

苏：我承认过。

第：他既然缺乏美的事物和善的事物，怎么能算是一个神？

苏：看来像是不能。

第：既然如此，你看，你自己就是一个不把爱神看作神的①。

苏：那么，爱神是什么呢？一种凡人吗？

第：绝对不是。

---

① “爱神不是神”，好像自相矛盾。这里如把爱神的名字译音为“爱若斯”（Eros），似较妥。但“爱若斯”在希腊文的含义仍是“爱神”，如果因为第俄提玛的翻案，就把全篇的“爱神”改成“爱若斯”，也还是不妥。所以仍用“爱神”，取其较易了解。

苏：是什么呢？

第：像我原先所说的，介乎人神之间。

苏：他究竟是什么，第俄提玛？

第：他是一种大精灵，凡是精灵都介乎人神之间。

苏：精灵有什么功用？

第：他们是人和神之间的传语者和翻译者，把祈祷祭礼由下界传给神，把意旨报应由上界传给人；既然居于神和人的中间，把缺空填起，所以把大乾坤联系成一体。他们感发了一切占卜术和司祭术，一切关于祭礼，祭仪，咒语，预言和巫术的活动。神不和人混杂，但是由于这些精灵做媒介，人和神之间才有来往交际，在醒时或是在梦中。凡是通这些法术的人都是受精灵感通的人，至于通一切其他技艺行业的人只是寻常的工匠。这些精灵有多种多样，爱神就是其中之一。

苏：他的父母是谁呢？

第：说起来话很长，但是我还是不妨替你讲一讲。当初阿佛洛狄忒诞生时，神们设筵庆祝，在场的有丰富神、聪明神的儿子。他们饮宴刚完，贫乏神照例来行乞，在门口徘徊。丰富神多饮了几杯琼浆——当时还没有酒——喝醉了，走到宙斯的花园里，头昏沉沉地就睡下去了，贫乏神所缺乏的就是丰富，心里想和丰富神生一个孩子，就跑去睡在他的旁边，于是就怀了孕，怀的就是爱神。爱神成了阿佛洛狄忒的仆从，就是因为这个缘故，因为他是在阿佛洛狄忒的生日投胎的，因为他生性爱美，而阿佛洛狄忒长得顶美。①

因为他是贫乏神和丰富神配合所生的儿子，爱神就处在一种特殊的境遇。头一层，他永远是贫乏的，一般人以为他又文雅又美，

① 这段神话不见经传，是虚构的。这里所谓“丰富”和“贫乏”都不仅在经济方面，同时也在思想智慧方面。依第俄提玛看，爱是这两种相反者的统一。

其实满不是那么一回事，他实在粗鲁丑陋，赤着脚，无家可归，常是露天睡在地上，路旁，或是人家门楼下，没有床褥。总之，像他的母亲一样，他永远在贫乏中过活。但是他也像他的父亲，常在想法追求凡是美的和善的，因为他勇敢，肯向前冲，而且百折不挠。他是一个本领很大的猎人，常在设诡计，爱追求智慧，门道多，终身在玩哲学，是一位特殊的魔术家、幻术家和诡辩家。在本质上他既不是一个凡人，也不是一个神。在同一天之内，他时而茂盛，时而萎谢，时而重新活过来，由于从父亲性格所得来的力量。可是丰富的资源不断地来，也不断地流走，所以他永远是既不穷，又不富。

其次，他也介乎有知与无知之间。情形是这样：凡是神都不从事于哲学，也无意于求知，因为他们已经有哲学和知识了，凡是已经知道的人也都不再去探求。但是无知的人们也不从事于哲学，也无意于求知，因为无知的毛病正在于尽管不美不善不聪明，却沾沾自满。凡是不觉得自己有欠缺的人就不想弥补他根本不觉得的欠缺。

苏：既然如此，第俄提玛，哪些人才从事于哲学呢？既然有知者和无知者都不算在内？

第：这是很明白的，连小孩子也看得出，他们就是介乎有知与无知之间的，爱神就是其中之一。因为智慧是事物中最美的，而爱神以美为他的爱的对象，所以爱神必定是爱智慧的哲学家，并且就其为哲学家而言，是介乎有知与无知之间的。他的这种性格也还是由于他的出身，你的父亲确是聪明富有，他的母亲却愚笨贫穷。亲爱的苏格拉底，这个精灵的本质就是如此。你原来对于爱神有另样的看法，这也不足为怪。因为照你自己的话来看，你以为爱神是爱人而不是情人，是被爱者而不是钟爱者。你把爱神看成绝美，就是因为这个缘故。其实可爱者倒真是美，娇嫩，完善，有福分；但是钟爱者的本质却完全不同，如我所说明的。

苏：很好，外方客人，你说的顶好。爱神的本质既然是如你所说的，他对于人类有什么功用呢？

第：这正是我要启发你的第二个问题，苏格拉底。爱神的本质和出身既然像我所说过的，而他的对象是美的事物，你也承认了。假如有人这样问我们："苏格拉底和第俄提玛，对于美的事物的爱究竟是什么呢？或是说得更明白一点，'凡是爱美者所爱的究竟是什么？'"

苏：他爱那些美的事物终于归他所有。

第：但是你的答案引起了另一问题："那些美的事物既然归他所有之后，他又怎么样呢？"

苏：这问题我还不能立刻回答。

第：好，假如换个题目，问的不是美而是善："请问，苏格拉底，凡是爱善者所爱的究竟是什么？"

苏：他爱那些善的事物终于归他所有。

第：那些善的事物既然归他所有之后，他又怎么样呢？

苏：这个问题倒比较容易回答，我可以说：他就会快乐。

第：对，快乐人之所以快乐，就由于有了善的事物。我们不必再追问他为什么希望快乐，你的答案似乎达到终点了。

苏：你说的很对。

第：依你看，这种欲望或爱是不是全人类所公有的呢？是否人人都希望善的事物常归他所有呢？你怎样说？

苏：是这样，它是全人类所公有的。

第：那么，既然一切人都永远一律爱同样的事物，我们为什么不说一切人都在爱，而说某些人在爱，某些人不在爱呢？

苏：我也觉得奇怪。

第：并没有什么奇怪。因为我们把某一种爱单提出来，把全体的名称加在它上面，把它叫作"爱"。旁的名称也有这样误用的。

苏：请举一个例子。

第：就拿这个例子来说，你知道创作[1]的意义是极广泛的。无论什么东西从无到有中间所经过的手续都是创作。所以一切技艺的制造都是创作，一切手艺人都是创作家。

苏：你说的不错。

第：可是你知道，我们并不把一切手艺人都叫作创作家，却给他们各种不同的名称；我们在全体创作范围之中，单提有关音律的一种出来，把它叫作“创作”或“诗”。只是诗这一种创作才叫作“创作”，从事于这种创作的人才叫作“创作家”或“诗人”。

苏：你说的对。

第：爱这个字也是如此。就它的最广义来说，凡是对于善的事物的希冀，凡是对于快乐的向往，都是爱，强大而普遍的爱。但是在其他方面企图满足这种欲望的人们，无论是求财谋利，好运动，或是爱哲学，都不叫作“情人们”或“钟爱者们”，我们也不说他们在恋爱。只有追求某一种爱的人们才独占全体的名称，我们说他们在恋爱，把他们叫作“情人”或“钟爱者”。

苏：你这番话也许有些道理。

第：我知道有一种学说，以为凡是恋爱的人们追求自己的另一半[2]。不过依我的看法，爱情的对象既不是什么一半，也不是什么全体，除非这一半或全体是好的。因为人们宁愿被砍去手足，如果他们觉得这些部分是坏的。我以为人所爱的并不是属于他自己的某一部分，除非他把凡是好的都看作属于自己的，凡是坏的都看作不属于自己的。人只爱凡是好的东西。你有不同的看法吗？

苏：凭宙斯，我没有什么不同的看法。

第：那么，我们可否干脆地说：凡是好的人们就爱？

---

① 原文是 Poésie，其实就是“诗”，“诗”在希腊文中的意义就是“创作”。有些译本就用“诗”字来译。下文“一切手艺人都是创作家”就译成“一切手艺人都是诗人”。这里从罗本的译法。

② 暗指阿里斯托芬的看法。

苏：可以这么说。

（二）爱情与欲望及其控制

第：还要不要作这样一个补充：人们爱把凡是好的归自己所有？

苏：应该作这样补充。

第：不仅想把凡是好的归自己所有，而且永远归自己所有。

苏：这也是应该补充的。

第：总结起来说，爱情就是一种欲望，想把凡是好的永远归自己所有。

苏：这是千真万确的。

第：爱情既然常如此，现在请问你：人们追求这样目的，通常是怎样办？有爱情热狂的人发出怎样的行为？这行为的方式怎样？你说得出吗？

苏：如果我说得出，第俄提玛，我就不用钦佩你的智慧，也不用拜你的门了。我来向你请教的正是这类问题。

第：好，我告诉你吧，这种行为的方式就是在美中孕育，或是凭身体，或是凭心灵。

苏：你这句话要请占卜家来解释，我不懂。

第：待我说明。一切人都有生殖力，苏格拉底，都有身体的生殖力和心灵的生殖力。到了一定的年龄，他们本性中就起一种迫不及待的欲望，要生殖。这种生殖不能播种于丑，只能播种于美。男女的结合其实就是生殖。这孕育和生殖是一件神圣的事，可朽的人具有不朽的性质，就是靠着孕育和生殖。但是生育不能在不相调和的事物中实现。凡是丑的事物都和凡是神圣的不相调和，只有美的事物才和神圣的相调和。所以美就是主宰生育和定命神和送子娘娘。就是因为这个道理，凡是有生殖力的人一旦遇到一个美的对象，马上就感到欢欣鼓舞，精神焕发起来，于是就凭这对象生殖。

如果遇到丑的对象，他就索然寡兴，蜷身退避，不肯生殖，宁可忍痛怀着沉重的种子。所以一个人孕育种子到快要生殖的时候，遇到美的对象，就欣喜若狂，因为得到了它，才可解除自己产生的痛苦。照这样看来，爱情的目的并不在美，如你所想象的。

苏：然则它在什么呢？

第：爱情的目的在凭美来孕育生殖。

苏：就依你那么说吧。

第：这是不容置疑的。为什么要生殖呢？因为通过生殖，凡人的生命才能绵延不朽。根据我们已经断定的话来看，我们所迫切希求的不仅是好的东西，而且还要加上不朽，因为我们说过，爱情就是想凡是好的东西永远归自己所有那一个欲望。所以追求不朽也必然是爱情的一个目的。

苏格拉底说："我多次听她谈爱情问题，所听到的教义大体如此。还有一次，她向我提出这样的问题……"

第：依你看，苏格拉底，这爱情和这欲望的原因在哪里？你注意到一切动物在想生殖的时候那种奇怪的心情没有？无论是在地上走的，还是在空中飞的，在那时候都害着恋爱的病，第一步要互相配合，第二步要哺养婴儿。为着保卫婴儿，它们不怕以最弱者和最强者搏斗，甚至不惜牺牲性命；只要能养活婴儿，自己挨饥饿，受各种痛苦，都在所不辞。人这样做，我们还可以说是因为他受理性的指使。但是动物也都有这种现象，那是什么原因呢？你能不能告诉我？

苏：我不知道那是什么原因。

第：连这道理都不知道，你还想精通爱情的学问吗？

苏：我老早就向你说过，正因为不知道，我才来向你求教。请你告诉我，这些结果以及有关爱情的其他结果，都是由于什么原因。

第：如果你相信爱情在本质上确如我们屡次所断定的那样，你就不会再惊疑了。现在这个事例在原则上还是和我们从前所谈过的一样，就是可朽者尽量设法追求不朽。怎样才能达到不朽呢？那就全凭生殖，继续不断地以后一代接替前一代，以新的接替旧的。就拿个体生命来说，道理也是一样。我们通常以为每一个动物在它的一生中前后只同是一个东西，比如说，一个人从小到老，都只是他那一个人。可是他虽然始终用同一个名字，在性格上他在任何一个时刻里都不是他原来那个人。他继续不断地在变成新人，也继续不断地在让原来那个人死灭，比如他的发肉骨血乃至于全身都常在变化中。不仅是身体，心灵也是如此。他的心情，性格，见解，欲望，快乐，苦痛和恐惧也都不是常住不变的，有些在生，有些在灭。还有一个更奇怪的事实：就是我们的知识全部也不但有些在生，有些在灭，使我们在知识方面前后从来不是同样的人，而且其中每一种知识也常在生灭流转中。我们所谓"回忆"就假定知识可以离去；遗忘就是知识的离去，回忆就是唤起一个新的观念来代替那个离去的观念，这样就把前后的知识维系住，使它看来好像始终如一。凡是可朽者都是依这个方式去绵延他们的生命，他们不能像神灵的东西那样永久前后如一不变，而是老朽者消逝之后都留下新的个体，与原有者相类似。苏格拉底，凡是可朽者在身体方面或其他方面之所以能分享不朽，就是依这个方式，依旁的方式都不可能。因此，一切生物都有珍视自己后裔的本性，并无足怪，一切人和物之所以有这种热忱和爱情，都由于有追求不朽的欲望。

苏格拉底说："听到她的这番话之后，我非常惊怪，就问她：'真的就是这样吗，最渊博的第俄提玛？'于是她以一个十足的诡辩大师的气派回答我。"

第：不用怀疑，苏格拉底，你只需放眼看一看世间人的雄心大志。你会觉得它毫无理性，除非你彻底了解了我所说过的话，想通了他们那样奇怪地欲望熏心，是为着要成名，要"流芳百世"。为着名声，还有甚于为着儿女，他们不怕冒尽危险，倾家荡产，忍痛受苦，甚至不惜牺牲性命。你以为阿尔刻提斯会做她丈夫阿德墨托斯的替死鬼，阿喀琉斯会跟着帕特洛克罗斯死，或是你们自己的科德洛斯①会舍身救国，为后人树立忠义的模范吗？如果他们不想博得“不朽的英名”，现在我们还在纪念的英名？没有那回事！我相信凡是肯这样特立独行的人都在想以不朽的功绩来博取不朽的荣誉。他们品格愈高，也就愈要这样做。他们所爱的都是不朽。

凡是在身体方面生殖力旺盛的人都宁愿接近女人，他们的爱的方式是求生育子女，因此使自己得到不朽，得到名字的久传，而且依他们自己想，得到后世无穷的福气。但是凡是在心灵方面生殖力旺盛的人却不然。世间有些人在心灵方面比在身体方面还更富于生殖力，长于孕育心灵所特宜孕育的东西。这是什么呢？它就是思想智慧以及其他心灵的美质。一切诗人以及各行技艺中的发明人都属于这类生殖者。但是最高最美的思想智慧是用于齐家治国的，它的品质通常叫作中和与正义。这类生殖者是近于神明的，从幼小的时期起，心灵就孕育着这些美质，到了成年时期，也就起了要生殖的欲望。这时候，我想，他也要四处寻访，找一个美的对象来寄托生殖的种子，因为他永不会借丑的对象来生殖。美本来是他所孕育的一个品质，因此，他对于身体美的对象比对于身体丑的对象较易钟情。如果他碰见一个美好高尚而资禀优异的心灵，他对于这样一个身心调和的整体就会五体投地去爱慕。对着这样一个对象，他就会马上有丰富的思想源源而来，可以津津谈论品德以及善人所应有的性格和所应做的事业。总之，他就对他的爱人进行教育。常和这美的对象交往接触，他就把孕育许久的东西种下种子，让它生育出来。无论是住得近或隔得远，他随时随地都一心一意地念着他的爱

① 科德洛斯是雅典国王。雅典和多里斯战争，得尔福预言告诉他们，如果雅典国王战死，雅典就会胜利。多里斯人下令要保全科德洛斯的生命。他乔装樵夫，和多里斯人挑战，故意送死，因此使雅典得到胜利。

人。到了婴儿出世之后，他们就同心协力，抚养他们的公共果实。这样两个人的恩爱情分比起一般夫妻中的还要深厚得多，因为他们所生育的子女比寻常肉体子女更美更长寿。每个人都宁愿与其生育寻常肉体子女，倒不如生育这样心灵子女，如果他放眼看一看荷马、赫西俄德以及其他大诗人，欣羡他们所留下的一群子女，自身既不朽，又替他们的父母留下不朽的英名。再看莱科勾在斯巴达所留下的子女不仅替斯巴达造福，而且可以说，替全希腊造福。在你们雅典人中间，梭伦也备受崇敬，因为他生育了你们的法律。此外，还有许多例证，无论在希腊或在外夷，凡是产生伟大作品和孕育无穷功德的人们也都永远受人爱戴。因为他们留下这样好的心灵子女，后人替他们修建了许多庙宇供馨香祷祝，至于寻常肉体子女却从来不曾替父母博得这样大的荣誉。

以上这些关于爱情的教义，苏格拉底，你或许还可以领会。不过对于知道依正路前进的人，这些教义还只是达到最深密教的门径，我就不敢说你有能力参证了。① 我尽力替你宣说，你须专心静听。

凡是想依正路达到这深密境界的人应从幼年起，就倾心向往美的形体②。如果他依向导引入正路，他第一步应从只爱某一个美形体开始，凭这一个美形体孕育美妙的道理③。第二步他就应学会了解此一形体或彼一形体的美与一切其他形体的美是贯通的。这就是要在许多个别美形体中见出形体美的形式④。假定是这样，那就只有大惑不解的人才会不明白一切形体的美都只是同一个美了。想通

---

① 柏拉图把最高的爱情学问——即哲学——看作一种玄秘的宗教，所以假托一个神秘的女巫来说，用的字常带有宗教术语的意味。所以译文借用了一些佛教中的术语。

② 原文只是“身体”，不过西文中“身体”常指一般物体，用“形体”译似较妥。形体是感觉的对象，与下文所说的那些理解的对象相对立。

③ 原文 logos 有“言辞”“文章”“道理”等义。

④ 这里所谓“形式”就是“理式”“共相”“概念”。

了这个道理，他就应该把他的爱推广到一切美的形体，而不再把过烈的热情专注于某一个美的形体，就要把它看得渺乎其小。再进一步，他应该学会把心灵的美看得比形体的美更可珍贵，如果遇见一个美的心灵，纵然他在形体上不甚美观，也应该对他起爱慕，凭他来孕育最适宜于使青年人得益的道理。从此再进一步，他应学会见到行为和制度的美，看出这种美也是到处贯通的，因此就把形体的美看得比较微末。从此再进一步，他应该受向导的指引，进到各种学问知识，看出它们的美。于是放眼一看这已经走过的广大的美的领域，他从此就不再像一个卑微的奴隶，把爱情专注于某一个个别的美的对象上，某一个孩子，某一个成年人，或是某一种行为上。这时他凭临美的汪洋大海，凝神观照，心中起无限欣喜，于是孕育无量数的优美崇高的道理，得到丰富的哲学收获。如此精力弥满之后，他终于一旦豁然贯通唯一的涵盖一切的学问，以美为对象的学问。

说到这里，你得尽力专心听了。一个人如果随着向导，学习爱情的深密教义，顺着正确次序，逐一观照个别的美的事物，直到对爱情学问登峰造极了，他就会突然看见一种奇妙无比的美。他的以往一切辛苦探求都是为着这个最终目的。这种美是永恒的，无始无终，不生不灭，不增不减的。它不是在此点美，在另一点丑；在此时美，在另一时不美，在此方面美，在另一方面丑；它也不是随人而异，对某些人美，对另一些人就丑。还不仅此，这种美并不是表现于某一张面孔，某一双手，或是身体的某一其他部分；它也不是存在于某一篇文章，某一种学问，或是任何某一个别物体，例如动物、大地或天空之类；它只是永恒地自存自在，以形式的整一永与它自身同一①；一切美的事物都以它为泉源，有了它那一切美的事物才成其为美，但是那些美的事物时而生，时而灭，而它却毫不因

① 这就是所谓“绝对美”，它涵盖一切，独一无对无待。

之有所增，有所减。总之，一个人从人世间的个别事例出发，由于对于少年人的爱情有正确的观念，逐渐循阶上升，一直到观照我所说的这种美，他对于爱情的深密教义也就算近于登峰造极了。这就是参悟爱情道理的正确道路，自己走也好，由向导引着走也好。先从人世间个别的美的事物开始，逐渐提升到最高境界的美，好像升梯，逐步上进，从一个美形体到两个美形体，从两个美形体到全体美形体；再从美的形体到美的行为制度，从美的行为制度到美的学问知识，最后再从各种美的学问知识一直到只以美本身为对象的那种学问，彻悟美的本体。

亲爱的苏格拉底，这种美本身的观照是一个人最值得过的生活境界，比其他一切都强。如果你将来有一天看到了这种境界，你就会知道比起它来，你们的黄金，华装艳服，娇童和美少年——这一切使你和许多人醉心迷眼，不惜废寝忘餐，以求常看着而且常守着的心爱物——都卑微不足道。请想一想，如果一个人有运气看到那美本身，那如其本然，精纯不杂的美，不是凡人皮肉色泽之类凡俗的美，而是那神圣的纯然一体的美，你想这样一个人的心情会像什么样呢？朝这境界看，以适当的方法凝视它，和它契合无间，浑然一体，你想，这对于一个凡人是一种可怜的生活么？只有循这条路径，一个人才能通过可由视觉见到的东西窥见美本身，所产生的不是幻象而是真实本体，因为他所接触的不是幻象而是真实本体，你没有想到这个道理吗？只有这样生育真实功德的人才能邀神的宠爱，如果凡人能不朽，也只有像他这样才可以不朽。

苏格拉底说：“斐德若和在座诸位，这就是第俄提玛教导我的一番话。我自己对它心悦诚服，我也在设法使旁人对它心悦诚服，使人人相信：要想找到一个人帮助我们凡人得到这样福分，再好不过的就是爱神。因此，我现在奉劝诸位，每个人都应该尊敬爱神。像我自己就特别热心以尊敬爱神为专业，而且还要激起旁人也有这样大的热忱。我现在歌颂爱神，而且要永远歌颂爱神，尽我所有的能力，来歌颂他的威灵。斐德若，你把这番话叫作爱神的颂辞也好，给它一个旁的名称也好，都随你的便。”①

苏格拉底说完话，在场的人们都赞赏他说得好，只有阿里斯托芬说苏格拉底的话里有一段涉及他自己，正在质问，猛然有人大敲前门，有一阵嘈杂的声音，仿佛是一群欢宴者的吵闹，其中还听见一个吹笛女的歌声。阿伽通就告诉奴隶们：“出去看看是谁，如果是我的朋友，就请他们进来，否则就说我们已喝完酒，正要休息了。”

没有一会儿，我们就听见前院有亚尔西巴德的声音，他烂醉如泥，大声喧嚷着问阿伽通在哪里，吩咐人带他去见阿伽通。那位吹笛女和其他随从的人们就扶着他到我们会饮的厅里。他到门口就站住，头上戴着一个葡萄藤和紫罗兰编的大花冠，还缠着许多飘带，大声嚷道：“朋友们，你们都好呀，你们肯不肯让一个醉汉来陪酒，还是让我们替阿伽通戴上花冠，戴完了就走？我们来就专为这件事。我得告诉你们，昨天我有事，不能来参加庆祝；可是现在我来了，头上戴了这些飘带，我要把这些飘带从我的头上取下来，拿来缠在这个人的头上，我可以说，这个最聪明最漂亮的人的头上。你

① 苏格拉底的颂辞是全篇三大段的中段，也是全篇的精义所在。它本身分两部分，和阿伽通的对话以及和第俄提玛的对话。在和阿伽通的对话里，他说明了：（一）爱情必有对象；（二）钟爱者还没有得到所爱的对象；（三）爱情就是想占有所爱对象那一个欲望；（四）爱情的对象既然是美，如阿伽通所说的，它就还缺乏美，“爱神是美的”一说不能成立；（五）美善同一，所以爱神也不是善的。这样苏格拉底就把阿伽通的一篇大文章完全推翻了。接着他说他的爱情学问是从女巫第俄提玛领教来的。他原来和阿伽通一般见解，她纠正了他。她使他明白：（一）爱神是介乎美丑，善恶，有知与无知，神与人之间的一种精灵，是丰富和贫乏的统一，总之，就是一个哲学家。（二）爱情就是想凡是美的善的永远归自己所有那一个欲望。（三）爱情的目的是在美的对象中传播种子，凭它孕育生殖，达到凡人所能享有的不朽：生殖是以新替旧，种族与个体都时时刻刻在生灭流转中。这种生殖可以是身体的，也可以是心灵的。诗人，立法者，教育者以及一切创造者都是心灵方面的生殖者。（四）爱情的深密教，也就是达到哲学极境的四大步骤。

们笑，笑我喝醉了吗？尽管你们笑，我说的却是真话。咳，干脆回我一句话，我已经说明来意了，我是进来还是不进来？你们是和我喝酒，还是不和我喝酒？”

大家都嚷着欢迎他，请他入座，阿伽通也在邀请他。他由随从的人们扶着进来，取下头上的飘带，准备缠阿伽通的头，把飘带举在眼前，所以没有看见苏格拉底。他走到阿伽通和苏格拉底中间坐下，原来苏格拉底望见他来，就已经把自己的座位让出了。他一坐下，就拥抱阿伽通，用飘带缠他的头。阿伽通吩咐奴隶们：“把亚尔西巴德的鞋脱下，让他和我们俩躺在这床上。”“那就再好不过了，”亚尔西巴德说，“你以外还有谁呢？”他转头一看，看见苏格拉底，马上跳起来嚷：“凭赫拉克勒斯呀①，咳，原来苏格拉底也在这里！你这家伙，还是你那个老习惯，坐在这里乘其不意地来吓我一跳，老是在出乎意外的地方碰到你！你在这里干吗呢？为什么坐在这里？不坐在阿里斯托芬旁边，或是其他实在滑稽或是想滑稽的人的身边？你居然玩了什么花样，坐在这里最美的一个人旁边，这是什么意思？给我说来！”

于是苏格拉底说：“阿伽通，请你设法保护我，因为这家伙的爱情对于我真不是一件小麻烦。自从我钟情于他，我就不能看一个美少年一眼，或是和他谈一句话，若是有这样事，他就大吃其醋，用最歹毒的方法虐待我，不伸手打我就是好事。现在他的老脾气又发作了，请你劝他和我和解，如果他要动武，还要请你保护。我真怕他的狂热的爱情和他的妒忌，怕得叫我发抖。”

亚尔西巴德说：“不，你和我没有什么和解。你今天说出这样话，下次我再报复你，目前咧，阿伽通，把你的飘带拿几条给我，让我来缠这家伙的头，这个奇妙惊人的头。别让他怪我替你戴了花冠，没有替他戴，他这位大辩才，是一位不仅像你只在前天得到胜

① 凭有名的大力士发誓。

利，而且会永远在一切人之中得到胜利的。”说到就做到，他拿了飘带，缠了苏格拉底的头，然后归还原位躺下。接着他又说：“朋友们，我看你们都还很清醒。这不行，你们得喝酒，你们知道，这是大家原来约定的事。现在我选我自己来做主席，一直到你们喝够了再说。阿伽通，叫人拿一个顶大的杯子给我，如果你有的话。别忙，用不着杯子，堂倌，你把那个凉酒的瓶子拿给我。”这瓶子要装三斤多，他把酒斟满，一口就把它喝干，再叫人把它斟满，传给苏格拉底，同时说：“朋友们，这瓶酒对于苏格拉底并不是一件陷害他的东西，你要他喝多少，他就喝多少，而且永不会醉。”

堂倌斟了酒，苏格拉底马上就一口喝干。厄里什马克就问：“亚尔西巴德，这是什么一个办法？我们就只管喝酒，也不谈话，也不唱歌吗？我们尽傻喝，像要解渴似的！”亚尔西巴德回答说：“咳，厄里什马克，你聪明爸爸的聪明儿子①，我向你敬礼！”厄里什马克说：“我回敬你，但是我们究竟怎么办呢？”“你说怎么办就怎么办，我们只有唯命是听，因为常言说得好，‘一个医生，胜过万人’。② 你且随意开方子吧！”厄里什马克于是说：“请听着，在你未来之前，我们商议定了，从左到右每人都要尽力做一篇最好的颂辞，来颂扬爱神。我们都已经做过了，你既然没有做，却喝了酒，现在就应该轮到你来做。你做完颂辞之后，可以随意出一个题目请苏格拉底讲，他又随意出一个题目请他的右邻讲，其余就这样顺次轮流下去。”亚尔西巴德说：“你这办法倒顶好，厄里什马克，不过叫一个醉汉和一些头脑清醒的人们较量口才，恐怕不大公平。并且，亲爱的朋友，你相信苏格拉底刚才所说的那一套话吗？事实和他所说的却正相反。如果我在他的面前，不颂扬他而颂扬旁的，无论是人是神，就难保不挨他的拳头。”苏格拉底向他说：“够了，

---

① 厄里什马克的父亲阿库门是一位名医。

② 凭海神发誓。

别再说废话了！”“凭波塞冬[①]，你别抗议，”亚尔西巴德说，“在你面前，我不能颂扬旁人。”厄里什马克插嘴说：“就这么办吧，你要颂扬苏格拉底就开始颂扬吧！”亚尔西巴德问：“真的吗？厄里什马克，你觉得我应该这样办，当你们的面来好好地报复这家伙一场吗？”苏格拉底抗议说：“喂，我的少年人，你要干吗呢？要颂扬我来和我开玩笑么？还是有旁的用意呢？”“我担保只说真话，你同意么？”“只要你说的是真话，我不但同意，而且还要敦促你。”亚尔西巴德就说：“我不会失信。并且请你注意着，如果我说错了，请马上就拦阻我，告诉我：‘你那句话是谎话’，因为我不会故意撒谎。假如我记性坏，说的乱，请不要见怪，像我现在这样醉醺醺的，想有条有理地缕述你的奇妙处，恐怕不太容易。”

诸位，要颂扬苏格拉底，我打算用些比喻来说。他自己也许以为我这样办，是要和他开玩笑，请他放心，我用的比喻是要说明真理，不是要开玩笑。首先我要说，他活像雕塑铺里摆着的那些西勒诺斯[②]像，雕塑家们把他们雕成手执管笛，身子由左右两半合成，如果打开来，你会看见里面隐藏着神像。其次我要说，他像林神马西亚斯[③]。苏格拉底，你在外表上和这些林神们相像，我想连你自己也不会辩驳。至于其他类似点，且听我说来。你是一个厉害的嘲笑家，不是吗？如果你否认，我可以拿出证据来。你不是一个吹笛手吗？你是的，而且比林神还更高明。林神用嘴唇来叫人心荡神怡，还要靠乐器，现在任何人用林神的调子来吹笛，都可以发生同

---

① 见《伊利亚特》卷十一。

② 希腊神话中的林神（Satyri），其中之一专名西勒诺斯（Silenus）。这些林神们象征自然的繁殖力，与酒神教关系最密切。他们的形状很丑陋，头发竖立，鼻圆而孔朝天，耳尖如兽，额上有两个小角，后面还有一条尾巴。他们欢喜酒、乐、舞以及一般感官性的享乐。苏格拉底的形状著名地丑陋，所以亚尔西巴德拿林神像来比他。林神像是当时宗教上的工艺品，外表是林神，肚子里藏着各种神像。

③ 马西亚斯。

样效果——奥林普斯①所吹的那些调子我认为还是马西亚斯教给他的——所以无论是谁，吹笛的名手也好，普通吹笛女子也好，只要能吹林神的调子，就有力量使人们欢欣鼓舞，显示出听众中哪些人需要神的保佑或是参与秘密仪式；只有林神的一些调子有这种力量，因为它们是神性的。马西亚斯和你只有一个分别，苏格拉底，你不消用乐器，只用单纯的话语，就能产生同样的效果。若是旁人在说话，尽管他是第一流辩才，我们丝毫不感兴趣；但是一旦听到你说话，或是听旁人转述你的话，尽管转述的人口才坏，马上我们无论男女老少就都欢欣鼓舞起来了。

就拿我自己来说吧，朋友们，若是不怕你们说我醉酒说疯话，我可以向你们发誓来声明他的言辞对我发生过什么样稀奇的影响，这影响就连在现在我还感觉到。我每逢听他说话，心就狂跳起来，比科里班特们②在狂欢时还跳得更厉害；他的话一进到我的耳里，眼泪就会夺眶而出，我看见过人群的听众也表现出和我的同样情绪。我也听过伯里克理斯③和许多其他大演说家，他们的辩才固然也使我钦佩，可是我从来没有遇过听苏格拉底的那样的经验，从来不觉得神魂颠倒，从来不自恨像奴隶一样屈服。但是每逢听这位马西亚斯，我常感觉到我所过的这样生活简直过不下去。苏格拉底，我这番话是你都无法否认的。就连在此刻，我还有这样感觉：若是我肯听他，就得凭他支配，就得再发生同样的情绪。他曾逼我承认：我在许多方面都还欠缺，因为我参与雅典的政事，就忽略了我自己的修养。因此我勉强掩耳逃避他，像逃避莎林仙女④一样，怕的是坐在他身边要一直坐到老。我生平从来不在人前感到羞愧，他

① 奥林普斯是希腊著名的乐师，做了很多祭神歌。

② 科里班特是信奉酒神的祭司们，在酒神祭典中表现宗教热忱于疯狂的歌舞。

③ 伯里克理斯是雅典文化极盛时代的大政治家，民主党的首领。

④ 莎林仙女住海岛上，以美妙的歌声诱乘船的过客登陆，把他们化为牲畜，见《奥德赛》卷十二。

是唯一的人使我对他感到羞愧，这是出人意料的。向他领教的时候，我对他劝我怎样立身处世的话一句也不能反驳，可是一离开了他，我还是不免逢迎世俗。① 我老是逃避他，但是一见到他的面，想到从前对他的诺言，就感到羞愧。我有时甚至愿望他不在人世，可是假如他真正死了，我会感到更大的痛苦。所以我真不知怎样对付这家伙才好。

我们这位林神怎样用他的笛腔迷惑了我，还迷惑了许多旁人，我已经说过了。现在我要告诉你们，在旁的方面他多么像我所比喻的，他有多么神奇的威力。我敢说，你们中间没有一个人能了解他，现在我要继续揭开他的面具，既然我已经开始了。你们看看，苏格拉底对于美少年们是怎样多情，他时时刻刻地缠着他们献殷勤，一见到他们就欢天喜地的。再看，他多么蠢，什么也不知道，至少是他装得像这样。这一点不活像西勒诺斯吗？这是他戴的外壳，像雕塑的西勒诺斯的那种外壳一样。但是你如果把他剖开，看看他的里面，亲爱的酒友们，你们想不到他里面隐藏着那一大肚子的智慧！我告诉你们，人的美毫不在他眼里，他怎样鄙视它，是你们想象不到的。他也瞧不起财富，以及一般世俗所欣羡的那些东西。这一切都不在他眼里，我们这一班人也都不在他眼里，他一生都在讥嘲世人。可是到了他认真的时候，把肚子剖开的时候，那里面所藏的神像就露出来了，旁人看见过没有，我不知道，我自己却亲眼见过，发见它们是那样的神圣，珍贵，优美，奇妙，使我不由自主地五体投地，一切服从他的意志。

我以为他对我的年轻貌美有真正的爱情，自幸这是一个很吉利的兆应和运气，希望可以用我的恩情换取他的教诲，把他所知道的都教给我。我向来颇自豪，以为自己的年轻貌美是无人能比的。从

---

① 亚尔西巴德虽然爱从苏格拉底听教，但是轻浮好名，终于在政治上失败，出卖过雅典，雅典在公元前 404 年被斯巴达攻陷后，他准备奔降波斯，被人刺死。柏拉图在这里可能是对于这位轰动一时的人物表示惋惜，同时替老师洗清失败的过错。

前我去访苏格拉底，常带一个随从，以后因为心里有了这个计算，就把这个随从打发走，我单独一个人去看他。这里我必须把实情和盘托出，请你们专心听着，苏格拉底你也听着，如果我说谎，你随时可以反驳。朋友们，我去会他，只有他和我面对面，我指望着他要趁这个机会向我说一点情人私下向爱人所说的话，心里甚为快活。可是我的指望落得一场空，什么也没有，他只和平时一样和我交谈，一天完了，把我放下，自己就走了。这次失败之后，我邀他陪我到健身房去做运动。我和他交手练拳，心想这回可以达到我的愿望。他和我交过几次手，没有一个旁人在场。哼，还有什么可说的！一步也没有进展！这办法既然不行，我就决定大胆一点，对他用比较猛的办法，既然开头了，不能半途而废，要看看他到底怎样。因此，像情人想引诱爱人一样，我约他来吃晚饭。他先是推辞，后来勉强答应了。第一次来了，吃完饭之后，他马上告辞，当时我很羞愧，就让他走了。第二次我想了一个新办法，饭吃完之后，我不断气地和他攀谈，一直谈到深夜。他说要走，我以太晚为借口，强迫他留下。这样他就和我联床卧着，他用的就是他吃晚饭用的那张床。在这间房里睡的没有旁人，就只有他和我。

一直到这里，我的故事可以讲给任何人听，下文的话我决不会向你们讲下去，若不是一方面因为“酒说真话”——是否要连“孩子们”在一起都没有多大关系①——另一方面因为我既然开始颂扬苏格拉底，如果把他的最光辉灿烂的行迹瞒着不说，未免不忠实。还有一层，我的情形正和遭蛇咬过的人一样。据说一个人若是遭蛇咬了，不肯把他的感觉说给人听，除非那人也是遭蛇咬过的，因为只有亲自遭蛇咬过的才能了解他，也才能原谅他，如果由于苦痛的压迫，他所说的话和所做的事显得不正常。我咧，也遭咬了，咬我

---

① 希腊有一句谚语，“酒和孩子们都说真话”。

的那东西比蛇还更厉害，咬的地方是疼得最厉害的地方，我的心，我的灵魂，或是叫它一个旁的名称也可以。我是被哲学的言论咬伤了。这比毒蛇还更毒，如果它咬住一个年幼的而且资禀不坏的心灵，就会使他无论做什么，说什么，都全凭它的支配。看看这些在座的，斐德若，阿伽通，厄里什马克，泡赛尼阿斯，亚理斯脱顿，阿里斯托芬——用不着提苏格拉底本人——还有许多旁的人，你们每个人也都尝过哲学和迷狂和热情，所以我可以说给你们听，你们会原谅我过去的行为和今天的话语。但是对于奴仆们以及一切外人俗人，把最厚的门关起，免得声音到他们的耳里。

（柏拉图：《会饮》，摘自《柏拉图文艺对话集》，朱光潜译，人民文学出版社 1963 年版，第 253—284 页。）

八、《巴门尼德》

论自己的“分离”说之荒谬

苏格拉底[1]说完后，巴门尼德[2]说：“苏格拉底啊，你说得很好，你的论证大有进步！请告诉我，你是不是像你所说的那样分的：一方面是理念本身，另一方面是分有这些理念的东西，二者彼此分离？你是不是认为，在我们的一切类似[3]之外，还有什么类似本身[4]，以及一、多和你从芝诺那里听到那些东西？”

苏格拉底说：“我确实这样想。”

巴门尼德说：“此外还有某个自在的‘公正’的理念、‘美’的理念、‘好’的理念以及一切诸如此类的理念？”

① 这里的“苏格拉底”代表柏拉图自己早年的看法。

② 这里的“巴门尼德”代表柏拉图晚年的看法。

③ 指类似的事物或个别的类似之处。

④ 指“类似”这个理念。——编者注

苏格拉底说："是的。"

巴门尼德说："而且，在我们以及一切像我们这样的人以外，还有什么'人'的理念、'某人'的理念以及'火'的理念本身?"

苏格拉底说："巴门尼德啊，关于这些，我确实常常感到困难，不知道是不是应当像那样说。"

"苏格拉底啊！关于那些很可笑的东西，例如头发、污泥、秽物以及最不足道、最无价值的东西，你也该感到困难吧？你是不是应当肯定这些东西各有一个分离的、与我们用手拿的东西不同的理念呢?"

苏格拉底说："当然不行。那些东西只不过是我们肉眼看到的，相信它们有它们的理念恐怕太荒唐了。不过这件事过去已经引起我的不安，心想也许任何东西都是同样有理念的。后来我一碰到这个问题就逃避，害怕掉进愚昧的深渊，毁了自己。我逃避到刚才说的那些有理念的事物里，把工夫花费在那上头。"

巴门尼德说："苏格拉底啊，那是因为你还年轻，哲学还没有抓牢你。如果我没有看错的话，它将来会把你抓紧的，那时你就不会轻视那些东西中间的任何一个了。你现在还年轻，还不能不对人们的看法有所顾虑。请告诉我，你是不是像你所说的那样，认为有某些理念，其他的东西分有着它们，因而具有它们的名字；例如分有'类似'的就类似，分有'大'的就大，分有'美'和'公正'的就美和公正?"

苏格拉底说："我确实这样想。"

"那么，每个分有者岂不是要么分有整个理念，要么分有它的一部分吗？此外还有什么别的方式分有呢?"

苏格拉底说："当然没有了。"

"既然理念是单一的，你想，它是整个的在许多事物的每一个里面吗?"

苏格拉底说："巴门尼德啊，那于单一有什么妨碍呢?"

“那单一的理念同时也是同一的，它同时整个的在许多事物里，而这些事物又是彼此分离的，这样，理念就要同它自己分离了。”

苏格拉底说：“并不。它至少像日子那样，是单一的，同一的，同时在各处，并不同它自己分离。如果这样，每一个理念就既是单一的，同一的，也同时在一切事物里了。”

巴门尼德说：“苏格拉底啊！你这个说法很妙，这就使同一件东西同时在许多地方了。你的意思似乎是说，如果用一块帆布盖在许多人身上，一件东西就整个的在许多人上面了。你是不是这个意思呢？”

苏格拉底说：“也许是这样。”

“是整块帆布盖在某一个人身上，还是只有它的一部分盖在这个人身上？”

“只是它的一部分。”

巴门尼德说：“苏格拉底啊，那样，理念自身就是可以分割的了，那些分有理念的东西就只分有其一部分了，那就是每个理念的一部分在每个分有者里面了。”

“看来是这样。”

“苏格拉底啊，那你是不是愿意说，单一的理念实际上是可以分割的，而它尽管如此仍然是单一的？”

苏格拉底说：“决不。”

巴门尼德说：“你看，如果你把大自身①分成许多部分，那些大东西中的每一个之成为大的，就是由于那个比大自身小些的一部分——这岂不显然是荒谬的吗？”

苏格拉底说：“当然荒谬。”

“还有，如果有一件东西分有‘相等’② 的一部分，那它就具

---

① 指大的理念。

② 指“相等”的理念。

有着比‘相等’自身小些的一份，这个具有者能由于具有这一份而与某物相等吗？”

“不可能。”

“假定我们中间的一个人取了小①的一部分。小②比这个部分要大些，因为这是它的一部分，这样，小自身就是较大的了；那个被取来的部分如果加在某物上，这物就变得更小，而不是比以前大了。”

苏格拉底说：“绝不会有这种事的。”

巴门尼德说：“其他的事物③如果既不是分有理念的一部分，又不是分有整个理念，苏格拉底啊，它们是怎样分有你那些理念的呢？”

苏格拉底说：“老实说，这个问题我觉得不容易解决。”

“此外还有一点，你怎么看？”

“哪一点？”

“我想，你之所以相信每个理念都是单一的，是由于你见到许多大的物件时，把它们放在一起看，看到它们表现出一个同一的样子，因此你认为有一个大④。”

苏格拉底说：“你说的对。”

“可是，如果你用你的心灵把大自身和其他大的东西放在一起看，岂不是又要出现另一个大，作为其余一切大者之所以表现为大的来由？”

“似乎如此。”

“那么，在大自身和分有它的事物之上将要出现另外一个大的理念；然后在这一切之上又要出现另外一个大的理念使这一切成为大的；这样，你那些理念就不再是单一的，而将是无穷多

---

①② 指小的理念。

③ 指并非理念的事物。

④ 指大的理念。

的了。”

苏格拉底说：“巴门尼德啊，也许这些理念仅仅是思想，只存在于心里吧；这样，每一个理念就都是单一的，你刚才说的那些困难就不会发生了。”

巴门尼德说：“怎么，难道每一个思想都是单一的，都是无对象的思想吗？”

“那不可能。”

“那就是有对象的啰。”

“对。”

“是以有的东西为对象，还是以没有的东西为对象？”

“以有的东西为对象。”

“是不是它以某个东西为对象，这东西它认为是在一切事物里，即某一形象？”

“是的。”

“那么，这被思想认为是一个的，在一切事物里永远是同一个的，岂不就是理念吗？”

“看来必然是这样。”

巴门尼德说：“那么，如果像你所说的那样，其他事物必然分有理念，你岂不就必然认为：每件事物都由思想组成，都能思想；或者认为：它们都是思想，却不能思想？”

苏格拉底说：“那样说是没有道理的，巴门尼德。我认为实际上显然是这样：这些理念好像模型一样竖立在自然里，其他事物与它们类似，是它们的摹本。说其他事物分有理念，意思就是说它们被造得类似理念。”

巴门尼德说：“如果某件事物与理念类似，既然那件事物是模仿理念造成的，这理念能不类似那个被造得类似它的事物吗？换句话说，类似者能不与类似者类似吗？”

“不可能不类似。”

"那与类似者类似的，岂不是必然分有着同一个东西吗?"

"必然如此。"

"那使类似者由于分有它而成为类似的，岂不就是理念自身吗?"

"确实如此。"

"那么，任何一件事物就不能与理念类似，理念也不能与其他事物类似了。因为否则在一个理念上面就老是要出现另一个理念了。如果这个理念也与任何事物类似，那就又有另一个理念出现；如果理念变得与分有它的东西类似，新的理念就老是在产生，永无止境。"

"你说的对极了。"

"那么，其他事物分有理念就不是由于类似，我们就应当寻求它们之所以分有的其他缘故。"

"似乎如此。"

巴门尼德说："苏格拉底啊，你看，如果分别出自在的本体，如理念，困难是多么大。"

"是啊。"

（柏拉图：《巴门尼德》，130B—133A，摘自《西方哲学原著选读》，1984，第93—99页。）

亚里士多德论教育

（著作选录）

一、《政治学》

（一）论“理想之国”

我们现在必须来考察，对于最大多数的国家，什么是最好的法制；我们既不预先假定一个非普通人所能及的美德标准，也不预先假定一种由于特别的天赋和环境而得的良好教育，也不假定一个只是一种愿望而已的理想国家，而应考虑到大多数人所能享有的那种生活，以及国家一般地所能够达到的那种政府形式。至于我们刚刚谈过的那些被称为贵族政体的，它们或者是超出了大多数国家所可能办到的，或者是近乎所谓立宪政体，因此不必另外加以讨论。并且，事实上，我们关于这些形式所达到的结论，都是基于同样的理由。因为如果在“伦理学”中所说的是真的，即幸福的生活乃是一种不受阻碍而符合于美德的生活，而美德乃是一种中庸，那么，那种实在是中庸的生活，而且又是一般能被每人所达到的生活，必定就是最好的生活。同样地，关于美德和恶行的原则，也是城邦和法制所特有的；因为法制可以比作城邦的生命。

在任何国家中，总有三种成分：一个阶级十分富有，另一个十分贫穷，第三个则居于中间。既然已经认为中庸适度乃是最好的，所以很显然，拥有适度的财产乃是最好的；因为，在那种生活状况中，人们最容易遵循合理的原则。但是那在美貌、体力、家世或财富各方面大大胜于他人的人，或者反之，那非常贫穷或孱弱或非常不体面的人，就觉得很难遵循合理的原则。这两种人中，其一变成狂暴的大罪犯，另一则变成无赖和下贱的流氓。他们会犯相应的两种罪，其一起于暴戾，另一起于无赖狡诈。再者，中等阶级最不会逃避治国工作，也最不会对它有过分的野心；这两者对于国家都是有害的。其次，那些享有太多的幸运、体力、财富、朋友以及诸如此类的东西的人，是既不愿意也不能够服从政府的。这种病根是从家庭中开始的；因为当他们还是小孩子的时候，由于他们在其中长大的那种豪华奢侈的环境，他们就从来没有学得那种服从的习惯，甚至在学校中都没有学到。反之，那些十分贫穷的人，他们处于完全相反的地位，则是太下贱了。因此，一个阶级不能服从，而只能够专横地统治；另一个阶级不懂得如何指挥，必须像奴隶一样受统治。这样，就产生了一个不是自由人的而是主人和奴隶的城邦，主人鄙视奴隶，奴隶猜忌主人；再没有什么比这个对国家里面的同胞感情和友谊更是致命伤的了，因为良好的同胞感情是由友谊产生出来的；当人们彼此敌视的时候，他们是连走路也不愿走同一条的。但是，一个城邦应该尽可能由平等和相同的人们组成；而这种人一般地就是中等阶级。因此，那以中等阶级的公民组成的城邦，在成分方面，即在我们认为国家的结构自然地由之构成的成分方面，可以说是组织得最好的了。这个阶级乃是一个国家中最安稳的公民的阶级，因为他们不像穷人那样觊觎邻人的东西；别人也不觊觎他们的东西，像穷人觊觎富人的东西那样；而既然他们不谋害别人，本身又不遭别人的谋害，所以他们很安全地过活。所以，弗居利德的祷告乃是明智的："许多事物当其为中庸时乃是最好的；在我的城邦中我愿处于一个中间的地位"。

所以很显然，最好的政治社会是由中等阶级的公民组成的。这样的国家很有希望能治理得很好：在其中中等阶级人数很多，并且在可能时还比其他两个阶级合起来更强，或者至少比两者中的任一个都更强；因为中等阶级加入某一边，就会使势力发生变化，这样就能阻止两个极端阶级之一占据统治地位。所以，一个国家里面如果公民具有一份适当而充足的财产，这个国家就有很好的运气；因为，在某些人占有很多而其他的人则一无所有的地方，就很可能产生一种极端的民主政治或一种纯粹寡头政治；或者，从这两极端之一很可能产生出一种暴君政治——它或者从极跋扈的民主政治产生出来，或者从一种寡头政治产生出来；但是暴君政治从那些中等的法制或近似的法制中，就不会这么容易产生出来。以后当我谈到关于国家的革命的时候，我将对这一点的理由加以说明。中庸的国家情况显然是最好的，因为没有任何别的国家能够避免党争分裂；在中等阶级人数很多的地方，党派和纠纷存在的可能性就最小。基于同样的理由，大的国家比小的国家较少受党争之祸，因为在大的国家里面中等阶级是大的；反之，在小的国家里面，全部公民很容易分成两个阶级，他们或者是太富，或者是太穷，没有人居于中间。民主的国家比寡头的国家较安全和持久，因为民主的国家有一个人数更多、参与政府工作也更多的中等阶级。因为当没有中等阶级而穷人人数大大超过别种人的人数的时候，祸乱就发生了，国家不久也就完结了。最好的立法者都是中等阶级的人，这个事实就是中等阶级优越性的证明；例如梭伦就是如此，如他自己的诗所证明的；吕古尔戈也是如此，因为他不是一个国王；卡隆达以及几乎所有的立法者都是如此。

这些考察会帮助我们了解，何以大多数的政制或者是民主政治的，或者是寡头政治的。理由就在于在这些国家中中等阶级很少是人数众多的，于是不论是富人方面，或普通的人民方面，一旦逾越了中庸之道而占得优势，就把国家法制拉在自己一边，从而就或是产生了寡头政治，或是产生了民主政治。还有另一个理由：穷人和富人互相争执，而不论哪一边得胜，都不是建立起一个公正的或民众的政府，而是把政治权力视为一种战利品，其中一方会建立起一个民主制度，另一方会建立起一个寡头制度。再者，曾经在希腊占据过优势的这两个党派，都只顾到他们本方面的政府形式的利益，于是其一在一些国家中建立了民主政治，另一建立了寡头政治；他们只想到了自己的利益，根本不想到公众的利益。基于这些原因，中等的政府形式如果曾经存在过，也是极稀有的事，并且只有在很少数的国家里面。在所有曾经在希腊统治过的人里面，只有一个人是被说服而把这种中等的法制给予了国家的。但是现在，甚至连平等也不加理睬，这已经成为许多国家的公民之间的一种习惯了；所有的人都努力想获得统治权，或者，如果被战胜，就愿意服从。

什么是最好的政府形式，和什么使得它成为最好的，都已经很明白了；至于其他的法制，既然我们说民主政治和寡头政治的种类很多，那么在我们现在已规定出哪一种是最好的之后，就不难去认识按其优越性的次序上，哪个是第一、哪个是第二或其他的位次了。因为，那最接近于最好的，必然就是较好的，那离最好的最远的，必定是更坏的，如果我们是就绝对的意义来判断而不是相对于特定的条件来下判断的话；我说“相对于特定的条件”，是因为一个特殊的政府形式可以是较可取的，但对某些人民，另一种形式可能是更好的。

33.［同上，第四卷，第十二章，页 1296b—1297a］现在我们必须来考察什么东西和哪一种政府适合于什么东西和哪一种人。我可以从这个假定出发，即：国家里面愿意现存法制持久存在的那一部分人，应该比与此愿望相反的人们为强，这乃是一切政府所共有的一般原则。每个城邦都是由质和量组成的。所谓质，我的意思是指自由、财富、教育和良好的出身；所谓量，是指人数上的优势。质可以存在于构成国家的各个阶级中的一个阶级里面，而量则存在于另一个阶级里面。例如，出身微贱者人数可能多于出身高贵者，或穷人多于富人，但是他们在量方面所占优势的程度，可能不及他们在质方面所占劣势的程度；因此，必定有一种量和质的比较。在穷人的人数比富人的财富在比例上占优势的地方，自然将有一种民主政治，其形式则随构成贫富各方的人是哪一种人而定。例如，如果农夫数目占优势，那么就会产生第一种的民主政治；如果是工匠和劳动阶级占优势，就会产生最后那一种民主政治；关于居间的各个形式亦复如此。但是在富人和显贵者在质方面占优势的程度大于他们在量方面占劣势的程度的地方，就产生了寡头政治，同样地，它也采取了不同的形式，随寡头们所具有的是哪一种优越性而定。

立法者永远必须把中等阶级包括在他的政治里面；如果他把他的法律订成寡头政治式的，那就让他要照顾到中等阶级；如果他把法律订成民主政治式的，他同样也应该用他的法律尽力去使这个阶级靠紧国家。只有在中等阶级较其他阶级之一或较两者都占上风的地方，政府才能够稳定，在这种情形之下，就不必怕富人会和穷人结合起来反对统治者了。因为这两个阶级中的任一个都永不会愿意服从另一个，而如果他们找寻一种更适合于双方的政府形式，他们就会发觉再没有什么比这个形式更好的了；富人和穷人永远不会同意轮流来统治的，因为他们彼此互相不信任。仲裁者永远是被信任者，而且只有中等阶级中人才能是仲裁者。政治上各种成分的调配越完善，法制就越能持久。连在那些企望建立一个贵族政治的政府的人里面，也有许多人犯了错误，这不仅是由于他们把太多的权力给予了富人，而且是由于他们企图欺瞒民众。到了一个时候，从一种假的善里面终于产生出来一种真的恶，因为富人的侵害行为比起民众的侵害行为来，对于法制是为害更大的。

（亚里士多德：《政治学》，Ⅳ、11，1295a—1296b，摘自北京大学哲学系外国哲学史教研室编译：《古希腊罗马哲学》，生活·读书·新知三联书店 1957 年版，第 328—333 页。）

（二）论教育与个人和国家

1. 国泰民安的因素

回到政制本身，让我们试图确定一个幸福而治理良好的国家需要什么和由何种因素来组成。一切幸福都包含着两种因素：一种是选择行动的正当目的，另一种是发现足以达到目的的行动方法。方法与目的可以相符亦可以不相符。有时人们确定了正当目的，但实行时未能达到；有时方法是成功的，但他们为自己建树了一个不好的目的；亦有时他们的目的与方法都告失败。以医术为例，医生并不是全都了解健康的实质的，他们所用的方法也许不能达到所期望的目的。在一切艺术和科学中我们对于目的与方法应该同样掌握。

有三种东西能使人善良而有德行，那就是天性、习惯和理性。首先，一个人生来就是人，而不是其他动物，并且其身心必定具有某种特性。但在初生时有些品质虽具有而无用，因为它们可以为习惯所改变，还有些禀赋天然地有待于习惯使之变好或变坏。动物大部分过着自然的生活，虽然有较小一部分也为习惯所影响。只有人类除天性与习惯外，尚有理性。由于天性、习惯和理性不能经常统一，这就必须使它们互相调和。倘若理性说服了人们该去做什么，人们常能做出许多违反习惯与天性的事情。我们已经确定了哪些天性是最容易借立法者之手而形成的；其他都是教育的工作。我们学习世事有些是通过习惯，有些是通过教导。

既然政治社会系由统治者与人民构成，让我们考虑一下二者之间的关系应为互换的还是不变的。因为公民的教育必将随着对这个问题的答案不同而不同。

我们作出的结论是：从某一点看治者与被治者是相同的，然而从另一点看则是不同的。所以他们的教育不能不相同，但也要有所区别。正如人们所说的，要学习做一个善于命令人的人，就必须首先学习服从。……许多显然卑贱的职务，由自由民中之青年去做，则为一种光荣，因为行为本身光荣或不光荣的差别，不如行为的目的与用意的好坏差别之大。我们曾说公民与统治者的德性①与好人的德性相同②，又说同一个人必须先能为人然后才能为统治者，立法者因而必须注意使他们成为好人，并注意考虑用什么方法才可以形成，以及什么是完善生活的目的。

……人必须能从事业务与参加战争，然而闲暇与和平却更好。他们必须做需要的和有用的事，但能做光荣的事当然更好。根据此类原则，儿童和需要教育的各种年龄的人都应受到训练。其实，甚至于号称统治得最好的当代希腊人(Helenes)③ 和为他们制定政制的立法家，在组成他们的政府上，似乎并未能注意到最好的目的，且在立法施教中亦未能顾及各种德行，反而以一种庸俗精神，偏重比较有用的和有利的一面。许多现代作家抱此同样看法：他们推崇拉西第蒙人④的政制，并且赞美其立法者以征服和战争为其唯一目的。这种可以用论证驳倒的学说，早已为事实所驳倒……因为多数这类军事国家只在与敌人作战时是安全的，当其帝国告成时，它们也就趋于衰落，因其在和平生活中每易流于骄纵，有如铁器不用则锈蚀。对于这个，立法者应负其责，因为他始终未教导人们如何度其和平生活。

既然个人与国家之目的相同，则最好的人与最好政制之目的当亦相同。因此，显然二者之中都应含有关于闲暇之德行，因为我已一再说过和平为战争之目的，而闲暇为勤劳之目的。但闲暇与修养，不仅可能被闲暇中的实践之效能所促进，亦可能被若干有用于

① virtue，此处译为德性，亦可译作德行、美德等词，有效能、性能之意。

② 第三卷，第四、五章，论公民德性与公民团体。

③ 古希腊人自称之名，希腊原译自 Hellas。

④ Lacedaemonian，斯巴达人的古名。

事业的效能所促进①。必须能供给生活上的许多必需品，然后我们才能有闲暇。因此一个城邦②必须有节制、勇敢并能坚持。谚语“奴隶无闲暇”说得很对，不能像男子汉那样面向危险的人将成为任何侵略者的奴隶。事业中需要胆气与坚忍，而闲暇时需要哲学，节制和公正则同为事业与闲暇所必需，尤其是在和平与闲暇之时。因为战争迫使人们公正和有节制，而与和平相伴随的享乐和闲暇则倾向于使人们骄纵。那么，那些生活似乎优裕和拥有一切幸福的人，就特别需要公正与节制。……不难看出为什么要做到安乐和美好的国家应当具有此类品德。如果人以不能善用其生活福利为耻辱，则在有闲暇时而不能善用其福利便尤其可耻——在行动和战争中能表现优良品质，而在和平与闲暇中乃与奴隶无别。

我们已经论定天性、习惯和理性是需要的。③ 其中对公民本性亦曾下过定义。④ 但是我们仍然应当考虑，幼年时期的训练应是理性的还是习惯的训练。因为这两个必须一致，当其一致时，它们将形成最好的和谐。……理性和心灵是人们的天性期望达成的目的，所以公民之产生与道德训练应参照它们而加以安排。其次，有如心灵之与身体可分为二，心灵又可再分为二部——理性的与非理性的，以及相应的两种状况——理性和嗜欲。非理性的部分产生在理性部分之先，有如身体产生在心灵之先。其根据是愤怒、愿望、欲求等早已植于初生儿童的心灵中，但理性与理解的发展要待到他们逐渐成长的时候。所以对于身体之注意应先于心灵，随后应该是嗜欲部分之训练。我们之所以要照顾到嗜欲部分，仍然是为了理性的

---

① 其意谓“不仅借助于某些思辨的，而且也借助于一些实际效能”。

② 城邦，在古代雅典及希腊其他各邦，系指自由民主的城邦及其属地。

③ 见本卷第十三章。

④ 本卷第七章，论公民之品质与所居住地的气候有关。认为欧洲人民富有强毅活泼之精神；亚洲人民，不仅富于智慧，且有发明天才；希腊人民则既富于勇毅活泼之精神，又具有灵敏智慧。

缘故。我们是为了心灵的缘故而注意到身体。

既然立法者应从考虑如何使他所教养的儿童的体格能以充分强健开始，他首先要注意的便是有关婚姻的问题——公民们应在什么年龄结婚，何人宜于结婚？在就此问题制定法规时，立法者应考虑到男女双方及其寿命之长度。他们的生殖力可能在同时期终止，双方的体力不相悬殊……。第二，立法者必须考虑儿童行将继承其父母事业之年龄。他应当考虑子女与父母的年龄不能相距太远，因为那样父母将因太老，而不能从儿童的孝养中得到任何快乐，也不能对儿童有什么帮助。父母与子女的年龄不宜相距过近，因为早婚有许多可反对之处。子女对于好像是他们同辈人的父母，每每缺乏尊敬，并且于处理家务时亦发生争执。第三，这一点是由枝节回到正题，即立法者必须按照他自己的意志形成初生孩子们的体格。只要注意这一点，差不多所有目标都可以达到。由于男子生殖时期通常以七十岁为限，而女子则以五十岁为限。开始结婚应合于这些时期。……女子应在十八岁左右结婚，而男子则应在三十七岁。如此，则他们都在壮年，且双方体力之衰退亦将在同时。并且如果得子并不太晚，则当父亲年力就衰、将届七十的时候，其子方进入壮年正好继承他。

父母具有何种体格对其子女最为有利，是我们讨论儿童教育时将充分考虑的问题，现在只能提几点一般的意见。运动家的体格不一定比虚弱的人或精力就衰者更适宜于一个公民的生活、健康或儿童的生育，而以介于二者之间的最为适当。男子之体格应能习惯于劳力，但亦不能过度，且不应限于一种，像运动家那样。他应当能做自由民的一切操作。这些主张对父母双方同样适用。

孕妇应自己保重，她们应当从事运动，要吃富于营养的食物。立法者所规定的条文，首先容易见诸实行的，就是要求孕妇每日步行到一神庙礼拜生育之神。她们的心理，不像她们的身体，应能保证安静。因为子息的天性多得之于其母，有如植物得之于土壤。

至于儿童的遗弃与抚养问题，国家可以定一法律不许养活畸形残废儿童。但那只得在儿童人数过多时方始实行。如果在国家公认的习俗中禁止这种措施（因为我们国家里，人口有一定限额），就不应遗弃任何儿童。但当夫妇孩子过多时，可以在胎儿未有感觉与生命之前堕胎。这是否做得合法，就在于胎儿有无感觉与生命的问题。

现在已经确定男女何时可以结婚，让我们也来决定他们应继续为国家生育子女多久。太年老的人和太年轻的人所生的儿童身心都有缺陷。……那么，这个限度应当是在智力旺盛之年。据某些以七年为人生一期的诗人看来，对于多数的人，这是在五十岁左右，在五十岁以后四五年，他们便应当停止生育；自此以后，男女同居只是为了健康或类似的理由。

（亚里士多德：《政治论》第七卷第十三、十四、十五、十六章，摘自张焕庭主编：《西方资产阶级教育论著选》，人民教育出版社 1964 年版，第 554—559 页。）

2. 教育应为国家的事业

婴儿出生以后的抚育方式对其体力有很大的影响是可想而知的。从以兽类和意欲养成军人习性的民族的例子看来，含乳分最多的食物最合于人类；但如果他们想免于疾病，则食物中含酒精愈少愈好。一切为儿童幼年所能掌握的运动也都很有益。但是为了保护他们的脆弱肢体免于骨骼弯曲，有些民族借助于器械使其身体正直。使儿童在幼年习于寒冷亦为一种很好的锻炼方法，因其有助于健康，并使他们坚强，适于兵役。所以许多蛮族有将初生的孩子投入冷水中浸一下的风俗，而凯尔特人（Celts）则仅仅用薄布包裹婴儿。因为人类天性应于早年就习惯于所能忍受的锻炼，但其过程应是渐进的。儿童由于他们的天然的体温，能够容易接受忍受寒冷的训练。此种保育应在他们生活的初期加以注意。

第二期到五岁为止，在此期间，不应要求儿童学习课业或工作，以免妨碍其发育。应有充分的活动，以免肢体不灵。这可以用许多方法获得，游戏就是这些方法中的一种，但游戏不应是鄙俗的、易使人疲倦的或无丈夫气的。教育总监①应顾名思义注意儿童所听的是些什么神话或故事。因为所有这些事情都是为将来事业做准备，其中大部分应是对他们以后要认真从事的事业的模仿。按他们的规矩，试图阻止儿童大声喊叫的那些人是错误的，因为这些有助于他们的发育，也就锻炼了他们的身体，使声音紧张，有如剧烈运动中屏住呼吸所产生的增强体力的效用。教育总监应该注意儿童的教养成长，并且特别应当留心使他们尽可能少与奴隶接近。因为在七岁以前，他们必须住在家里，所以即使在幼年也可能从他们所听和所见之中沾染到下流习气。真的，对于立法者说，没有一种事比取缔不洁语言更应注意的了，因为可耻的语言轻易出之于口，每每导致可耻的行为。青年人特别不应被准许复述或听这类话。如在自由民中发现有人说或做禁忌的事，对年龄还很轻尚无列席公共食桌之权利的，则应予以斥责和扑打，对年长的即按其卑劣行为处以应得之降职处分。我们既然不容许不正当的语言，显然我们也应排斥舞台上的下流的形象和语言。……立法者不得准许青年听俚歌、看喜剧，直到他们达到能列席公共食桌、饮用烈酒的年龄。到那时教育将已武装了他们使其不致受到这种表演的恶劣影响。

我们已将这些意见草率地提出，——就现在说，它们已足够了，以后我们将回到这个问题。此种自由应否给予，如果给予的话，怎样给予。经过充分讨论后，可以作出决定。悲剧演员士锡欧

① 教育总监（directors of education），为公民中被推举而担任管理儿童教育事务的人。

多腊斯（Theodorus）说得很对，他说他不允许任何演员，哪怕第二流的，先他出场，因为观众习于喜欢他们初听到的歌声。同一原则普遍地适用于物之接触，也适用于人之交际。因为我们总是最喜爱一切首先出场的东西，最喜爱那些最先遇到的东西。所以应使青年对一切坏事是门外汉，特别是对那些暗示恶习和仇恨的事物。当儿童过了五岁，在六七岁时，必须注意此后所要学的东西。人生有两个时期，应据此划分教育阶段为两期，从七岁到青春期，再由此到二十一岁。诗人区分人之年龄以七年为一期，大体上是不错的。但我们更应遵守自然所作的实际区分。因教育和艺术就是要寻求自然的缺陷而弥补之。

让我们首先问，要不要制定有关儿童的规程；其次，儿童的教养应为国家的职责，还是像现在的一般习俗由私人管；最后，这些规程的内容应当是些什么。

没有人会怀疑立法者应首先注意少年人的教育，因为忽视教育就会危害政制。应陶冶公民使他们的生活适合于政府的形式，因为每种政府都有原来形成它的并且继续保持它的一种特性。有民主主义性质，就会创造民主政治，而有寡头政治性质，就会创造寡头政治；总之，性质愈好的，其所创造的政府亦愈好。

再者，为了运用任何才能或艺术，需要有事先的训练和熟习。显然，德行的实践亦需如此。既然全邦具有一个目的，显然所有的人就应该受到同一的教育。教育事业应该是公共的而不是私人的；不要像现在这样，每人只分别地照顾自己的儿童，给予自以为最适合于他们的教育。凡与共同利益有关的事物，大家都应受到相同之训练。我们也不应当以为任何一个公民是属于他自己的，因为他们都是属于国家的，人人都是国家的一分子，所以对于各个分子之照顾与对于全体之照顾是分不开的。在这一方面正如其他方面一样，拉西第蒙人是值得称赞的，因为他们对于儿童教育煞费苦心，并且使教育成为国家的事业。

（亚里士多德：《政治论》第七卷第十七章、第八卷第一章，摘自张焕庭主编：《西方资产阶级教育论著选》，人民教育出版社1964年版，第559—562页。）

（三）论正确教育的原则

1. 教育应是自由的

教育应由法律规定，并且应是国家的事务，已无可否认了。至于公共教育之性质应如何，以及对少年们应如何进行教育是有待考虑的问题。事实上，在科目方面会有分歧，因为人们对所应教的东西，无论其目的在于德行或最好的生活，绝没有一致的看法。教育应多加注意的，是智能还是道德品性，也不明确。现在的办法是令人为难的，没有人知道应当根据什么原则来进行——训练的目的是于生活有用呢，是德行呢，还是高深知识呢？三种意见都曾经被考虑采纳。至于有关方法（手段），意见亦不一致，因为不同的人，从不同的德性观点出发，自然对它的实践的意见也就不会一致。应教授儿童那些真正必需的有用东西，但并不是教以一切有用的东西。因为职业可分为自由的和偏狭的。儿童应教给对他们将来有用的知识，而不致使他们鄙俗化。任何职业、艺术、科学，凡是足以使自由民的身体、灵魂、心理不适应于实践或无法运用其德行者，即为鄙俗的。所以我们称那些引致人体畸形的艺术为粗鄙的，并且所有付酬的工作都消耗和降低了心力，所以对之亦有同样看法。有些自由艺术，也很合于自由民修习，但须有限度。倘若为了达到艺术的完善而过分致力，也将导致同样的恶果。一个人所持的目标大有关系。假如他从事或学习某事物，是为自己或为朋友或为事业本身之完美，则其行动显然便不是偏狭的。但是如果是为他人而工作，则同样的行动，将被认为是下贱的和奴役的。我已经说过所设的教学科目的性质，一部分是自由的，一部分是偏狭的。

2. 实施普通文化教育

教育的习常的分科是四种：（一）阅读、书写，（二）体育锻炼，（三）音乐，有时还增加（四）绘画。这几种科目中，阅读、书写和绘画是视为在各种生活中有多种用途的，而体育锻炼则被认为是可以鼓舞勇气的。至于音乐则可能引起疑问——在我们的时代，多数人学音乐是为了娱乐。但当初它之所以被包括在教育之内，是因为自然本身要求我们不仅要把工作做好，而且要善于利用闲暇。因为我们一切行动的第一原则是为了求得闲暇。工作与闲暇都是需要的，但闲暇优于工作，并且它就是工作的目的。因此就发生了在闲暇时我们应当做什么的问题。显然我们不应当只求自己娱乐，因为那样娱乐就成为人生目的了。如果认为娱乐在认真工作当中较在其他时候尤为需要（因为勤于工作的都需要放松自己，而工作总是伴随着努力，唯有娱乐能使之放松），我们就只应当在适当时间进行娱乐，并且把它看成药物，因为它能在精神上创造放松的情绪，使我们从这种愉快中获得休息。但能经验到休闲本身所给予愉快、幸福和生活的享受的，只是有闲暇的人而非忙碌的人。因为从事工作的人心目中总有一个尚未达到的目的；而幸福本身就是目的，所有的人都以为伴随幸福而来的是愉快，而不是痛苦。但各人对快乐的看法不同，且随个人之习性而有差异；高尚人的快乐发自高贵的源泉，乃是最好的。很明显，对于某些门类的学问和训练，我们必然是为了利用闲暇的目的而去研究，这些学科的价值便在于它们本身。至于那种在事务中有用的知识则应视为必需的，但系为了其他事物而存在的。所以我们祖先把音乐列入教育之中，并不是为了必需或实利，因为它不像阅读和书写对于谋生有用，对于处理家事有用，对于增进知识和参加政治生活亦均有用；也不像绘画，在对艺术家之作品作出准确的评价上有用；也不能像体育能使人健康和有力。以上这些，没有一种能从音乐中获得。那么，剩下来的，音乐的功用，便是在闲暇时供理智的享受了。音乐之所以被列入学科之中，显然就是根据这个理由：这是自由民度其闲暇的一种方式。……荷马①的诗中提到奥德赛②说，人生最美好的事是心中愉快地“满堂宾客，倾听乐师歌唱”。

那么，显然应有这样一种教育，为父母的用其训练子者，不是因为它有用或必需，而是因为它是自由的和高贵的。这类教育只限一种，还是不止一种？如果不止一种，那是些什么以及如何传授？日后必须给予决定。③

我们在这里所说的，古人可以为我们作证，因为他们的意见可以从音乐是公认的传统教育科目之一这一事实推断出来。此外，显然对儿童应教以若干有用事物，——例如，阅读和书写——不仅为了它本身有用，而且也因为通过它可以获得许多别种知识。儿童之所以被教以绘画，也是本于这种看法，不是为了防止其在购买中的错误，或者为了使他们不致在买卖物品中受骗，而毋宁是由于要使他们成为人体美的评判者。专一追求有用，不能形成高尚自由之心灵。显然在教育上，实践必先于理论，而身体的训练须在智力训练之先；因此，必须将男童们交给能培养他们身体正当习惯的教练员和教导他们体育锻炼的角力教师。

（亚里士多德：《政治论》第八卷第三章，摘自张焕庭主编：《西方资产阶级教育论著选》，人民教育出版社 1964 年版，第 563—564 页。）

（四）论体育

在我们今日似乎对儿童给予了最大关注的国家之中，有些国家的目的在于使儿童养成一种体育竞技习惯，但是这些国家只不过是损害儿童的体格和阻碍他们的生长而已。虽然拉西第蒙人未曾陷于

---

① 荷马（Homer），希腊诗人，约生于公元前 850 年。

② 奥德赛（Odysseus），荷马史诗中的人物。

③ 这是亚里士多德未实践的诺言。

这种错误，他们却用自以为将使儿童们勇敢的艰苦的操练而使他们的儿童变得残忍。其实，正如我们常常再三说的[1]，教育不应独一无二地或者主要地朝着这个目标。即使我们假定拉西第蒙人在他们的目标上是对的，他们却没有达到目标。因为在野蛮人之中以及在动物之中，可以看到勇敢不是与极端的凶猛，而是与驯服和狮子般的性情相关联的。有许多动辄杀人吃人的种族，类如居住在黑海沿岸的亚加亚人[2]和海尼沃奇人[3]，还有其他大陆部落，也是一样的坏或者更坏，他们全部都靠抢劫生活，但是并不具勇敢。众所周知，当拉西第蒙人自己单独孜孜致力于劳苦的教练时，他们在各邦中曾处于优势，但是现在他们在战争和体育竞赛两个方面都被打败了。因为他们以往的优势并非取决于他们训练青年的方式，而仅仅是取决于这一情况，即当他们唯一的对手尚未这样做时，他们却训练了自己的青年。所以我们可以得出结论说：应该把高贵的东西，而不是什么兽性的东西，放在第一位；没有一只狼或者别的野兽敢于面对一种真正严峻的危险局面，这样的危险只有勇士足以当之[4]，专心致志于自己的儿童的身体锻炼而忽视他们的必要教育的家长们，实际上是使他们的儿童们流于粗俗；因为他们仅仅使儿童在一种能力上适应于治理国家所需的技术，而且即使在这一点上，也有根据说明，比起他国来，他们还是处于劣势的。我们不应从拉西第蒙人曾经是怎样，而应从他们现在是怎样来批判他们，因为现在他们有了同他们的教育竞争的对手，以前是没有的。

这是一个公认的原则，体操练习应该用到教育上，对于儿童们，这些操练应该是一种比较柔和的，避免粗劣的膳食和痛苦的劳

① 见第二卷第九章，第七卷第十四章。

② 亚加亚人（Achaeah），亚加亚是古代希腊的国家。

③ 海尼沃奇人（Heniochi），外高加索古国柯尔基斯（Colchis）的民族。

④ 见亚里士多德：《尼各马可伦理学》第三卷第二十九章。

作，庶使身体的生长不受损害。幼年过度训练的害处，已为奥林匹克[1]优胜者们的例子触目惊心地证明了：他们之中，能在童年和成年期都获得锦标的不过二三人而已，而他们幼年期的训练和严格的体育操练耗竭了他们的体质。当儿童时期过去后，应花三年时间用于其他学习，随后的生活时期便可以致力于艰难的操练和严格的膳食了。人们原不应当在同一时间内既用他们的心灵又用他们的身体去劳动[2]；因为两种劳动彼此是对立的，身体的劳动妨碍着心灵，而心灵的劳动也妨碍身体。

（亚里士多德：《政治论》第八卷第四章，摘自张焕庭主编：《西方资产阶级教育论著选》，人民教育出版社 1964 年版，第 565—566 页。）

（五）论音乐教育

1. 音乐实为理性享受

关于音乐，我们已经提出过若干问题[3]；对这些问题我们现在要重提并进一步加以申论；我们的话可以作为关于这一主题的这次或任何其他一次讨论的序曲。要决定音乐的性质，或者说明为什么任何人都应具有音乐的知识是不容易的。我们是否可以说是为了娱乐和舒畅，像睡眠和喝酒一样，它们的好处不在本身，但却是令人愉快的，而同时又如幼里披底[4]说的“使人烦虑俱消”呢？因而人们也把音乐派作这个目的，并对所有三者，即睡眠、喝酒、音乐——此外有人加上跳舞——全一样看待。或者我们是否可以主张

① Olumpic，古希腊艾里达地区的城市。在这里建有奥林匹克宙斯神庙，并举行庆祝宙斯神的奥林匹克竞技大会，每四年一次。

② 见柏拉图：《理想国》第七卷。

③ 见《理想国》第八卷第四章。

④ 幼里披底（Euripides，前 480—前 406 年），亦译欧里庇得斯，是希腊的三大悲剧作家之一。

音乐对德性有所裨益，依据的理由是它能陶冶我们的心灵，并使我们习惯于真正的愉快，正如我们的身体靠体操而形成某种性格一样呢？或者我们是否可以采取第三种设想，说音乐有助于闲暇时间的享受和精神的陶冶呢？显然，对青年们并非为了他们的娱乐，也不适合于那种年纪的男孩子，因为这种享乐是最后的标的，而尚未达到完善境界，就不可能完成这种标的。但也许有人说男孩子们是为了他们将来长大时应有的娱乐之故而学习音乐。如果这样，为什么他们要自己学习，而不像波斯①的和米太②的国王们一样，享受从听别人演奏而来的快乐和教诲呢？（因为无疑地以音乐为职业的人们将比仅仅投入有限时间从事学习的人能成为更好的演奏者。）如果说男孩子必须学音乐，基于同样的原则他们也应学烹饪，这虽然是荒谬的。即使假定音乐可以陶铸性格，这个反对的理由依然存在：为什么我们要自己学习呢？为什么我们不能从听别人的演唱得到真正的愉快和形成正确的判断，一如拉西第蒙人呢？—— 因为他们虽然没有学音乐，但仍然能够正如他们所说的，正确地判断旋律的好坏。再者，如果说音乐可用以增高兴致和洗练理智的享受，这种反诘仍然存在，为什么我们要自己学习而不去欣赏别人的演奏呢？此处可以用我们关于诸神的臆想来解释我们这里所说的话，因为在诗中，宙斯③自己并不唱歌和弹竖琴。而且我们称职业演唱者是卑贱的。没有自由民要弹琴或者唱歌，除非他是喝醉了，或者出于诙谐。不过这些事情可以暂且弃之不论。④

第一个问题是音乐应不应成为教育的一个部分。在我们讨论时提到的三件事之中，音乐究竟产生哪一种呢？——是教育，还是娱乐，还是理智的享受，因为它可以被列在所有三者之下并且似乎具

① 波斯，古代国家，位于亚洲伊朗高原西部。

② 米太（Media），亚洲古国家，在里海之南，伊朗的西北部。

③ 宙斯（Zeus），古代希腊最高的神。

④ 见《理想国》第八卷第六章。

有所有以上三者的性能。娱乐是为了舒畅，而舒畅当然是甜美的，因为它是由于劳作而致的苦痛的一种解脱；而普遍认为理智的享受包含一种不仅是高贵的而且是愉快的因素，因为幸福是由二者所构成的。所有的人们都同意音乐是最愉快的事情之一，不管有歌唱还是没有歌唱，正如矛西士[①]说的：

“歌唱对于凡人说来，是一切事情之中最甜美的。”

所以把音乐应用于公共集会和宴会上是很有理由的，因为它能使人们的心地喜欢。正是基于这个理由，我们才认为年青人应当受音乐方面的训练。纯洁的愉快不仅是与人生的完美目的相谐和的，而且它们也给予一种舒畅。……既然他们并非专为更远的目的，而且也是为了愉快的缘故，那么让他们时常从音乐中得到休养，倒是很好的事。有的时候发生人们把娱乐作为目的的情况，因为目的也许含有一些愉快的因素，虽然不是任何一般的或低级的愉快；但是他们往往误把低级的作为高级的，并且在寻求其中之一时却找到了其他，因为每种快感跟行动的目的有着一种相似之处。[②] 因为目的并不是为了任何未来的好处之故而被选取的，我们所描写的愉快也不是为了未来的好处而存在的，而是为了过去之故，这就是说，它们是对过去种种劳作和痛苦的安慰。于是我们可以推论说，这就是为什么人们从这些愉快中追求幸福的理由。但是音乐所追求的，不仅仅是对过去劳苦的一种安慰，而且是必需的修养。而且谁能说具有这种用处的音乐，就不可以再有更高尚的一种用途呢？谁能说在人人能感觉和分享的这种普遍愉快之外（因为音乐所给予的愉快是自然的，所以对所有的年龄和性格都是适宜的），对性格和灵魂不再有什么影响呢？音乐必然会有这样的一种影响，如果性格受了它的熏陶的话。它们受到熏陶这一点可以用许多方法加以证明，神山

---

① 矛西士（Musaeus），希腊神话中的诗人和教士。

② 见亚里士多德：《尼各马可伦理学》第七卷。

奥林普斯歌所发挥的这种力量更是不小，因为毫无疑问这些歌能鼓舞热情，而热情则是灵魂的伦理部分的一种情绪。加之，当人们听到模拟歌曲时，即使离开旋律和调子的本身，也能在他们的情感上触发同情心。既然音乐是一种愉快，而德性包含着正当地喜、爱和恶，于是就可以很清楚地看出，再没有什么比获得和培养正确判断的能力，以及喜好善良性情和高尚行动的能力，会使我们更加关注了。① 节奏和旋律可以作出对愤怒和和蔼的模仿，对勇敢和克制的模仿，这些品质正如我们从自身体验中所了解的那样，几乎逼近真实的情感。因之在倾听这样的曲调时，我们的灵魂就为之潜移默化了。纯然从演出中所感受到的愉快和痛苦的体验与关于真实事物的同样感情是相差不远的。② 举例来说，如果任何人不过因看到一个雕像的美而喜悦，那么看到了雕像的模特儿也一定会使他愉快。其他感觉（如味觉和触觉）与道德品质没有任何相关之处；视觉和道德品质有稍许关联，因为形象属于某种道德性范畴，而且全都参与它们的感情方面。再者，各种形象和颜色不是道德习惯的模仿，而是它们的记号，是由身体作出的感情状态的表示。它们跟道德（行为标准）的联系是微弱的，但既然是有些联系，就应该教导青年人不要去观看包森（Pauson）的作品，而去观看帕立拿德（Polygnotus）的作品，或者表现了道德观念的任何其他画家和雕塑家的作品。另一方面，即使在单纯的旋律中也有一种性格的模仿，因为音乐调式本质上是彼此不同的，并且听音乐的人们所受到的感染也各不同。它们之中有些令人悲伤和忧郁，如像所谓里亭杂调；另一些可以使心灵柔弱，如伊奥宁调；再有一些产生一种温和的和安定的性情，这似乎是道瑞斯调的特有的效果；而佛里基亚调鼓舞热情。整个主题已被哲学著作家们在教育的这个分支上很好地加以论述

① 见柏拉图：《理想国》第三卷，《法律篇》第二卷。

② 见柏拉图：《理想国》第三卷。

了；并且他们用许多事实肯定了他们的论据。同样的原则也适用于节奏：一些具有静的性质，另一些则有动的性质，并且后者之中又有一些比较庸俗的乐章，而另一些则是比较高雅的乐章。为了证明音乐有一种形成性格的力量，因而应列入年轻人的教育之中，我已说得够多了。音乐学习适宜于少年时期，因为年轻的人们将不会忍受——如果他们能避开的话——任何不含有乐趣并使其感到甜美的任何事情的，而音乐是具有一种自然的甜美的，似乎在我们内心有一种对音乐的曲调和节奏的爱力，它使得有些哲学家说灵魂便是一种调谐，另一些哲学家说灵魂具有一种调谐作用。

（亚里士多德：《政治论》第八卷第五章，摘自张焕庭主编：《西方资产阶级教育论著选》附录，人民教育出版社 1964 年版，第 565—570 页。）

2. 音乐能提高儿童的鉴别力和适应力

现在我们解答前面所提到的问题，即是否应教儿童们学习唱歌或演奏的问题。显然由于这种艺术的实际练习，儿童们在性格上会有显著的差别，没有经过艺术锻炼的人，要对别的表演作出良好的评判，虽非绝不可能，但毕竟是困难的。此外，儿童必须要有些事情做。人们用来逗小孩玩，使小孩不至于打破室内其他杂物的阿奇泰式摇鼓①，是一种绝妙的发明，因为小孩总是好动的。摇鼓是一种适合幼儿心理的玩具，而音乐教育本身就是一种为年龄较长的儿童所设计的摇鼓式“玩具”。由此我得出结论：应该教儿童学习音乐，使他们学会不仅成为评判者，而且也成为演奏者。

关于音乐对不同年龄儿童在程度上的适合与不适合问题，是容易回答的。同时对于那些认为学习音乐是庸俗的事的异议，也不难回答。关于第一点，我们的答复是：作为一个评判者应该也是一个

① 阿奇泰式（Archytas）摇鼓，一种儿童玩具，为阿奇泰人所创。阿奇泰在古希腊伯罗奔尼撒半岛中部。

演奏者，他们应该从小就开始练习，虽然到他们成长以后，也许就可以免去这种操作。由于幼年学会了这种知识，他们就能鉴别音乐的美，并从中感到乐趣。关于第二点，即认为学习音乐会有庸俗化的结果，只要我们考虑到正在培养成为具有政治的德性的自由人应该学习音乐到哪种程度，准许他们学习哪种曲调和旋律，并使用哪种乐器演奏（因为在乐器的使用上是有大差别的），这个问题就不难答复了。对于反对的意见的答复，要靠这些差别来决定，某种教授和学习音乐的方法确实可能产生堕落的结果。显然，音乐的学习，不论是对当时的体格锻炼或后来的学业、成年时的事业，都不应当妨碍。不能使身体受到损害，不要令其不符合民事的或军事的义务。

青年们学习音乐，应有一定的限度，不应进入专家们竞赛的范围，因此，音乐专家们在竞赛中所表现的惊人绝技，不应该是青年们追求的鹄的；此等绝技，因流行一时，现已成为教育的一个部分。让青年们学习音乐，直至他们能感受和欣赏高尚的曲调和旋律，而不是仅仅学会每一奴隶或儿童甚至某些动物也会从中感到喜悦的那一部分普通音乐。

从上述原理，我们可以推知哪种乐器应该为他们所使用。“笛”或需要高度技巧的任何其他乐器，例如竖琴，不准许在教育中采用。只有那些能启发学生学习音乐或其他教育门类的智慧的乐器，才准使用。此外，笛的音调过于紧张激动，不是一种能表达道德品质的乐器。当表演的目的不是为了教育，而是为了缓和情感，才是使用笛的适当的时候。还有一种反对的理由，就是笛的吹奏会阻碍声音的使用，因而贬低了它的教育价值。因此，古人禁止年青人和自由人吹笛是有理由的，虽则他们是曾经一度准许过的。因为当时他们的富裕使他们更加倾注于闲暇的生活，并使他们具有高远的生活理想。这是由于他们因在波斯战争前后，所获得的成就而意气洋洋，使他们的热情胜于明辨，追求多种知识，也就把笛介绍到教育中来。在拉西第蒙有一个歌舞队的指挥用吹笛领导歌舞；在雅典，笛更为流行，大多数的自由人都会吹笛。……后来人们从经验中能判断某种乐器对德性有裨益或某种乐器对德性无裨益，笛和其他多种古代乐器，如立第亚[①]式的竖琴、七弦琴、“七角琴”、“三角琴”、“古竖琴”以及诸如此类，才为人们摈弃不用。这些乐器的目的仅在给听者以快感，而且需要有得心应手的非常技巧，才能演奏自如。古代曾有一个颇有意义的神话，说笛原为女神雅典娜所发明，随即把它扔掉了，这一想法并不错。据说女神之所以不喜欢笛，是因为笛会使吹奏者的面容显得丑恶；但是我们还有更好的理由来解说：雅典娜之所以摈弃吹笛，乃因吹笛的艺能对心灵无所裨益；而我们的知识和艺术都是归功于雅典娜的。

因此，我们摈弃以音乐为职业者所用的乐器和以追求职业为目的的音乐教育方式（“职业”一词是指竞赛中所采用的方式）。因为在竞赛中演奏者之表演这一艺术，不是为了自身有所长进，而是为了给予听众以喜悦，并且是一种庸俗化的喜悦。根据这个理由，这类音乐技巧的表现，不是自由人分内的事，而是演奏者赚钱的手段。其结果使演奏者变得庸俗，因为他们的目的所在就是不纯正的。观赏者的庸俗性驱使音乐和演奏者的品格也跟着下降，演奏者仰赖于观赏者，观赏者决定一切，他们甚至使自己的身体动作也如观赏者所期望的样子表现出来。

（亚里士多德：《政治论》第八卷第六章，摘自张焕庭主编：《西方资产阶级教育论著选》，人民教育出版社1964年版，第572—573页。）

3. “中庸为贵”

我们也应该考虑一下旋律和韵调及其在教育上的使用。我们是不是可以把一切旋律和韵调都用在教育之中，还是应该有所区分？

---

① 立第亚，在小亚细亚西部，这个地区流行各种古代乐器。

这种区分的方法是不是对于意在从事教育工作而习音乐的人也可以同样适用，还是应该采取其他的区分方法？我们既然知道音乐是由曲调和旋律所生成，那就必须分别了解两者对于教育具有何种影响。曲调的优美和旋律的优美究竟应以何者为重？对于这一问题，当代许多音乐家虽研究得很透彻，而富有音乐教育经验的哲学家亦有所论述。如果要对这一科目作深入的研究，那么这些音乐家和哲学家的论点，便可供参考引证。我们现在所谈论的，只能仿效立法者的态度，涉及一般原则而已。

我们同意一些哲学家们把曲调分为伦理的曲调、动作的曲调和激情的或鼓动的曲调，并同意他们所说，每一种曲调配有相符的旋律或韵调。但是我们进一步主张：音乐之所以必须学习，不是只为了一种益处，而是为了许多益处，这就是说：（1）为了教育；（2）为了心灵的“净化”（“净化”一词的含义姑不作解释，以后讨论诗歌时，再作较明确的论述）；（3）为了理智的享受，为了紧张劳动后精神的宽弛和休养。因此，显而易见，一切韵调都必须为我们所采用，但并不是以同一的样式运用一切的韵调。在教育方面，应该选择伦理性的曲调，但我们也可以倾听别人演奏的富于动作和热情的曲调。因为像怜悯、恐惧或热情等情感，在有些人的心灵中往往特别强烈，并且或多或少地影响到所有的人。我们常见到有些陷于宗教狂热的人，由于神圣曲调之结果（当其使用这种曲调把灵魂激发到神奇的狂热时）而回复过来，仿佛得到了治疗和净化。那些受怜悯、恐惧以及各种情绪冲动影响的人，也有类似的经验；其他在不同程度上感情易受激动的人，也可以用同样的方式得到净化，使心灵轻松而愉快。富于净化作用的曲调同样给人类以纯洁无瑕的喜悦。这些曲调和旋律应该是剧场中奏乐的人所竞相演奏的。但因为观众有两类：一类是自由而受过教育的，另一类是庸俗的群众，包括匠师、工人及其他类似的人。因此亦应该设置各种竞赛和演出，以供第二类的人消遣之需。音乐的曲调原与他们的心灵相适当，由于他们的心灵是陷于背离自然之状态，因而就产生了浮夸的曲调和使情绪紧张的、加以不自然的渲染的节拍。一个人总是从与他的本性相适合的事物中感到乐趣的，因此，可以准许职业音乐家在低级类型的观众面前演奏这种比较低级的音乐。但是，为了教育的目的，如我曾经说过的，必须选用富于伦理性的旋律和曲调，如道瑞斯调等，虽然我们可以把受过音乐教育的哲学家们所中意的其他曲调包括在内。柏拉图《理想国》一书中提及的苏格拉底，仅仅把佛里基亚调跟道瑞斯调保留下来，这是一种错误，他又摈弃用笛，更是不对，因为音调中有佛里基亚调，正如乐器中有笛一样，两者都是令人兴奋而有激动情绪的作用的。诗歌证明了这一点：祭酒神时的狂欢和一切类似的情绪，用笛来表示是最合适的，而用佛里基亚调比用任何别的音调更为和谐合拍。例如，“酒神颂歌”[①] 被公认为佛里基亚调，音乐欣赏家们曾对这一事实提供许多证明。他们说，菲洛芝纳斯（Philoxenus）曾试图制成他的迈西亚[②]曲，作为多利亚调的酒神颂歌，试制不成，而不得不顺其自然音节，仍回到较合适的佛里基亚调。所有人都同意，道瑞斯的音乐庄严雄壮，无与伦比。我们常说，任何事物，应避免走极端，以中庸为贵，道瑞斯调介于其他音调（佛里基亚调和里亭调）之间而居中庸，对我们的后一代应该授以道瑞斯调的音乐，这是显而易见的。

有两个原则必须记住：一个是什么是可能的；另一个是什么是适当的。人人均应以此作为鹄的。但是这两点跟人的年龄有关系。老年人因精力衰退，不可能悦耳动听地歌唱过于急促激动的音调，造物主似暗示：他们宜于歌唱较为缓慢的乐调。音乐家们也公正地非难苏格拉底，苏格拉底拒绝把缓和弛慢的旋律列入教育上所用的乐调之中，认为它易使人“沉醉”，而所谓“沉醉”并不是指通常

---

① “酒神颂歌”，古代希腊祝祭酒神狄奥尼索斯（Dionysus）的颂歌，曲调激动兴奋，富于热情。

② 迈西亚（Mysia），小亚细亚的古代国家。

意义的沉醉（因酒亦能使人兴奋），而是就那种声调中颓唐无力的特点来说的。因此，鉴于年龄的关系，人们进入老年时期，应当演习一些比较柔和的曲调以及其他等等。此外，还有那些适合于幼年儿童并且兼具幽雅和教育因素的任何曲调，例如里亭调似乎就胜过其他种种。由此可见，教育必须基于三个原则——中庸、可能和适当，如此而已。

（亚里士多德：《政治学》，摘自张焕庭主编：《西方资产阶级教育论著选》，人民教育出版社1964年版，第573—576页。）

二、《形而上学》

（一）论科学及其分类

我们是在寻求存在的事物的根源和原因，并且所寻求的，很显然是存在的事物作为“有”时的根源和原因。因为，虽说健康和身体安好有一个原因，而数学的对象也有其最初的原理、要素和原因，并且一般地说，每一种推理的或者多少牵涉到推理的科学，都以一些精确程度不同的原因和原理为对象，但是，所有这些科学都只是割取存在的一个特殊部分——即某一个“种”，对它加以研究，而不是单纯地研究“有”，不是研究作为“有”的“有”，它们对于它们所研究的对象的本质也不提出任何讨论；而是以这本质为出发点——有些科学使感官认清楚这本质，另一些科学则把它当作一个假定——然后以不同的可靠程度，对它们所研究的“种”的本质属性进行论证。因此，很显然，这样一种归纳法①并不能提出对于实

① 亚里士多德所理解的归纳法。

体或本质的论证，而只是提出别种揭露实体或本质的方式。同样地，这些特殊科学并不谈它们所研究的“种”是否存在的问题，因为指出“种”是什么以及“种”存在，乃是同一种思维的工作①。

并且，既然物理学②像其他的科学一样，事实上是以一类的存在为对象，亦即以本身包含着运动和静止的根源的那种实体为对象，所以显然它既不是实践性的学问，也不是制造性的学问。因为，就制造出来的物品来说，根源是在制作者里面——它或者是理性，或者是技艺，或者是某种能力，而就做出来的事情来说，根源是在行事者里面——亦即在意志里面，因为所做的事和要想做的事乃是一回事。因此，如果任何思想如果不是实践的就是制造的或理论的，那么物理学就必定是一门理论的科学，但是它的理论的对象是那些容许被推动的东西，是那些被规定为大多数只当不离开质料时才存在的实体。现在，我们应该不要忘记指出本质的存在方式和它的定义的方式，因为如果忘了这一点，我们的研究就会落空。在被定义的东西里面，即在那些“什么”里面，有些是像“塌”那样的，有些是像“凹”那样的。而这两者是不同的，因为“塌”是离不开质料的（因为塌的东西就是一个凹的鼻子），而凹则是离开可以感知的质料而独立的。所以，如果所有的自然物在本性上都与那塌的东西类似——例如鼻子、眼睛、脸、肉、骨头以及一般动物；叶、根、树皮以及一般植物（因为这些东西没有一样能够不涉及运动而加以定义——它们永远具有质料），所以，在自然物的场合，我们应当怎样来寻求和定义那个“什么”，乃是显而易见的；并且，很显然，甚至研究某种意义上的灵魂，亦即就灵魂之不离开质料独立存在这个限度内来加以研究，也是研究自然者的工作。

① 即哲学的工作。

② 即自然哲学。

所以，从这些考察看来，物理学很清楚地是一门理论科学。然而，数学也是理论性的；但它的对象是否是不动的和离开质料的，现在还不很清楚；不过，有些数学定理把数学的对象作为不动的、作为离开质料的东西来考虑，这一点，却是清楚的。但是，如果有永恒的、不动的和独立的东西的话，显然关于这东西的知识就该属于一门理论的科学——不过不是属于物理学（因为物理学研究的是某种能动的东西），也不是属于数学，而是属于一门先于这两者的科学。因为物理学讨论的东西是独立存在的，但是并非不动的，某些数学部门所讨论的东西则是不动的，但是被假定为不能单独存在，只是体现在质料之中；反之，第一科学所讨论的，乃是既独立存在又不动的东西。现在，所有的原因都必须是永恒的，但是这些原因却特别应当如此；因为它们乃是对我们所见到的那么多神圣的东西起作用的原因①。因此，应该有三门理论性的哲学，即数学、物理学和我们可以称之为神学的那门科学，因为很显然，如果神圣的东西能够在什么地方存在，那就是在这一类东西里面。而最高的科学应该研究最高的“种”。因此，理论科学固宜比其他的科学更为人所喜爱，这一门科学尤应比其他的理论科学更被喜爱。因为可能会有人提出这样的问题：第一哲学是一般的呢，还是以一个“种”即某一种的“有”为对象？因为在这一方面，甚至数学的各部门也不是完全相同的——几何学和天文学各自研究某种特殊的东西，而一般数学则可以同样适用于所有的东西。我们这样答复：如果除了那些自然所形成的东西之外再无别的实体，那么物理学将会是第一科学；但是如果有一种不动的实体，则研究它的那门科学就必须是在先的，必须是“第一哲学”，并且因为它是第一的，就成为一般的。而考察作为“有”的“有”——考察它是什么，以及它作为“有”而具有的各种属性，

① 即产生了天体的运动。

乃是这门科学的工作。

（亚里士多德：《形而上学》、Ⅵ.1，1025b—1026*a*，摘自北京大学哲学系外国哲学史教研室编译：《古希腊罗马哲学》，生活·读书·新知三联书店1957年版，第242—245页。）

（二）论“求知”

哲学并不是一门生产知识。这一点，即便从早期哲学家们的历史看，也是很明白的。因为人们是由于诧异才开始研究哲学；过去就是这样，现在也是这样。他们起初是对一些眼前的问题感到困惑，然后一点一点前进，提出了比较大的问题，例如日月星辰的各种现象是怎么回事，宇宙是怎么产生的。一个人感到诧异，感到困惑，是觉得自己无知；所以在某种意义上，爱神话的人就是爱智慧的人，因为神话也是由奇异的事情构成的。既然人们研究哲学是为了摆脱无知，那就很明显，人们追求智慧是为了求知，并不是为了实用。这一点有事实为证。因为只是在生活福利所必需的东西有了保证的时候，人们才开始寻求这类知识。所以很明显，我们追求这种知识并不是为了什么别的好处。我们说一个自由的人是为自己活着，不是为伺候别人而活着；哲学也是一样，它是唯一的一门自由的学问，因为它只是为了它自己而存在。

也许有人认为人是不能掌握哲学的，因为人的本性在很多方面受到约束；所以锡孟尼德①说“只有神能有这个特权”，人应当守本分，不宜求知分外的事情。如果真像诗人所说的那样，神是生性嫉妒的，大概人就应当安分守己了，在哲学上出类拔萃的人就要倒霉了。可是常言道“诗人多慌”，神不可能是嫉妒的，我们也想不出哪门学问比哲学更可贵。因为最神圣的学问也是最可贵的，而从

① 锡孟尼德（Simonides）（约前556—前467），抒情诗人。

两个方面看，只有哲学才最神圣。因为最适于神具有的学问是神圣的学问，研究神圣对象的学问也是神圣的学问，而这两种资格哲学都具备。因为（1）神被认为是万物的原因，而且是本原，（2）哲学这门学问，要么是只有神才能具有，要么是首先为神所具有。其他的科学虽然比哲学更必需，却没有一门比哲学更优越。

然而在某个意义上，哲学研究最后得到的结果却与那些早期的探索相反。因为正像上面说过的那样，所有的人都是从惊异开始的，他们感到奇怪，事情居然会是那样，如木偶会自己动，太阳到了冬至和夏至会往回移动，正方形的对角线与边不能通约。在一个尚未看出原因的人看来，有一个数量用最小的单位都除不尽，是很奇怪的。可是我们得到的结果却是不惑，而且像谚语说的那样，“知优于惑”；人们知道了上面那些事情的原因之后也是这样的，几何学家弄清对角线不可约之后就毫不惊奇了。

这就说明了我们所研究的这门学问的本性是什么，以及我们的研究和全部考察必须达到的目标是什么。

（亚里士多德：《形而上学》Ⅰ.2，982b—983a①，摘自北京大学哲学系外国哲学史教研室编译：《西方哲学原著选读》，商务印书馆1984年版，第119—120页。）

三、《论灵魂》

论认识和思维的机能

1. 感官接受事物的感性形式

我们现在可以概括出下列几点适用一切感官的总结。

（A）“感官”是指这样一种东西，它能够撇开事物的质料而接

① Ⅰ指卷，2指章，982和983指Bekker本的页码，a和b指栏。下同。

纳其可感觉的形式。这正像一块蜡接纳图章的印迹而撇开它的铁或金子。我们说产生印迹的是铜的或金的图章，而它的特殊金属素质如何却不相干。同样情形，感官受到有颜色的、有香味的，或者发声音的东西影响，至于那个东西的实质是什么却没有关系；唯一有关系的是它有什么性质，即它的组成部分是以什么比例组合的。

(B)“感觉器官”是指寄托这样一种能力的东西。

感官和感觉器官事实上是一回事，但是它们的本质却不是一回事。那个有知觉的东西当然是有体积的，可是我们决不能承认知觉能力的本质或感官本身是有体积的；它们的本质是一个体积中的某种比例或能力。这样，我们就能够说明，为什么感官对象所具有的对立性质一方过强，压倒了对方，就对感觉器官起破坏作用：如果一个对象所引起的运动太强烈，器官受不了，其中的对立性质（这就是它的感觉能力）就保持不了平衡；正如琴弦拨得过猛，和谐和乐调就破坏了。这也可以说明为什么植物不能有知觉：植物虽然也包含一部分灵魂[①]，而且显然也受触觉对象的影响，因而温度可以升降，可是它们没有调节对立性质的本领，没有办法接纳感觉对象的形式而排除其质料，它们受的影响是形式和质料合在一起的影响。

（亚里士多德：《论灵魂》，Ⅱ.12，4242，摘自北京大学哲学系外国哲学史教研室编译：《西方哲学原著选读》上册，商务印书馆 1984 年版，第 149—150 页。）

2. 思维也是一种被动的接受作用

现在我们谈谈灵魂用来认识和思维的那个部分，不管它只是在定义上可以与其他部分分开，还是在空间上也可以分开。我们必须研究：（1）把这一部分区别开的标志是什么；（2）思维怎样能够发生。

---

① 指植物只有营养灵魂，没有感觉灵魂。

思维如果像知觉一样，那就必定要么是一个接受可思维的对象影响的过程，要么是一个与知觉不同然而类似的过程。所以，灵魂的这个思维部分虽然不能感知，却必定能够接纳一个对象的形式，就是说，它虽然不是对象，在性质上却必定潜在地与对象一致。心灵与可思维的对象的关系，必定如感官与可感觉的东西的关系一样。

因此，既然每件东西都可能是一个思维对象，心灵为了像阿那克萨戈拉说的那样统治一切，即认识一切，就必须是纯粹的，不与任何东西混杂；因为有异物与它并存，是一种阻碍，所以它也像感觉的部分一样，除了是一种能力以外，别无其他本性①。所以，灵魂中被称为心灵的那个部分（心灵就是灵魂用来进行思维和判断的东西），在尚未思维的时候，实际上是没有任何东西的。由于这个缘故，把它看成与身体混在一起是不合理的：因为如果是这样，那它就会获得某种性质，例如暖或冷，甚至会像感觉机能一样有一个自己的器官；但是事实上它并没有。把灵魂称为“形式的所在地”，是很好的想法；不过（1）这个说法只适用于思维的灵魂，（2）即使思维的灵魂，它之为形式，也只是潜在的，并不是现实的。

对感觉器官及其运用进行观察，就知道感觉机能的麻木和思维机能的麻木不一样。一种感官受到强烈刺激之后，我们就不大能像以前那样运用这个感官，例如听到一声巨响之后，我们就不能立刻顺利地听别的声音，看到太阳亮的颜色或闻到太浓烈的气味之后，我们就不能立刻去看或闻；但是，在心灵方面，关于一件极难领会的东西的思想，会使心灵以后更能够思维较易领会的东西，而不是更不能够：其理由就在于感觉机能是依赖身体的，而心灵则是与身体分开的。

心灵一旦变成了它的每一组可能的对象，像一个学者——指现

---

① 本性［φύσις］，指“自己的东西”。意思是说，心灵是空的。

实的学者（即当他能够主动发挥能力的时候）——那样，它的状况还是一种潜在性的状况，但是，这种潜在性的意义是不同于凭学习或发现而获得知识以前的那种潜在性的：那时候心灵也能思维它自己。

既然大小与大小的形式不一样，水与水的形式不一样，许多别的情况也是如此（虽然不是全部，因为在有些场合，事物与事物的形式是一样的），分辨肉的形式的就是另外一种机能，或者是一种结构与肉不同的机能；因为肉不能没有质料，就像“塌鼻者”一样，是一个“这个”在一个“这个”里①。我们凭感觉机能分辨热和冷，即按一定比例构成肉的因素；然而肉的本质特性，我们却是凭另外一种东西认知的，那东西要么与感觉机能完全分开，要么同它发生这样一种关系，就像一条曲线与一条拉直了的曲线的关系那样。

再者，在抽象对象的场合，“直的”与“塌鼻的”是相似的，因为它必然包含一个连续体作为它的质料：构成它的本质是不同的，如果我们能够分辨“直”和“直的”的话；我们假定它是“二”。因此它必须由一种不同的能力，或一种结构不同的能力来认识。总起来说，就心灵所认识的各种实在性能够与它们的质料分开而言，心灵的各种能力也是这样。

有人提出这样的问题：如果思维是一种被动的作用，那么，心灵若是单纯的、不能感知的，并且跟别的东西毫无共同之处，像阿那克萨戈拉所说的那样，它怎么能够思维呢？因为人们认为，两个因素之间必须先有一种本性上的共同之点，才能互相作用。再者，还可以问：心灵是不是它自己的一个可能的思维对象？因为如果心灵本身是可思维的，而凡是可思维的东西在种类上总是一样的，那么，要么是（1）心灵将为每一件东西所具有，要么是（2）心灵将

① 即一个特殊的形式在一个特殊的质料里。

包含某种它和其他一切实在的东西所共有的东西，就是这种东西使它们都成为可思维的。

（1）我们说过：心灵在一种意义下，潜在地是任何可思维的东西，虽然实际上在已经思维之前它什么也不是——难道这不是已经消除了“互相作用必定涉及一个共同因素”这一困难吗？心灵所思维的东西，必须在心灵中，正如文字可以说是在一块还没写什么东西的蜡版上一样：灵魂的情形完完全全就是这样。

（2）心灵本身是可思维的，跟它的对象完全一样。因为（1）在不涉及质料的东西方面，思维者和被思维者是一样的；因为思辨的知识和它的对象是一样的。（为什么心灵并不是永远在思维，这一点我们要在以后考察。）（2）在那些包含质料的东西方面，每一个思维对象都只是潜在地存在着。因此它们虽然不包含心灵（因为说心灵是它们的一种潜在性，只是就它们能与质料分开而言），心灵还是可思维的。

（亚里士多德：《论灵魂》，Ⅲ.4，429a—430a，摘自北京大学哲学系外国哲学史教研室编译：《西方哲学原著选读》，商务印书馆1984年版，第150—153页。）

四、《尼可马可伦理学》

（一）论人的“善”

每种技艺和每种研究，都被认为是追求某种好处，同样地，每种行为和事业亦复如此；由于这个缘故，善曾经很正当地被宣称为一切事物的目的。但在各种目的之中，是有某种差别的；有些目的是活动，有些目的则是离开产生它们的活动而存在的产品。在有离开活动而存在的目的的时候，产品胜于活动乃是产品的本性。现在，既然有许多种活动、技艺和科学，它们的目的也将是多种多样的；医术的目的是健康，造船术的目的是船只，战略的目的是胜利，理财术的目的是财富。但在几个这一类的技艺属于同一种能力的地方——例如造马勒和其他与装备马匹有关的技艺都属于驭马术，而驭马术和每一种军事行动又都属于战略。同样地，另一些技艺则属于另一些能力——在所有这些场合中，主导的技艺的目的应该比从属的技艺的目的更被重视；因为正是为了前者，后者才被追求。不论活动本身是行动的目的，还是活动之外的某种东西才是目的（像上述各种科学那样），情形都一样。

那么，如果我们所做的事都有一个目的，我们是为了这个目的的本身而企求做这些事（一切其他的东西之被企求，都是为了这个目的），并且，如果我们选择任何东西都不是为了某些别的东西（因为如果是这样，过程就会无止境，我们的企求就会落空），那么，显然这目的就必定是善和至善。那么，对于善的认识难道不会对人生有巨大的影响吗？难道我们不会像那些有一个目标的弓箭手一样，更能做出正确的事情吗？如果是这样，我们就应该尝试（至少在大体上）规定出善是什么，以及它是各种科学或能力中的哪一种的对象。善好像应当属于最有权威的技艺和真正主导的技艺。政治学看来具有这种性质，因为正是政治学规定了哪一些科学可以在一个国家中研习，哪些科学应该是哪个阶级的公民学习的，以及他们应该把这些科学学习到何种程度。并且，我们知道，甚至那些最被看重的才干，如战略学、理财学、修辞学等方面的才干，也都是从属于政治学的。现在，既然政治学使用其他一切科学，既然是它法定了我们应该做的和不应该做的事，那么这门科学的目的必定包含其他各门科学的目的，这个目的就应该是人所追求的善。因为，即令一个个人的目的和一个国家的目的是相同的，国家的目的似乎无论如何是更伟大更完全的东西，值得去取得和保存；虽则仅仅为了一个人去获得这个目的，也是值得的，但为一个民族或许多城邦而去获得它，则是更好、更神圣的。所以，这些就是我们的研究所追求的目的，因为这是一种政治的科学——在这个词的某一种意义上说。

（亚里士多德：《尼可马可伦理学》第一卷第一、二章，摘自北京大学哲学系外国哲学史教研室编译：《古希腊罗马哲学》，生活·读书·新知三联书店 1957 年版，第 316—318 页。）

（二）论如何获得美德

美德有两种，即心智方面的和道德方面的。心智方面的美德的产生和发展大体上归功于教育（因此它需要经验和时间）；而道德方面的美德乃是习惯的结果。也正因为如此，它的名称ήθlнή（伦理）乃是由 ἦθos（习惯）一字略加改变而形成的。从这里也可以清楚地看出，道德方面的美德没有一种是由于自然而产生的；因为没有任何由于自然而存在的东西能够形成一种违反其自然的习惯。例如那出于自然而产生向下运动的石头，就不能用习惯使之有向上的运动，即使你把它向上抛几万次来训练它也办不到。火也不能用习惯使之有向下的运动，任何其他由于自然而有某种方式的运动的东西也不能被训练去做另一方式的运动。所以，我们的美德既不是由于自然，也不是由于违反自然而产生的；毋宁说，我们是由于自然而适于接纳美德，又由于习惯而达于完善。

再者，所有自然赋予我们的东西，我们总是先获得其潜能然后方显露其活动的。这在感官方面是很显然的；因为并非由于我们时常看或听我们才获得这些感官，正相反，我们乃是在运用它们之前就已经有了它们的；我们也并不是由于运用而得到它们。但是在美德方面，我们由于首先运用它们才获得它们，正如在技艺方面的情形一样。因为，那些我们必须先学习才能干的事情，我们总是以实际干去学会它们的。例如，人们由于从事建筑而成为建筑家，由于弹琴而成为弹琴者；同样地，我们也是由于行为公正而成为公正的人，由于行为有节制而成为有节制的人，由于行为勇敢而成为勇敢的人。

这一点，从国家中所发生的许多事情里面，也可以获得证明。立法者是依靠让公民养成习惯而使他们行为良好的，而这乃是每一个立法者所期望的，那些没有做到这一点的人，就没有达到目的；也正是这一点使得一个好的法制有别于一个坏的法制。

再者，每一种美德乃是由于相同的原因和相同的方法而产生和破坏的，每种技艺亦复如此，因为，正是由于弹琴，才产生出好的和坏的弹琴者。类似的话也可以应用在建筑者和所有其他的人身上；正是由于建筑工作做得很好或很坏，人们成了好的或坏的建筑者。因为，如果不是这样的话，就不会需要一个教师了，所有的人都会天生就是他们自己那门技艺的能手或劣手了。美德方面情形也是如此：由于我们在与他人交往中所干的事，我们才变成公正的或不义的；由于干那些在危险面前所干的事，并且习惯于感觉自信或恐惧，我们才变成勇敢的或卑怯的。关于欲求和愤怒的感觉，也完全如此：有些人成为有节制的和好脾气的，有些人成为纵欲无度的和易怒的，这都是由于在相应的情况中这样或那样地行动而养成的。一句话，性格的状况乃是从相同的活动中产生出来的。这就是何以我们所实现出来的活动必须属于某一类的缘故。因为性格的状况是与活动之间的差别相对应的，所以，我们从年轻时起养成某一种或另一种习惯，关系是不小的；它造成了一个很大的差别，或者可以说整个的差别。

（亚里士多德：《尼可马可伦理学》第二卷第一章，摘自北京大学哲学系外国哲学史教研室编译：《古希腊罗马哲学》，生活·读书·新知三联书店 1957 年版，第 322—324 页。）

（三）论道德上的美德是一种适中

我们必须来考虑美德是什么。既然灵魂里面的东西有三种——激情、官能、性格状况，那么美德必是其中之一。所谓激情，我的意思是指食欲、愤怒、恐惧、信心、妒忌、快乐、友善的心情，憎恨、渴望、好胜心、怜悯，以及那些一般伴有愉快和痛苦的多种感觉。所谓官能，是指那些我们借以感觉上述这些情感（例如生气、痛苦或怜悯）的东西。所谓性格状况，是指那些我们借以很好地或很坏地来对待这些激情的东西。例如，如果我们对愤怒的感觉太强烈或太微弱，那都是很糟地对待了愤怒这个激情；如果我们有适当的愤怒，那就是很好地对待了愤怒这个激情。对于其他各种激情也都如此。

可是，美德或恶行都不是激情，因为我们之被称为好或坏，并不是基于我们的激情，而是基于我们的美德和恶行。我们也不是由于我们的激情而被称赞或谴责（因为感觉到恐惧或气愤的人并不受到称赞，而只感觉到气愤的人也不会受到谴责；被谴责的乃是以某种方式生气的人），但是，由于我们的美德和恶行，我们却受到称赞或谴责。

其次，我们感觉生气或恐惧，是不容选择的，但是美德却是选择的方式，或者牵涉到选择。再者，就激情方面说，我们是被称为受激动的，但是在美德和恶行方面，我们却并不是被称为受激动的，而是被称为处于某种状态中。

基于这些理由，美德和恶行也不是官能，因为我们并不只是由于我们有感觉这些激情的能力，就被称为好或坏，受到称赞或谴责。再者，我们之有这些官能，乃是出于自然，但是我们成为好或坏并不是出于自然，这一点我们已经说过的。

那么，美德既不是激情又不是官能，就只能认为：它们乃是性格状况。

这样，就其种类而言，我们已说出了美德是什么。

不过，我们应该不仅说出美德是一种性格状况，而且要说出它是什么样的状况。我们可以这样说：任何一种东西的美好德性[1]都能既使这个东西处于良好的状态中，又使这个东西的工作做得很好。例如，眼睛的美好德性既能使眼睛正常，又能使眼睛的工作好，因而正是由于眼睛的美好德性，我们才能很好地看东西。同样地，马的美好德性使一匹马本身好，又使它善于奔跑，使它可供很好地乘骑，使它善于俟候敌人的攻击。因此，如果在每种事物上都是如此，那么人的美德也将是既使一个人本身好，又能使他把自己的工作做好的那种性格状况。

如何获得美德，我们在前面已经说过，但是也可以由下面对于美德特性的考察来把这一点弄清楚。在每一种连续而可分的事物里面，都能够多取、少取或取一相等的量，并且这样做可以是就该事物本身而言，也可以是就其对于我们而言。所谓相等，就是过多和不足之间的居间者，我的意思是指那与两极端距离相等的、对于一切人都是相同的东西。所谓相对于我们的居间者，我是指那既不太多也不太少的东西——而这不只是一个，也不是对一切人都相同的。例如，如果十是太多而二是太少，那么，就物本身而言，六就是居间者；因为六以相等的数量多于二和少于十；这是按算术比例的居间者。但是那相对于我们而言的居间者则不是这样来选取的。如果吃十磅东西对于某个人太多，两磅则太少，那位教练员不一定就因此吩咐吃六磅，因为这对于那个要吃东西的人也许仍会太多或太少——对于米隆[2]太少，而对于刚开始从事运动锻炼的人太多。至于奔跑角力亦复如此。所以，任何一种技艺的大师，都避免过多

① ἀρετή原意是指“卓越的能力或性能”，上面译成“美德”，意义颇受限制，所以在谈到一般东西时，译为“美好德性”。

② 一个著名的角力士。

或不足，而寻求那居间者并选取了它——不是就事物本身而言，而是相对于我们而言的居间者。

那么，如果是这样，即每一种技艺之做好它的工作，乃是由于寻求居间者并以它为标准来衡量其作品（正是因此，我们在谈起某些好的艺术作品时，常说它们不能增减任何东西，意思是说过多和不足都会破坏艺术作品的优点，而执中则保存了优点。好的艺术家在他们的工作中所寻求的就正是这个），并且如果美德比任何技艺都更精确、更好，正如自然也比技艺更精确、更好一样，那么美德必定具有以居间者为目的这个性质。我是指道德上的美德，因为正是它才与激情和行动有关，而正是在这些里面，有着过多、不足和中间。例如，恐惧、信心、欲望、愤怒和怜悯，以及一般说来愉快和痛苦的种种感觉，都可以是太多或太少，而这两种情形都是不好的。但是，在适当的时候、对适当的事物、对适当的人、由适当的动机和以适当的方式来体验这些感觉，就既是中间的，又是最好的，而这乃是美德所特具的。行动，同样的也有过多、不足和中间状态。美德就是涉及激情和行动的。激情和行动体现得过多乃是一种失败的形式，不足也是同样，而中间状态则受称赞并且是一种成功的形式。受称赞和成功，都是美德的特性。因此，美德乃是一种中庸之道，因为，正如我们所看到的，它乃是以居间者为目的的。

再者，失败可能有多种方式（因为像毕达哥拉斯派所说的，恶归属无限，而善则属于有限），反之，成功却只可能有一个方式，因此为恶是容易的，从善则是困难的——射不中目标容易，而射中目标则很难。也是由于这些缘故，过度和不足乃是恶行的特性，而中庸则是美德的特性。

人们为善只有一途，为恶的道路则有多条。

所以，美德乃是牵涉到选择时的一种性格状况，一种中庸之道，即是说，一种相对于我们而言的中庸，它为一种合理原则所规定，这就是那具有实践智慧的人用以规定美德的原则。它乃是两种恶行——即由于过多和由于不足而引起的两种恶行——之间的中道。它之所以是一种中道，又是由于在激情和行动两方面，恶行少于应该做的，或者超出了正当的范围，而美德则既发现又选取了那中间者。因此，就其实质和就表述其本质的定义而言，美德是一种中庸，而就其为最好的和应当的而言，它是一个极端。

但并非每种行为或每种激情都容许有一个中道，因为它们中有些名称已经蕴含着坏的性质。在情感方面，例如恶毒、无耻、妒忌；在行为方面，例如通奸、盗窃、谋杀。所以这些以及诸如此类的东西，因为其名称已经蕴含着它们本身就是坏的，而不是它们的过度或不足才是坏的，所以，在这些方面，一个人永远不能有做得对的时候，而只能总是错误的。在这些方面，好和坏并不是取决于是否与恰当的女人，在恰当的时候和以恰当的方式去通奸，而是只要有任何这样的行为，就是错了。所以，要想在不义的、卑怯的和淫逸的行为中发现一种中道、一种过度和一种不足，也是同等荒谬的。因为，循这条路走去，似乎就会出现一种过度的中庸，一种不足的中庸，一种过度的过度和一种不足的不足了。但是，正如并没有什么所谓节制和勇敢的过多与不足一样（居间者在某种意义上说乃是一个极端），同样地也没有上述各种行为的中庸或其过多与不足，而是只要一有这样的行为，就是错的。因此，一般说来，既没有一种过度和不足的中庸，也没有一种中庸的过度和不足。

（亚里士多德：《尼可马可伦理学》第二卷第五、六章，摘自北京大学哲学系外国哲学史教研室编译：《古希腊罗马哲学》，生活·读书·新知三联书店 1957 年版，第 318—322 页。）

（四）论心智上的美德是沉思生活

如果幸福就是符合于美德的活动，那么，它之应该符合于最高的美德，乃是很合理的；这将是我们之中最好的东西。不论这个被认作为我们的自然的统治者和指导者，并思考着高贵和神圣的事物的因素是理性还是别的东西，不论它本身就是神圣的或只是我们之中最神圣的因素，总之，这一因素的符合于其自身美德的活动，将是完满的幸福。至于这种活动乃是沉思的，这一点我们已说过了。

现在，这好像既符合于我们前面所说的，又符合于实情。因为，第一，这种活动是最好的（在我们看来，不仅理性是最好的东西，而且理性的对象也是可认识的对象中最好的东西）；第二，它是最有连续性的，因此，比起干任何别的事情来，我们是更能持续不断地沉思真理的。并且我们认为幸福总带有愉快之感，而哲学智慧的活动恰是被公认为所有具有美德的活动中最愉快的。无论如何，追求哲学智慧是被认为能给予人愉快的，这种愉快因其纯粹和持久而更可贵，并且，我们有理由认为那些有知识的人比那些正在研究的人会生活得更愉快。我们曾经提到的那种自足性，必定最为沉思的活动所具有。因为，虽说一个哲学家正像一个正直的人或一个具有任何一种不同美德的人一样，需要特定的生活条件，但当他们已经充分具备了这种东西之后，正直的人还需要那些他能对之施行公正行动的人们，有节制的人、勇敢的人以及有其他美德的人也都如此，然而，哲学家即使一个人的时候，也能够沉思真理，并且他越有智慧就越好。如果他有共同的工作者，他也许能做得更好些，但他总还是最自足的了，好像只有这种活动才会因其本身而为人所爱。因为除了沉思之外，没有别的东西从它产生出来；而从实践的活动中，我们除行为本身之外，或多或少总是有所得的。并且，幸福被认为是凭借于闲暇的，因为我们之所以忙忙碌碌正是为了能够有闲暇，从事战争正是为了要和平度日。可是，实际的美德的活动都表现于政治和军事的事务之内，而与这些事务有关的行为似乎都不是悠闲自在的。战争方面的行为是完全如此的（因为没有人是为了要战争而选择投入战争或挑起战争的。任何一个人如果是为了要引起战争和屠杀而把自己的朋友变成敌人，那么，似乎只能说这个人是绝对嗜杀成性）；但是，政治家的行为也不是悠闲的，它（且不说政治行为本身）是以专权和名位为目的，或者至多也不过是以他自己和同胞们的幸福为目的——这种幸福乃是不同于政治行为的一种东西，并且显然是作为不同的东西来求取的。所以，如果在美德的行为里面，政治和军事行为的特色是在于其高贵和伟大，而这些行为乃是不悠闲自在的，并且是向着一个目标，而不是因其本身而可取的。反之，理性的沉思的活动，则好像既有较高的严肃的价值，又不以本身之外的任何目的为目标，并且具有它自己本身所特有的愉快（这种愉快增强了活动），而且自足性、悠闲自适、持久不倦（在对于人可能的限度内）和其他被赋予最幸福的人的一切属性，都显然是与这种活动相联系着的。——如果是这样，这就是人的最完满的幸福，假若它被准许和人的寿命一样长久的话（因为幸福的属性中没有一种是不完全的）。

但这样一种生活对于人来说恐怕是太奢望了；因为人并不是就其作为一个人的资格而会这样生活，而是就他之中有某种神圣的东西存在，他才能如此。这些东西的活动胜过那种作为他种美德的运用的活动的程度，乃是视这种东西胜过我们复合的本性的程度而定的。那么，如果与人比较起来，理性乃是神圣的，符合于理性的生活，与人的生活比较起来，就是神圣的。但是，我们应该不要听信有些人的话，这些人劝告我们，说我们既是人，就应当去想人的事务，并且作为有生有死的人，就应当去想有生有死的东西。我们应该尽力使我们自己不朽，尽力按照我们里面最好的东西来生活；因为即使它在量上很微小，但是在力量和价值上，却远远胜过一切东西。这东西似乎就是每个人的本身，因为它是人的占统治地位的和更好的部分。所以，如果人不选择他自己的生活而选择别种生物的生活，那就太奇怪了。我们以前所说的，现在可以用得着了，即是：每一种东西所特有的，对于那种东西就自然是最好的和最愉快的。因此，对于人，符合于理性的生活就是最好的和最愉快的生活，因为理性比其他任何的东西更加使人是人。因此这种生活也是最幸福的。

（亚里士多德：《尼可马可伦理学》第十卷第七章，摘自北京大学哲学系外国哲学史教研室编译：《古希腊罗马哲学》，生活·读书·新知三联书店 1957 年版，第 325—328 页。）

五、《分析后篇》

论科学知识

当我们认为自己认识到事实所依赖的原因，而这个原因乃是这件事实的原因而不是别的事实的原因，并且认识到事实不能异于它原来的样子的时候，我们就认为自己获得了关于一件事物的完满的科学知识，这种知识与智者关于这事物的那种非本质的认识是绝不相同的。科学的认识是这样的东西，乃是很显然的，可以拿那些冒充有科学知识的人和那些真正有科学知识的人来作证明，因为前者只是自以为达到了上述的境地，而后者则是真正达到了那种境地。因此，完满的科学知识的真正的对象，乃是那不能异于它本来的样子的东西。

也许可能有别种方式的认识——这一点以后将要讨论。现在我所断言的，乃是无论如何，我们确是借论证来获得知识的。所谓论证，我意思是指一种能产生科学知识的三段论式，就是说，一种三段论式，我们对它的掌握，本身就是这种知识。那么，假定我关于科学知识的性质的论旨是正确的话，论证的知识的前提，就必须是真的、第一性的、直接的、比结论更为我们所认识的、先于结论的，而且结论是像果之与因那样和前提发生关系的。除非满足了这些条件，那些基本的真理就不会“切合”于结论。诚然，没有这些条件也许仍旧可得到三段论式，但这种三段论式既不能产生科学知识，也就不能成为论证。前提必须是真的：因为凡是不存在的东西就不能被认识——例如我们就不能认识到正方形的对角线和它的边是能够用同一单位来除尽的。前提必须是第一性的而且不能论证的；要不然，它们就会需要加以论证才能被认识，因为，所谓获得关于可论证的事物的知识，如果所说的知识不是偶然的知识，其意思正就是：有了关于它们的论证。前提必须是结论的原因，比结论更加为我们清楚地认识，并且先于结论；它们应该是结论的原因，因为只有当我们认识一件事物的原因时，我们才具有关于它的科学知识；先于结论，是为了能成为原因；它还得早于结论被我们所认识，因为这种先行的知识并非只在于我们了解其意义，而且也要有关于事实的知识。可是“先于”和“更清楚地被认识”都是歧义语，因为在存在的层次中占先的和更清楚地被认识的，与在对人的关系中占先的和更清楚地被认识的，两者之间是有差别的。我的意思是说，较接近感觉的东西，对于人说乃是占先的和更清楚地被认识的；而在无条件的意义下占先的和更清楚地被认识的东西，乃是那些离感觉更远的东西。可是，最普遍的原因离感觉最远，而特殊的原因则最接近感觉，因此这两者恰恰是相互对立的。当我说论证的知识的前提必须是第一性的时候，我意思是说它们必须是“切合”的基本真理，因为我是把第一性的前提和基本真理等同了的。一个论证里面的“基本真理”，乃是一个直接的命题。一个直接的命题，乃是一个没有其他命题比它更占先的命题。命题乃是一个陈述的正反两方面的任一方面，即是，命题把一个单一的属性用来作为一个单一的主词的宾词。如果一个命题是辩证的，它就不加分别地假定正反两方面；如果它是论证的命题，它就承认一方面而确定地排斥另一方面，因为前者是真的。“陈述”一词，可以指一个矛盾的两方面中任何一方面。矛盾乃是一种对立，这种对立由于自己的本性而排斥一种中间的说法。在矛盾里面把一个宾词和一个主词联结起来的那一方面，是一个肯定命题；把它们分开的那一方面，是否定命题。我称三段论式中的一个直接的基本真理为一个“论旨”，如果它虽然不能由教师加以证明，而对它没有认识却并不能构成学生进步道路上一个完全的阻碍：学生如果要学习任何东西就必须认识的基本真理，则称为公理。我称它为公理，因为确有这样的真理，并且我们让它们有这种获得公理之称的优先权。如果一个论旨假定了一个陈述的一方或他方，就是说，如果它断言一件事物的存在或不存在，它就是一个假定；如果它并不这样断言，那它就是一个定义。定义是一个“论旨”或一种“设定”，因为数学家设定单位就是在量的方面不可分的东西；但是这并不是一个假定，因为规定单位是什么，并不等于断言它的存在。

现在，既然我们关于一个事实的知识所必需的根据——即我们对该事实的信念所必需的根据，在于我们有一个我们称之为论证的那种三段论式，而三段论式的根据，则在于构成前提的那些事实，所以我们不但必须事先认识第一性的前提——如果不是认识其全部，也得认识其中一部分——，而且认识它们还要比认识结论更清楚：因为那使得一种属性存在于一个主体中的原因，本身常常是比那属性更牢固地存在于该主体之中；例如，那使我们爱任何一物的原因，比起我们所爱的对象来，对于我们是更珍贵的。所以，既然第一性的前提乃是我们的知识的原因——即我们的信念的原因，当然我们对于它们要比对于由它们得出的推论认识得更透彻些——就是说，更相信它们——，这恰恰是因为我们对于这些推论的知识，乃是我们对于前提的知识所生的结果。可是，一个人不能比相信自己所认识的东西更加相信任何东西，除非他有关于这件东西的实际的知识，或者有比实际的知识更好的东西。但是，我们会遇到这种困难，如果一个学生的信念是以论证为基础，而又没有先在的知识的话；一个人必须比相信结论更加相信基本真理中的一些，如果不是全部的话。再者，当一个人着手获取来自论证的科学知识时，他必须不仅要对于基本真理较之对于正在被论证的联系有更好的认识、更坚固的信念：除此之外，对他来说，还更应该确信或认识到，这些基本真理具有一种与能导致相反而错误的结论的根本前提相矛盾的性质。因为，纯粹的科学的信念，当然必须是不可动摇的。

（亚里士多德：《分析后篇》，Ⅰ.1，716—726，摘自北京大学哲学系外国哲学史教研室编译：《古希腊罗马哲学》，生活·读书·新知三联书店1957年版，第292—295页。）

选编后记

古希腊“三杰”教育论著的选编工作，得到安徽师范大学教育系戴本博教授、人民教育出版社教育室肖云瑞编审以及南京大学历史系张竹明教授等同仁的指导和支持。在此一并表示衷心感谢。

张法琨

1992年9月